华中师范大学中国农村研究院

中国农村研究
CHINA RURAL STUDIES
2020年卷·上

中国社会科学出版社

图书在版编目（CIP）数据

中国农村研究 . 2020 年卷 . 上 / 徐勇主编 . —北京：中国社会科学出版社，2020.12

ISBN 978 - 7 - 5203 - 7591 - 7

Ⅰ. ①中… Ⅱ. ①徐… Ⅲ. ①农村经济—研究报告—中国—2020 Ⅳ. ①F32

中国版本图书馆 CIP 数据核字（2020）第 244906 号

出 版 人		赵剑英
责任编辑		冯春凤
责任校对		张爱华
责任印制		张雪娇

出　　版		中国社会科学出版社
社　　址		北京鼓楼西大街甲 158 号
邮　　编		100720
网　　址		http://www.csspw.cn
发 行 部		010 - 84083685
门 市 部		010 - 84029450
经　　销		新华书店及其他书店
印　　刷		北京君升印刷有限公司
装　　订		廊坊市广阳区广增装订厂
版　　次		2020 年 12 月第 1 版
印　　次		2020 年 12 月第 1 次印刷
开　　本		710×1000　1/16
印　　张		18.5
插　　页		2
字　　数		309 千字
定　　价		108.00 元

凡购买中国社会科学出版社图书，如有质量问题请与本社营销中心联系调换
电话：010 - 84083683
版权所有　侵权必究

《中国农村研究》编辑委员会

主　　　　编　徐　勇　邓大才
执行主编/编辑　李华胤
编　　　　委　（以姓氏笔画为序）

丁　文	马　华	万婷婷	邓大才	王　静
王　勇	王义保	石　挺	田先红	卢福营
冯春凤	刘义强	刘金海	刘　彦	刘筱红
李华胤	朱敏杰	任　路	肖盼晴	何包钢
应小丽	吴晓燕	吴春宝	陆汉文	陈军亚
张大维	张向东	张利明	张晶晶	胡平江
郝亚光	姚锐敏	徐　勇	徐　剑	徐增阳
唐丹丹	郭瑞敏	董江爱	黄振华	彭正德
熊彩云				

目　录

妇女研究

国家宏大话语与个体日常生活：女性口述史中的
　　生命历程 …………………………………… 陈丽琴（3）
部落底色与政策绩效：集体化时期达拉特旗的男女
　　"同工同酬"研究 …………………………… 王　乐（25）

乡村治理研究

乡村治理中的"典型创制"及其双重逻辑 ……… 何　晔　安建增（47）
自利的公共性：村庄公共产品供给中农民的行为逻辑
　　——以通城县汉上村"公共路灯安装"为例
　　　　…………………………………… 李华胤　张海超（63）
协商与博弈图景：乡村老年食堂的兴盛与衰败
　　——基于晋西南文侯村的调查 ……………… 王文彬（79）
何以党建有效：单元视角下村级党组织建设的逻辑进路
　　——以清远、天长、秭归农村"党建单元"探索
　　　　为例 ………………………………… 张慧慧　王　琦（95）
村庄工业化、保护性村庄结构与在地城市化：珠三角
　　农村城市化模式探析 ……………………… 王向阳（110）

精准扶贫研究

精准扶贫目标下村企共建实践的个案分析 ……… 王　婷　吴春梅（129）

角色、诉求与规制：西南边疆地区扶贫经验探析
　　——以 N 村调查为例 ……………………… 陈　鹏　高　旸（141）
从"家庭贫困"到"家庭减贫"：家庭策略视角下的
　　代际贫困治理研究 ……………………… 何得桂　徐　榕（158）
非政府组织主导型社群经济的农村扶贫模式与效应研究
　　——以海惠组织农村扶贫项目为例
　　………………………………… 路　征　杨云鹏　李　倩（171）
贫困地理视角下的中国反贫困实践与社会政策设计：
　　理论脉络与经验启示 …………………… 吴高辉　李雪姣（191）

农村社会发展研究

新时代乡村振兴战略实施的现实逻辑与实践路径研究 …… 陈　健（217）
我国改革开放 40 年的耕地保护政策演进分析
　　——基于"间断—平衡"框架
　　………… 程　鹏　江　平　张　杨　金宇宏　贺申泰（230）
农民工就业结构的代际差异
　　——基于中国流动人口动态监测调查数据的
　　再研究 ………………………… 孟凡强　林　浩　谢　健（246）
农户认知视角下贫困村驻村帮扶成效及其影响因素 ……… 刘迎君（267）

妇女研究

◆ **国家宏大话语与个体日常生活：女性口述史中的生命历程**

政治的变革、经济的发展、社会结构的变化等国家宏大话语都直接或间接建构着女性生命历程中的日常生活；微观实践中的日常生活又直接影响着女性个体的幸福体验。因此，女性的日常生活既是折射国家宏大话语变迁的一面棱镜，又是女性在个体实践的主观能动性中不断过滤和消解着国家宏大话语进而影响着女性不同个体在相同社会环境中的幸福获取程度。两位女性口述记录中所描绘的个体生命历程和生活感受的流动画卷如碧水映月般折射了不同时代国家宏大话语的变迁，也体现了日常生活中女性个体的幸福体验。

◆ **部落底色与政策绩效：集体化时期达拉特旗的男女"同工同酬"研究**

农业集体化时期，男女"同工同酬"政策在全国各地农村的执行的情况非常不均衡，各地对妇女参与集体劳动的贡献评价存在很大的差异，男女同工不同酬的现象普遍存在。但在内蒙古达拉特旗地区，该项政策取得明显的绩效。研究发现，达拉特旗男女"同工同酬"政策绩效与其部落底色、基础性制度密切相关。社会底色是公共政策的制定、执行的重要参数，是直接影响政策绩效的重要因素。因此，重视、研究政策的基层社会底色，根据实际情况调适公共政策及其执行的工具，对提高政策制定的适切性、政策执行的绩效、进而提升基层社会治理的有效性，具有重要意义。

国家宏大话语与个体日常生活：
女性口述史中的生命历程[*]

陈丽琴

(海南大学政治与公共管理学院　海口　570228)

  政治的变革、经济的发展、社会结构的变化等国家宏大话语都直接或间接建构着女性生命历程中的日常生活；微观实践中的日常生活又直接影响着女性个体的幸福体验。因此，女性的日常生活既是折射国家宏大话语变迁的一面棱镜，又是女性在个体实践的主观能动性中不断过滤和消解着国家宏大话语进而影响着女性不同个体在相同社会环境中的幸福获取程度。两位女性口述记录中所描绘的个体生命历程和生活感受的流动画卷如碧水映月般折射了不同时代国家宏大话语的变迁，也体现了日常生活中女性个体的幸福体验。

  关键词：宏大话语；日常生活；女性口述史；生命历程

一　导　言

  在中国历时约四十年的集体化时期中，政治的变革、经济的发展、社会结构的变化等国家宏大话语都直接或间接地影响了女性的婚姻选择和个体的日常生活等微观实践。微观实践中的乡村社会日常不仅反映和隐匿着国家政治经济政策的历史变迁，也融汇着女性日常生活喜怒哀乐的实时图景。所以，女性的婚姻选择和日常生活在某种程度上既是折射社会历史变

---

[*]　基金项目：国家社科基金资助项目"民族旅游发展对黎族女性的影响研究"(13CMZ050)。
  作者简介：陈丽琴，女，海南大学政治与公共管理学院教授，博士，主要研究社会性别与公共政策。

迁的一面棱镜,又是影响个体幸福感获取的重要因素。基于此,本文拟通过对两位女性生命历程和生活感受的口述记录,来探讨不同时代和社会变革背景下国家政治、经济等宏大话语对女性日常生活的影响,试图从两位叙述者生命历程的流动画卷中来管窥国家的政治经济政策变迁。

本文的资料来源于笔者2016年在海南省所做的妇女口述史记录,主要节选了两位女性——徐云美老太太(以下简称徐老太)和符花枝老太太(以下简称符老太)来研究。徐老太是海南省琼海市人,符老太是海南省文昌市人,俩人都于农历1938年10月14号出生。不同的是,徐老太出生于一个非常富裕家庭,是真正的大家闺秀,祖上世代经商,到她父辈这一代家中有良田超百顷,商铺五间;出身于书香世家的母亲与父亲门当户对,而且母亲深得作为学堂私塾先生的外祖父真传,琴棋书画样样精通。在这样的大家庭环境中,徐老太在年幼时就和两个哥哥一起跟着母亲读书识字、弹琴画画,成为同龄人中为数不多的能书写、算术、会文艺的女性;再加上家庭环境的熏陶,她的穿衣打扮都透露着大户人家的高雅与品位,这种与同龄农村老太太的不同之处即使是在80岁的她身上,旁观者也仍然能体会出来。而符老太则出生于一个非常贫穷的家庭,世代务农,到祖父这一代更是家徒四壁,偏偏又孩子众多,生活更是捉襟见肘。父亲有七个兄弟姐妹,以致于他们兄弟几人长大后连住的地方都没有。所以即使后来父亲兄弟几个都相继成家生孩子了,但符老太的父亲和小叔两兄弟全家仍然挤在一间屋子里。徐老太和符老太同年同月同日生,按照海南的说法是乘坐同一批船来人世投胎的,但一如坐在船上的其他人一样,她们既无从选择自己的时代,更未知岸上的去处和将来的人生。

二 理论分析工具

(一)"全能主义"和后全能主义理论

"全能主义"是邹谠用来表述20世纪中国国家与社会关系走向和特点而提出来的概念。根据他的论述,"全能主义"是指"政治机构的权力可以随时无限制地侵入和控制社会的每一个阶层和每一个领域的指导思想"[1]。国内学者萧功秦进一步指出,"全能主义是一个高度组织化程度的政党,在全能主义意识形态的引导下,全方位地渗透到社会生活的全部细胞中去,并有效地控制社会生活的各个领域、各个层面。"[2]作为一个在中国属于历史范畴的政治概念,"全能主义"精辟地概括了20世纪特别是1949年后到改革开放前我国政治形势和政治运动的特征。在那段特殊的年代,全能主义政治作为中国一种非常规的社会治理方式,执政党将政治权力的触角延伸到社会的各个领域和各个角落,它不仅通过广泛性和经常性的政治运动进入到大众的日常生活,还能深入到大众的思想空间,得到大众的普遍接受和认可。在农村,执政党通过土地革命、合作化运动、社会主义改造运动、"文化大革命"一系列的政治活动,以"阶级成分"的划分为基点来对农村群体关系进行重新判定,把农民身份系统的颠覆与重建落实到每个家庭和个体的日常生活实践中,让农村和农民都深深地卷入国家的政治旋涡中来。因此,在"全能主义"政治体制下,国家"用强有力的事实表明了超出个人常规性生活手段的一种逻辑:在无需个人做出实质性努力的情况下,一种来自外部的力量,用人们原来从未见过的方式,改变了无数人的命运。"[3]

但改革开放特别是20世纪90年代以后,在政治、经济与社会领域已经发生深刻变化的大背景下,中国的政治体制已经不再是原来意义上的社会主义全能体制。因此,有学者认为,"随着改革开放和市场经济的发展,原来的全能主义模式正在向着后全能主义模式转化"[4]。在后全能主义时代,"国家扬弃了教条意识形态所体现的带有乌托邦色彩的'政治神话',并力求以'经济实效性'来获得国民对政权的认同"[5]。可以说,在后全能主义时代,国家对社会的控制逐渐从全面、直接地控制转化为在有限范围以间接调控为主。在政治控制的范围逐渐缩小的背景下,政治话语向经济话语转变,国家以经济建设为中心,社会领域存在着有限的多元化。从社会生活角度看,"全能主义"向后全能主义时代转变实际上就是一个原有的国家全面控制社会生活的制度体系从社会生活领域逐步退出,让日常生活恢复自主性和活力的过程。但是,即使是逐步从私人领域退出,国家的宏大话语也仍然对日常生活有着较强的影响力。"后全能体制社会继承了全能体制下执政党的国家动员力的传统资源,国家作为实现本国现代化的权威杠杆,在理论上和实践中仍然具有较强的进行体制变革的动员能力。"[6]

(二) 日常生活理论

日常生活,作为一个学术用语,为列斐伏尔首先采用,是指"每天生活的重复,持续不断的每天生活的重复。"[7]随后,列斐伏尔又特别强调,虽然日常生活表现为一种琐碎性、同质化、重复性和碎片化特征,但它却有着重要的意义,因为"日常生活是一切活动的汇聚处,是它们的纽带,它们共同的根基。也只有在日常生活中,造成人类的和每一个人的存在的社会关系总和,才能以完整的形态与方式体现出来"。[8]国内学者衣俊卿将西方的理论与中国的实际相结合,对日常生活是这样定义的:"日常生活是以个人的家庭、天然共同体等直接环境为基本寓所,旨在维持个体生存和再生产的日常消费活动、日常交往活动和日常观念活动的总称,它是一个以重复性思维和重复性实践为基本存在方式,凭借传统、习惯、经验以及血缘和天然情感等文化因素而加以维系的自在的类本质对象化领域。"[9]另一学者常利兵则认为:"日常生活是以常识为基础,以重复性、自在性和经验性为特征,处于特定的历史时空条件之下的人们所进行的具体生产和生活实践的抽象集合体。"[10]常利兵的定义突出了日常生活的历史客观性,指出日常生活受到一定物质生产条件的制约和影响,是建基于实践之上的现实生活世界。综上所述,尽管日常生活是"被那些独特的、高级的、专业化的结构性活动挑选出来用于分析之后所剩下的'鸡零狗碎'"[11];但是,"人是在平凡的日常生活中被发现和创造的,而且正是在这样不起眼的日常小事中潜藏着整个社会关系,日常生活构成了整个社会关系和社会结构的一种基础性领域"[12]。

日常生活不仅潜藏着一定的社会关系,也在一定程度上过滤着社会关系和社会结构对它的建构。国家宏大话语所型塑的社会结构与日常生活之间不是简单的主体与客体的二元论关系。尽管国家的宏大话语所要改变的对象是重复、琐碎的日常生活;但日常生活,面对的是具有自己独特思维方式和活动惯习的社会行动者,当国家的政治经济等宏大话语投放于现实生活时,生活中的个体则以符合自己利益的方式对这些宏观话语进行策略选择,或遵从,或利用,或改造,或消解。所以,具有能动性的"日常生活好比一枚镶嵌于国家与农民之间的多棱镜,当国家的权力之光透过日常生活到达农民那儿时,将会被日常生活所过滤和处理。经过日常生活转换后的政治,或者被日常生活所扭曲,或者被日常生活侵蚀掉,或者被完整的保留下来"[13]。可以说,国家的宏大话语在被日常生活过滤和处理后,最终会通过不同个体的日常行为和生活感受以不同形态表现出来,呈现出丰富多彩的生活画面。因此,通过研究不同时代背景下的女性日常生活来观察彼时的国家政治经济等宏大话语，具有碧水映月般的价值。

三 跌宕起伏的生命历程：国家宏大话语和个体日常生活中的女性

在20世纪波澜壮阔的中国历史进程中，国家—社会—日常生活紧紧联系在一起，国家的宏大话语不断建构着社会，进而影响着个体的日常生活；充满弹性的日常生活以自己的运行逻辑在遵从、消解着国家的宏大话语中，又对女性生活和个人幸福产生着重要影响。于是，当国家的政治经济等宏大话语的变动投射到日常生活中来时，女性的生命历程"呈现在我们眼前的，是一幅由种种联系和相互作用无穷无尽地交织起来的画面"[14]。

（一）各有各的苦：集体化时代的婚姻选择

在集体化时代，国家层面的各个政治运动把国家的宏大话语与个体的日常生活紧密地结合起来，政治的氤氲几乎笼罩着社会生活的方方面面，包括女性的婚姻选择。

1. 徐老太：阶级身份压迫中的婚姻选择

1950年8月，中央人民政府政务院通过了《关于划分农村阶级成分的决定》，规定凡占有土地，自己不劳动或只有附带的劳动而靠剥削为主的，便是地主。根据该决定，徐老太一家因为家有"良田超百顷、生活奢侈"而被划分为地主。"地主"这一阶级身份的划分给徐老太一家带来了天翻地覆的变化。"阶级定义作为新的社会身份类别和先前政治地位的标志而制度化。土改所创造的新的地位序列颠覆了解放前普遍存在的以财富、权力和实力为基础的阶层状况，被阶级区划为'地主'、'富农'的人被贬为'剥削阶级'，他们不仅受到蔑视和羞辱，而且其财产被剥夺，本人受到攻击"[15]。在一次次的批斗会中，徐老太的爷爷和父亲经常被押到村头进行批斗、游街甚至吊打，直到他们变得服服帖帖、低头求饶。这一幕幕的情景在年轻的徐老太心中留下了不可磨灭的阴影。

唉，一开批斗会，我就知道我爷爷他们要受罪了，打得可惨了。幸好我爷爷、父亲他们平时为人厚道，对那些给我们种地的长工们都很好，还出钱给他们的孩子治过病，这才没被打死，但家里的东西全部被拿走分给穷人家了。我那时是又怕又心疼他们，怕那些人打红了眼把我也拉过去打；也心疼他们，记得有几次我爷爷都被打得爬不起来了。

除了心疼和害怕，在徐老太心中，还有一种难言的"恨"。因为是"地主"家的女儿，不仅没有同龄人愿意和她一起玩，更难过的是，她还经常成为孩子们指责和笑话的对象。

我有时很恨爷爷他们，是他们让我在村里抬不起头来，没有一个女孩和我玩，她们都指着我骂，说我是地主婆，该下油锅。

讲述这段经历时，徐老太的脸上重现了彼时的紧张与害怕，以及在这种紧张和害怕之上的无奈与辛酸。

这些划分阶级成分的评议会、声势浩荡的揭露地主罪恶的诉苦会、捆绑地主戴高帽游街的批斗会以及讨论土地重新分配的集体商议会等政治运动，还有那些此起彼伏、持续不断的群众声讨都让徐老太的青春蒙上了羞辱令人不堪回首。更重要的是，随着时间的推移，快到出嫁年龄的徐老太开始担心自己的"悲剧"又在下一代身上重演。在当时"老子英雄儿好汉"、"老子反动儿混蛋"这种基于血统延续的阶级阵线中，徐老太的担心不是多余的。所以，强烈地想早点逃离家庭、摆脱这种阶级身份困境成了隐藏在她心中挥之不去的期望。有一天，徐老太在仔细翻阅了中央人民政府政务院1950年颁布的《关于划分农村阶级成分的决定》的文件后，看见其中一条："地主、富农、资本家女子嫁与工、农、贫民，从事劳动，依为主要生活来源满一年者，承认其为工人、农民或贫民成份。"顿时，她眼睛一亮，一个主意在心中悄悄发芽了，那就是嫁到另一阶级身份家庭中去，通过婚姻来改变自己地主的阶级身份从而摆脱目前的困境。

机会终于来了。

18岁多，有人来家里做媒，谈起他家的情况。我父亲说他家太穷了，而且兄弟姐妹多怕我过去吃苦，不同意。但我愿意嫁，我其他的什么都没听进去，就想着他们是贫农身份，嫁过去就不会受这些气了。我两个哥哥那时还没结婚，因为别人一听介绍人说我家是地主成分，女孩家里见都不见就不同意。我父亲看这形势，最后就同意我的婚事了。我记得他同意时都还在叹气。

父亲的这一声叹息并没有熄灭徐老太对走进未来婚姻新生活的满怀憧憬，她希望过去走过的那些由于阶级身份所带来的屈辱暗路能够通过婚姻改变轨道进而一步一步到达鲜花盛开的明天，她幻想着婚后的日子能够远离政治喧嚣，能够和丈夫举案齐眉、琴瑟和谐，生活从此姣如明月。

于是，在1956年的冬天，徐老太满怀着希望嫁进了王家。

2. 符老太：日常生活困境中的婚姻选择

相对于徐老太急于摆脱阶级身份而选择婚姻对象的理由，符老太的婚姻选择却又是另一番光景：父亲一家和小叔一家挤在一间大房子里，兄弟姐妹间的打架、喧闹是年少的她每天面临的日常生活。

> 我兄弟姐妹五个，人多太挤了。我们三个姐妹都挤在一张床上，伸脚的地方都没有，吃饭时在抢、在打架，睡觉时在抢、在吵架，天天都在打架；我叔叔家的三个堂兄弟姐妹也相互吵架，还有他们几个和我们几个也吵架，房子小，都听得见，孩子吵多了，大人也吵。唉，家里整天吵吵闹闹，都没处躲。吃又吃不饱，又天天吵，搞得大人、小孩都很烦，就更容易吵架。后来我大哥结婚了，我们姐妹住的那间房让给大哥了，父母就为我们三个姐妹到房子后面搭了个棚子睡觉。但家里太挤了，嫂子心情不好，经常找个借口说我们。我们三姐妹心理都憋屈得很。那个时候，我就常想，我嫁人就要找个小户人家，没有这么多的孩子，家里一天到晚都安静，该多好。

通过婚姻想摆脱大家庭日常生活繁琐和喧嚣的想法在符老太心中也生根发芽，找到机会就迫不及待地实现了。

> 我记得是18岁那一年，有熟人来家里和我娘聊天，随便说起他家的情况，说他父亲在他几岁时就跑南洋①了，留下母亲一人养他。

---

① 南洋是海南人对东南亚一带的泛称，包括马来群岛、菲律宾群岛、印度尼西亚群岛等地。

他母亲一直没再嫁,现在家里很穷,母亲身体又不好,怕是找不到对象了。我一听,就说我愿意嫁去他家。我母亲和那人以为我是说着玩的。我说是真的,现在大家都穷,穷点不怕。我就喜欢人少的家庭,家里安静。我这么一说,我母亲就不做声了,她心里也知道我们几个女儿的苦。后来父亲去打听了他家的情况,回来说那小伙子人很勤快,本分,他妈也是个老实人。于是母亲就同意了。

就这样,在1957年的冬天,符老太也满怀对婚姻新生活的憧憬,嫁到了一贫如洗的张家,开始了新的生活。

尽管符老太是"烦"大家庭日常生活的"吵闹"而进行的婚姻选择,但这种看似偶然的家庭因素影响婚姻选择的个案中,却折射着当时的政治和社会常态,可以说符老太家庭生活中日常吵闹是当时大多数农村家庭在"结构紧张"[16]时代背景下的缩影。"解放后,在相当一段时间里,政治运动中各群体间的批判和斗争"[17]已造成了整个社会的"结构紧张"。而在"结构紧张"的状态下,"人们会产生非理性的信念或行为。"[18]因此,在政治运动频繁化的集体化时期,紧张的社会关系已经让每一个家庭和个体都深陷旋涡,都无法确定地把握自己未来的生活和命运。这种不确定的大环境让每个人都精神高度紧张,再加上物质匮乏、生活资源不足,在大家庭资源总量一定的前提下每个小家庭都打着自己的小算盘,这很容易让处于压迫和焦虑状态中的个体在偶然的小事中情绪一触即燃。符老太家由于空间位置的拥挤、经济资源的匮乏和情绪的焦躁更是容易造成日常生活的摩擦。可以说,符老太大家庭日常生活的吵闹、喧嚣既是家庭个体的,又是社会的。从这个意义上说,符老太的婚姻虽不是直接由于政治原因但也是由于政治环境的间接影响而进行的选择。

(二)避阱入坑:婚后日常生活—政治的不同呈现

不管是由于政治还是家庭原因,两位女孩都如愿以偿地逃离了最初的那个生活环境,走进了另外一个与自己成长经历完全不同的家庭中。但生活并没有像她们当初嫁人时所幻想的那样求仁得仁,而是在国家宏大的政治话语与家庭日常生活的琐碎中滑向了另一条轨道,生活似乎给她们开了个不小的玩笑。

1. 从政治运动到日常生活:徐老太无法言说的痛

人情练达、世事通透的徐老太父亲同意女儿"下嫁"时的那一声叹息既饱含了个人在国家政治运动面前无力把握自身命运的无奈，也体现了对女儿固执选择的忧虑。正如父亲所担心的，徐老太如飞蛾扑火般投入的婚姻也并没有她所预想的那般美好。事实是丈夫贫农出生的阶级身份虽然为她遮避了政治运动的狂风暴雨，但却让她掉进了家长里短的日常生活旋涡中。

徐老太的丈夫有三个哥哥，都已经结婚生子，还有两个妹妹待字闺中，家里人员很多，日常生活矛盾也很多。虽然三个已经结婚的哥哥都分家出去，但一大家人还经常在一起干活挣工分。几个女人一台戏，还没嫁进来的徐老太就成了三个贫农出身的嫂子们的"公敌"，嫁来之后的她更是由于与嫂子们的格格不入成为了大家明嘲暗讽的对象。

> 我嫁人之前也没做过农活，嫁人后做农活很笨很慢，插秧也总搞不好，学也没别人学得快，她们（指妯娌们）总是偷偷笑我，埋怨我挣工分少了。而她们的有些生活习惯我也看不惯、听不惯。我很注意卫生，她们就说我穷讲究；她们经常在背后相互说坏话，为点小事情斗心眼吵架的事我也不参与。时间一长，她们几个就很亲近，疏远我了。和她们说个话，我有时自己都不知道说出了一两句书上的话，她们就暗笑，故意说还真是地主家出来的千金小姐，还会认字，还读了书，比我们都强呢；旁边另一个嫂子就加把火说，还会算数写东西呢！我听了就气得哭。唉！

妯娌们的"明枪暗箭"虽然让徐老太伤心，但更难过的是丈夫的木讷、老实和不解风情。和集体化时代大多数贫苦人家出身的男人一样，徐老太的丈夫没有读过书，一字不识；已经有三个哥哥的他的出生只是给贫困的家庭雪上加霜，多了个累赘，成为了三个哥哥经常欺压的对象。这一切使得生性老实的丈夫在生活中只知道听话干活，不争不抢，沉默寡言。选这样性格的男性作为丈夫在当时对其他女性可能都不是问题，但对受过良好家庭教育、有着生活情趣追求的徐老太却是个不幸的选择。在外面干不好农活又受妯娌气的徐老太晚上躺在床上，特别想向丈夫倾述自己的委屈和无奈，但这种诉说总是在劳累一天的丈夫呼噜声中戛然而止。于是，徐老太太曾经的诗情画意、对婚姻新生活满腔的憧憬就在这平淡、单调、琐碎的日常生活中被磨得一干二净。

这种日常生活的重复、琐碎和那些微妙而难以察觉的情绪总是在看似平常的生活深处营造着一种不可描述但又实实在在的困境，让徐老太在隐蔽和晦涩的暗流中过得特别窝火与压抑。最难熬的是，这种窝火是隐隐然的，是说不出具体的来源途径与事件的，是那种难以向丈夫诉说，或者即使能诉说，但木讷与粗线条的丈夫也难以理解的情绪。

在当时，徐老太总以为这一切都是由于自己不会做农活所引起的，但事实其实比她想象的更复杂。因为，"在日常生活中，直接的东西也就是意识形态的东西，它一方面把经济现实、现存的政治上层建筑的作用和革命的政治意识等包容起来；另一方面又将它们掩藏和隐匿起来"[19]。所以，如果把徐老太这种烦闷的日常生活放在当时的国家政治运动大背景中，就容易理解了。在政治"全能主义"时代，"阶级不是一个日常生活的或者纯理论的概念，而是一个政治和实践的概念。阶级概念的背后有一整套革命的意识形态，与革命的意识形态相应的是新式的社会关系、权力结构和制度模式"[20]。因此，在当时，"必须对农民群众有一个正确的看法：他们不仅是自然意义上的人，而且也是政治意义上的人"[21]。所以，正如徐老太父亲答应女儿下嫁贫农大家庭时复杂的心态一样，丈夫一家人包括丈夫本人在迎娶徐老太这个地主千金小姐时都抱着一样的不得不接受的复杂心态：既害怕这个新来媳妇的地主身份给自家带来麻烦，又担心又穷又老实的小儿子娶不到媳妇。所以，徐老太的娘家认为自己女儿是在政治运动中无奈地下嫁，但对夫家来说，觉得"光荣"的贫民身份能够接受"人人喊打"的地主女儿已经是一种施舍了。娘家和夫家彼此心态一开始就不在同一频道上，这为以后不幸的生活埋下了注脚。至于徐老太和妯娌们的日常矛盾，从根本上说，是一种由不同成长环境所带来的生活理念和心理的冲突，因为"日常生活指的是一种价值观念，而不仅仅是衣食住行的基本形态"[22]。妯娌们相同的阶级身份、生活背景使她们更容易打成一片，而且大字不识的她们在听说徐老太琴棋书画样样精通时心里本就五味杂陈，后来看到她不擅长干农活而出尽洋相时在幸灾乐祸中找到心理平衡更是人之常情。

就这样，尽管通过婚姻逃离了政治运动但仍然没走出"地主家的女儿"身份阴影的徐老太在琐碎的日常生活中过得特别不舒畅。

2. 从日常生活到政治运动：符老太始料未及的"人祸"

在相隔不到200公里的另一个村，嫁到小家过着舒畅日子的符老太正遭受着另一场始料未及的政治运动。在"文化大革命"阶级斗争泛滥的岁月里，由于公公之前偷渡"南洋"，这样有着"海外关系"的符老太一家就被定性为存在"反动的政治关系"，有同"外国敌对势力里应外合的嫌疑"[23]。红卫兵经常到她家来抄家，"请"符老太丈夫去配合调查和问话，查找"通敌"的证据。这种人心惶惶的日子长达一年多，一家人过得苦不堪言。

> 结婚的时候想到他也是贫农出身，不会有阶级问题，也没想过他父亲会带来什么问题。他父亲又不是反革命、又没有打仗，就是穷，被逼得没办法跑出去逃难了。结果哪知道会被划为反革命呢！被划分为反革命后，天天有红卫兵来家里抄家，说找反革命的凭据、看我们有没有还和反革命联系，还把我当家的拉出去批斗，要他交代他爹通敌人的证据。有几次，都被打的走不动了，被我和婆婆在别村拖回来的，躺在床上好几天。唉，那日子过得难啦！
>
> 这样的日子大概一年多，我记得也不太清楚了。我连娘家都不敢回，怕连累他们。有次参加生产劳动，碰见我姐在另一个生产队，我们俩相互看着抹眼泪，她说，"早知道，你就不去他家了"。唉，人没有长后眼睛，怎会想得那么远啊。
>
> 那时候，婆婆经常逢人就说她这些年怎么苦、怎么难才把孩子养大，现在娶媳妇生孩子了，好不容易有点盼头了，哪知道还会这样。有红卫兵来抄家时，我婆婆就哭，骂跑出去的老爷子，说"你这个没良心的，不得好死，一个人不声不响地走了，留着我们母子俩活受罪，我这些年好不容易一把屎一把尿地把孩子养大，给他娶媳妇了，现在又被你害了。你是死是活我们都不知道，都还要连累我们受苦"。后来，那些同情可怜我婆婆的人就不怎么来了。

可见，在"全能主义"政治下，即使没有阶级身份困扰一心想过平静日子的符老太一家也难以逃脱国家宏大话语对日常生活的影响。

（三）苦尽甘来：国家政治话语向经济话语的转换

1. 走出政治的氤氲：徐老太在国家经济话语中的日常生活

党的十一届三中全会召开，决定把党的工作重心由以阶级斗争为纲转移到以经济建设为中心，这标志着中国过去长达三十年的阶级革命和阶级斗争开始走向消解。与此同时，随着国家主导意识形态整体导向的变化，整个社会出现了一种重要的话语转换,即政治话语向经济话语的转换。政治因素的影响日渐式微,经济发展得到了前所未有的重视,财富获取能力和获取的多寡成为家庭或个人社会地位高低的关键评价指标。在国家这种宏大政治体制变革和经济结构总体性调整的大背景中,农村和农民个体的生产方式、社会关系模式和日常生活方式都发生了较大的变化。

于是,世代经商的徐老太娘家两兄弟又重操旧业,率先走上了致富道路,成为"先富起来的那一批人"。

> 改革开放后,我两个哥哥都在镇上做起了生意,大哥在开百货店,二哥在卖化肥、农药、农具这些东西。他们两三年就把生意做起来了,特别是二哥,生意很好。那时,各家种自己的田,需要锹、泥耙、锄头这些工具,农药、化肥也卖得好。二哥把生意做起来后,就想拉我一把,说你们村离镇远,在村头开个小卖部,卖这些肯定好卖。于是,他借钱给我当本钱,还把进货的地方、价钱都告诉我,每次去拉货时也带我一起去。还真被我二哥说中了,我一开起来生意就不错,我卖的价格和镇上差不多。因为太贵了,人家就直接去镇上买了;太便宜了,我也亏了。我想来想去,觉得只能高一点点,像化肥一袋我就比镇上贵一两块钱,别人也嫌麻烦为这点钱跑到镇上去拉回来;农药一小瓶就贵三毛钱,薄利多销嘛。

除了讲究定价策略外,徐老太还特别注意邻里和睦,特别是和曾经不和的妯娌之间,她更是大度地"一笑泯恩仇"。

> 我这人也不记仇,我对几个嫂子说,那时各有各的难处,所以大家关系紧张。现在日子好了,我们这一大家人更应该团结,不要吵来吵去让外人看笑话。她们几个刚开始怕我生意好,故意不在我这儿买东西。我就当不知道,后来她们孩子生病了需要钱,还没等她们开口,我就主动问需不需要钱,要的话就找我。后来,几个兄弟也知道好歹,货车拉化肥来了,他们在家都来搭把手帮着搬肥。他们来买东西,我给他们的价钱都比别人便宜两块钱,说是成本价,就当是给他们顺便带回来的。

在农村这个"半熟人"社会中做生意,不仅仅是价钱的问题,还需要人缘,用徐老太的话说是需要乡亲们来"抬庄"(即捧场、照顾的意思)。

> 在农村做生意很难,不像大城市,你东西好价钱合适就行。在村里,大家都认识,就不能只讲这些生意上的事。要是你哪天不小心得罪人了,那就倒霉了,不仅生意做不成,还可能遭殃。以前不是还有人故意投毒到人家鱼塘吗,告到公安局了,但没证据说是谁投的啊,公安局也不管了,这多倒霉!所以,一句话说的他不舒服就有可能故意害你,或者不喜欢你,宁愿麻烦点去镇上买,更气人的是故意跑到别的村去买。还有,有的人觉得你做生意赚了钱,心里不舒服,恨不得你倒霉。这时候,我们就要低头做人,我给孩子们说,越有钱在外面越要老实,不然别人心里就更不舒服了。

生意越做越大的徐老太成了村里最早的"万元户",在20世纪90年代中期就在路边翻建了一栋地面三层高、地下一层(地下温度低,便于存放化肥)的楼房,楼房一楼开着小卖部,卖日常生活用品,另一大敞间后来放着几张麻将桌供那些农闲时来聊天打牌的人用。

经济条件变好的徐老太也越来越深谙和精于拿捏村庄的人情世故。

> 我做生意,就图个大家都高兴。平常大家来这里聊天打牌,我都免费提供茶水喝。来玩的孩子,都给点小零食吃,不要钱;谁家买化肥多了,我就让男人帮他们搬到田边去;谁家家里红白喜事,他们请不请我,我都送个份子钱,他们知道我不是贪那点吃的,就图个热闹;我做饭熟了,有时打麻将的人少,愿意留下来吃个饭喝点酒我也很高兴;我到市里批发货,看见有新卖的菜种子,觉得能种,就带回来,免费给村里人种,还帮大家问怎么种。你看,村里现在种的满地的小辣椒最早就是我从外地带回来教她们的。人心都是肉长的,你对他们好,人家才会心甘情愿地到你这儿买东西,就愿意帮你。

尽管徐老太认为是她的能干和"会做人"改变了村里人对她的看法,靠她的"不斤斤计较"和"大方"赢得了大多数村民的尊敬和羡慕,靠她的实际行动改变了曾经嘲笑她的妯娌们对她的成见。但如果结合当时国家的宏大话语,就可知道与其说是徐老太个人的能力改变了妯娌和邻里的关系,不如说是国家的经济政策改变了人们的价值导向,从而改变了徐老太的社会地位。

改革开放后,"允许一部分人先富起来"的政策不仅仅是一句口号,更是直接作为这一阶段国家与社会关系的"基调理论",以最为有效的方式改变了农村人际关系的内涵。随着国家对日常生活领域或私人领域的控制日益松动,市场经济的深入发展和贫富差距的拉大,农村社会关系开始向经济利益靠拢,经济利益日益渗透并且成为传统亲属家庭关系联系的重要纽带,经济情况的好坏也成了衡量家庭在村庄社会地位高低的重要指标。在这样的宏大话语中,作为村里最有钱的徐老太,当然能够得到大多数村民包括妯娌的巴结和奉承,而她的大度和圆滑更多的只是锦上添花。

经济话语所带来的社会价值评价标准的改变使得徐老太一扫过去生活的烦闷和阴霾,走进了"新时代"。在日常生活中,家庭经济条件的不断改善、懂事而乖巧的孩子们成绩捷报频传都让徐老太意气风发,在村民们羡慕嫉妒恨的眼神中把小日子过得红红火火。她也不再计较丈夫的木讷和老实,相反,这些在日常生活中都变成了别人羡慕的优点:丈夫深知自己在做生意方面比不上妻子,他就让妻子当家做主,自己能做的就是听话、勤快、任劳任怨地做事,把家里照顾得妥妥帖帖,让徐老太能够全心扑在商店的运营和人际关系经营上。

2. 国家侨务政策的变化:符老太日常生活的拐点

不仅徐老太赶上了国家政策变化的好光景,在文昌市生活的符老太一家在长期沉寂的平淡日子里,也迎来了生活的"春天"。

改革开放不仅仅是国家政治话语向经济话语的变化,同样也是国家对外政策和对海外华侨政策的改变。十一届三中全会后,党和政府高度重视对海外华侨华人和"归侨、侨眷"合法权益的保护,摘掉长期戴在许多侨眷头上的"右派分子"、"地主分子"、"资产阶级分子"、"特务"、"特嫌"、"里通外国"等各式政治帽子,全面平反涉侨冤假错案,并且要求各部门做好广泛团结海外侨胞的工作。在此政策导向下,各级各类侨务工作部门,纷纷开展以海外侨胞为对象的沟通、团结和联谊活动,组织海外侨胞寻根问祖、探亲访友、找寻失散亲人等活动。另外,在1990年第七届全国人民代表大会常务委员会第十五次会议上,《中华人民共和国归侨侨眷权益保护法》通过,标志着国家"侨务工作"由以往的"政策"推动向"法律"推动的根本性转变,法律的颁布为那些想回国定居或探亲的华侨打消了后顾之忧。一时之间,海南文昌市迎来了归国探亲的热潮,很多战乱期间逃去南洋谋生的亲人纷纷荣归故里探亲访友。尽管符老太所在的乡镇还没有人归来,但临镇"既往之移民海外者,数十年后或有携回巨额财产,夸示于乡党者;或有在海外拥资巨万,跻身豪商行列者"[24]的故事和新闻也不时传到符老太家中,让本来平静的符老太的婆婆一下心潮澎湃,好事的村民也时不时来家里询问老公公是否有消息了。

在符老太一家日盼夜盼的焦急盼望中,1993年夏天的一封来信打破了村庄的宁静,也彻底改变了符老太一家平淡的生活——六月的一天,符老太那只闻其名、不见其人的公公终于来信了!当村长拿着信大喊符老太婆婆的名字走进她家时,全村都沸腾了。

> 我婆婆都不敢相信,拿着信的手直抖,眼泪一个劲地流。这么多年没有老爷子的一点消息,都不知他还在不在。当家的把信撕开,让村长给我们念,村长边念婆婆边哭,信里写的是这些年他是怎么过的,为什么没有回来。问婆婆和儿子怎么样,最后说,准备这一两年回来看看。那天,我们家像过年一年,婆婆都多煮了两个菜,一家人高高兴兴地吃饭,谈着老爷子回来会怎么样。从那天起,婆婆精神都好了很多,天天盼着老爷子早点回来。过了几天,我们找村长写了回信,告诉了家里的情况。几个月后,老爷子又回信了,说到了准备回来的事。

等待的日子特别漫长。终于,在1994年的冬天,符老太的公公回来了。那一天,当老爷子坐的车缓缓驶进小村庄时,全村好多人都怀着复杂的心态齐聚在符老太家门口。

> 老爷子回来的那一天,村里年纪大点的人都围过来了。我婆婆都哭得说不出话来,老爷子也在哭。后来不哭了,老爷子就讲他这些年的生活,我们才知道他在那边已经又结婚了,孩子都有几个了。他说对不起我婆婆,但当时没办法,以为自己再也回不来了,就结婚了。我婆婆倒没怎么生气,说活着回来就好。

除了能活着回来,更让人惊喜的是,老爷子虽没有成为前面故事里的

"巨富",但多年在外做生意,如今也小有资产,在20世纪90年代的中国农村也算是"豪商"了。

  没想到老爷子还发财了,他说他在那边打鱼卖海鲜,有点钱后自己开了几间杂货店,生意做大了,就赚了点钱。他那边的三个孩子也成家了,过得不错。现在生活好了,愿意补偿我们,以后每年都给我们钱。

"发了财"的老爷子不仅愿意补偿符老太一家,也在村里大宴宾客,请村里同宗族人和所有亲戚吃了三天,还给每个孙子辈的小孩五十块钱,"说是感谢这么多年乡亲们对我们一家的照顾。"

"田舍翁成巨富衣锦还乡"的事迹很快流传乡里,方圆十里家喻户晓,曾经让人同情的孤儿寡母成了村里人羡慕的对象。在第五天,镇长都特地来看望老爷子,在嘘寒问暖之后,表达出期望老爷子能为家乡发展做点贡献的想法。

  老爷子后来说,外面经济发展还是好些。现在国家政策灵活了,出去也容易了。但婆婆和我当家的年纪都大了,没法带过去,他可以想办法把我们的孩子带过去。当时,我大儿子已经结婚了,很难出去。老爷子就说把我们的小儿子和女儿带过去。

  儿子和女儿走的时候,我还真舍不得,一想到那么远,以后见面都不容易了。别人都劝我,他们是去享福了,你不要耽误了孩子们。我一想也是,就同意了。后来,小儿子和女儿都过去了。

老爷子荣归故里成了符老太一家生活的拐点。他不仅带来了小家庭经济条件的改善,也促进了符老太一家社会地位的提高。饮水思源,老爷子后来在村里的小学翻修时捐助了十万元,这在20世纪90年代可是一个不小的数目。得到捐助的村长每年春节都会到家里来看望符老太的婆婆,村里其他人再也不敢小瞧她们一家了。虽然老爷子后来只回来过一次,但对老婆婆的经济援助和补偿从没断过。曾经饱受创伤的老婆婆终于苦尽甘来,过上了好日子。

老爷子给符老太一家最大的帮助其实是经济条件的改善,而经济条件的改善带来了更多的社会效应和人际关系效应。可以说,符老太日常生活的改善得益于国家侨务政策的改变，这其中其实也折射着国家政治话语向经济话语转向的大背景。

（四）晚景如春：晚年的幸福

虽然两位老太太在前半生各有各的不幸，但晚年幸福的生活都是一样的，现在都成为了村里人羡慕的对象。

徐老太的两个儿子和一个女儿先后考上了北京、广州、武汉的高校，毕业后两个在广州，一个在北京安家落户、成家立业了。儿孙满堂的徐老太现在北京、广州和海南轮流住。她的商店十多年前也转手给了丈夫大哥的儿子，侄子经营这些年也发家致富了。对此，侄子一家非常感激，逢年过节只要徐老太老俩口在海南都接过来一起吃饭，平时也常嘘寒问暖。

"人老了，也不图个什么了，孩子们过得好就行。"谈起过去国家的政治运动、日常生活的人际摩擦所带来的那些不幸，徐老太除了偶尔流露出些许的难过外，其他更多的则是对世事无常的一种认命感。"人啦，谁能料到自己一辈子！"这是她常挂在嘴边的一句话。

而还生活在农村的符老太，身体健朗，还能在农忙时帮大儿子一家做饭、洗衣服。小儿子和女儿已经在新加坡扎根落户、结婚生子了，偶尔回国探亲，也是衣锦还乡，招来一村羡慕的眼神，更多的是接老两口到国外居住旅游。在村里，符老太和老伴是同龄人中唯一出过国的人。于是，"见多识广"的她经常给其他老人讲讲国外的见闻和新鲜事。说起过去和现在，符老太眉开眼笑，"我算是熬出头啰！"当然，也有一点不舒心的事，那就是大儿媳妇时不时还埋怨几句，说当初老爷子怎么也不把他们两口子带出去，如果带出去了也不至于现在还呆在农村"受罪"。

> 她说她的，我就听着。老爷子过去给我们的钱我都贴给他们了，现在她的两个孩子也被小儿子想办法帮她出钱给弄到新加坡读书去了。这些年，我女儿也给了他们不少钱，你看，他们住的房子也是村最好的。早年让他们去外面做点生意，也做不好，亏了。现在不做事还有钱花，有什么不满足的！

四　结论

徐和符两位老太太，她们素未谋面，也不曾相识。她们不会知道，自己和对方一起,在相隔不远的地方,共同经历和分享了国家政治、经济、社会风云变化的时代。两位女性跌宕起伏的生命历程既是国家宏大话语的缩影,也是时代变迁的见证者。国家的宏大话语建构了她们的日常生活,微观的日常生活影响了她们的主观幸福。

(一)国家的宏大话语:个体日常生活的建构者

观察和研究女性个体的日常生活,不能离开她们日常活动背后所起作用的国家宏大话语和社会结构。从政治运动频发的集体化时期到改革开放的市场经济时代,徐老太和符老太的生命历程和日常生活总是与国家的宏大话语紧紧纠缠。

在"全能主义"政治的集体化时期,作为一种"符号"的政治身份沿着农业合作化、人民公社化、"文化大革命"等时间线索越来越深地契入农村社会生活的每一个角落,走进了农民个体的日常生活,并借助于日渐强化的阶级政策和频繁的政治运动延续并扩展着其政治功能,让每一个农民家庭和个体都在这种无处不在的阶级斗争和政治身份中生产与生活。在"全能主义"政治扫荡后,农村的社会结构和社会关系发生颠覆性变革,包括婚姻都与政治前所未有地挂钩。这种挂钩的重要社会遗产就是村庄内部和部分家庭"一系列持久不断的怨恨,这种幽怨成了随后数十年形形色色的个人及家庭冲突的根源"[25]。

徐老太和符老太就是在这样的国家宏大话语中选择了自己的婚姻和生活①,也带给了她们婚后日常生活中无数的冲突与"幽怨"。

十一届三中全会后,随着改革开放和市场经济的发展,国家对农村和农民的政治控制开始松动,管理方式也由直接调控走向间接化。在国家政治、经济、社会结构发生较大转换的宏大背景中,农民家庭和个体与国家政治之间的距离开始拉远,政治对私人领域的影响越来越间接,中国开始走进"后全能主义"时代。在"后全能主义"时代,受益于国家经济话语的转向,徐老太和符老太也开始了"由宏观而崇高的政治期盼走向微观而具体的生活实践经济诉求"[26]的转向,先后成为了村中最富有的家庭。经济条件的改善不仅改变了她们的日常生活,也赢得了村里人的羡慕,她们个体的幸福指数更是直线上升。

---

① 虽然符老太的婚姻选择与政治运动无直接关系,但笔者认为是当时紧绷的政治环境影响了符老太大家庭的日常生活,进而影响了她的婚姻选择。

可见，个体的日常生活被国家的宏大话语不断建构和改变着；与此同时，日常生活也不断影响着女性个体的生活感受和幸福体验。

（二）日常生活：女性个体幸福体验的直接影响者

天大地大，到底没有过日子大。日常生活对女性的重要性，要远高于政治的重要性。因为"人类世界不仅仅由历史、文化、总体或作为整体社会，或由意识形态的和政治的上层建筑所界定，它也是由这个居间的和中介的层次：日常生活所界定的"[27]。对女性个体而言，政治不是常有的，但日常生活却是须臾不可或缺的。须臾不能离的日常生活既有静态的一面，也有动态的一面，呈现出易变性和能动性的特征。

日常生活的易变性是指，随着国家宏大话语的变化，日常生活的具体样态也在不断发生变化，从而导致相同个体在不同的日常生活中，其生活状态和社会关系也会随之而变，个人的生活感受也会截然不同。所以，对于徐老太来说，丈夫还是那个丈夫，性格还是同样的性格，但由于社会环境和日常生活形态的改变，徐老太评价他丈夫的标准也不同了；妯娌还是那些妯娌，但由于时代背景的不同，她们评价徐老太的标准也变了。

日常生活的能动性是指，日常生活不仅仅是折射了不同时代的国家宏大话语，它更是能够根据现实的需要对宏大话语进行过滤和消解。日常生活过滤和消解国家宏大话语的结果是，即使是同样的政治运动，由于不同的日常生活样态，个体会呈现出不同的心态和与感受。所以，同样经历过政治运动但有着不同日常生活样态的徐老太和符老太的心境就完全不同。徐老太出生于富贵家庭，心气颇高，青春时期遇到政治运动陷入政治泥泞，为摆脱家庭阶级成分不得已嫁入贫寒的大家庭，不仅一身才气毫无用处，而且落魄的千金小姐成了妯娌间讥笑的对象，再加上丈夫不解风情，前半生过得郁郁寡欢。而符老太虽然出生贫寒，但嫁人后深得婆婆和丈夫疼爱，尽管其间也经历了政治运动的风雨，但小家庭温暖和温馨的日常生活帮她滤去了外面的血腥风雨，缝合了政治运动所带来的创伤。所以，虽然从经济条件来说，徐老太一生过得要更为富足；但符老太一生却过得更加舒心和幸福。

可见，国家的宏大话语与日常生活并不是直接的对应关系。事实上，国家话语本身所具备的宏大性、时代性和间接性难以一一同日常生活本身所具有的不可化约的直接性、延续性和琐碎性对接起来。国家的宏大话语可能在某个时段切割和操纵了绵绵不断的生活流,把所有个体的生活都卷入到这个"流"中;但生生不息的日常生活却是一条永远流淌和变动的河流,充满张力的日常生活在折射国家宏大话语时,也一定程度上把宏大话语的外衣在具体的生活场景中不断过滤或抖落。因此在农村,当政治运动的氤氲渐渐消散后,具体的日常生活实践就更是女性个体幸福指数高低的直接影响者。

参考文献:

[1][美]邹谠.二十一世纪中国政治:从宏观历史到微观行动角度看[M].香港:牛津大学出版社,1994:3.

[2]萧功秦.后全能体制与21世纪中国的政治发展[J].战略与管理,2000(06):1-8.

[3]郭于华,孙立平.诉苦:一种农民国家观念形成的中介机制[A].杨念群,黄兴涛,毛丹主编.新史学:多学科对话的图景[C].北京:中国人民大学出版社,2003:518.

[4]李景鹏.后全能主义时代:国家与社会合作共治的公共管理[J].中国行政管理,2011(02):126-127.

[5]萧功秦.后全能体制与21世纪中国的政治发展[J].战略与管理,2000(06):1-8.

[6]田舒.从全能主义到后全能主义:政治动员模式的变迁[J].理论界,2013(04):21-24.

[7] Henri Lefebvre. Critique of Everyday Life [M]. volume I, Trans, John Moore. London: The Penguin Press, 1991: 97.

[8]刘怀玉.现代性的平庸与神奇[M].北京:中央编译出版社,2006:43.

[9]衣俊卿.现代化与日常生活批判——人自身现代化的文化透视[M].哈尔滨:黑龙江教育出版社,1994:32-33.

[10]常利兵.日常生活研究的理论与方法——对一种社会史研究的再思考[J].山西大学学报(哲学社会科学版),2009,32(02):67-71.

[11]吴学琴等著.当代中国日常生活维度的意识形态研究[M].北京:人民出版社,2014:50.

[12]王晓东.日常交往与非日常交往[M].北京:人民出版社,2005:38-39.

[13]沈乾飞.芸芸众生:被生活转换的政治[D].华中师范大学,2015:42.

[14]马克思恩格斯文集(第9卷)[M].北京:人民出版社,2009:23.

[15] Ruf, Gregory A. Cadres and Kin, Making a Socialist Village in West China, 1921 - 1991. Stanford University Press, 1998, p. 78.

[16] [美] 罗伯特·默顿. 社会理论与社会结构. 唐世杰译. 南京：译林出版社, 2006：145.

[17] 李强. "丁字型"社会结构与"结构紧张" [J]. 社会学研究, 2005 (02)：55 - 73 + 243 - 244.

[18] Neil Smelser, Theory of Collective Behavior, New York : Free Press, 1962. 赵鼎新. 社会与政治运动讲义 [C]. 北京：社会科学文献出版社, 2006：65.

[19] Enri Lefebvre. Critique of Everyday Life [M]. volume I Trans, John Moore. London：The Penguin Press, 1991：67.

[20] 张乐天. 人民公社制度研究 [M]. 北京：东方出版中心, 1998. 120.

[21] [美] 杰克·贝尔登. 中国震撼世界 [M]. 邱应觉等译. 北京：北京出版社, 1980：189.

[22] 孟伟. 日常生活的政治逻辑 [M]. 北京：中国社会科学出版社, 2007：13.

[23] 杨学嶙、庄国土编. 改革开放和福建华侨华人 [M]. 厦门：厦门大学出版社, 1999：156 - 157.

[24] [日] 东京大学东洋文化研究所. 福建事情资查报告 [M]. 东京：三五公司. 明治四十年：387 - 388.

[25] R. 麦克法夸尔, 费正清编. 剑桥中华人民共和国史——中国革命内部的革命 (1966—1982 年) [M]. 北京：中国社会科学出版社, 1992：655.

[26] 刘怀玉. 日常生活批判：走向微观具体存在论的哲学 [J]. 吉林大学社会科学学报, 2007 (05)：14 - 23.

[27] 郑震. 列斐伏尔日常生活批判理论的社会学意义——迈向一种日常生活的社会学 [J]. 社会学研究, 2011, 26 (03)：191 - 217 + 246.

National Grand Discourse and Individual Daily Life：The Life Course of Female's Oral History

Chen Liqin

(School of Politics and Administration Hainan University; HaiKou China   570228)

Abstract：The political change, economic development, social structure change and other grand discourse have directly or indirectly constructed female's daily life ; The daily life in micro-practice also directly influences the female individual's happiness experience. Female's daily life, therefore, is like a prism, which not only refracts the change of grand discourse, and also reflects the female's individual practice and happiness in the same social environment. Two female's dictation depicted in individual life and the flow of life picture scroll like clear water reflected on the changes of the national grand discourse , also reflected the daily life of women experience of the happiness of the individual.

Key words: Grand discourse, Daily life, Female's oral history, Life course

部落底色与政策绩效：集体化时期达拉特旗的男女"同工同酬"研究[*]

王 乐

(华中师范大学中国农村研究院 武汉 430079)

内容提要：农业集体化时期，男女"同工同酬"政策在全国各地农村的执行情况非常不均衡，各地对妇女参与集体劳动的贡献评价存在很大的差异，男女同工不同酬的现象普遍存在。但在内蒙古达拉特旗地区，该项政策取得明显的绩效。研究发现，达拉特旗男女"同工同酬"政策绩效与其部落底色、基础性制度密切相关。社会底色是公共政策的制定、执行的重要参数，是直接影响政策绩效的重要因素。因此，重视、研究政策的基层社会底色，根据实际情况调适公共政策及其执行的工具，对提高政策制定的适切性、政策执行的绩效、进而提升基层社会治理的有效性，具有重要意义。

关键词：集体化；部落底色；政策绩效；男女同工同酬

新中国建立伊始，党和国家制定了许多解放妇女的政策，农村妇女开始走出家庭，走向社会，参与农业生产，开始了逐步实现妇女解放的历程。恩格斯说："妇女解放的第一个先决条件就是一切女性重新回到公共事业中去。"[1]伴随着妇女解放运动的深入开展，男女"同工同酬"政策应运而生。"同工同酬"起源于山西省平顺县西沟村，并作为一项政策在全国统一执行。这一政策旨在发动妇女参加农业生产，从而推动妇女解

---

[*] 基金项目：国家社会科学基金项目"一带一路比较分析视角下村庄传统制度对中印农村妇女参与村级治理的隐性建构研究"（18Bzz038）。

作者简介：王乐，女，华中师范大学中国农村研究院2018届硕士研究生。现为鄂尔多斯康巴什区第一中学教师。

放，实现男女平等。在各级政府自上而下的宣传和动员下，该政策得到了一定的实施。然而，根据华中师范大学中国农村研究院近年来开展的大规模的农村妇女口述史调查发现，这项政策在各地农村落实的情况非常不均衡，各地对妇女参与集体劳动的贡献评价存在很大的差异。

2015—2017年寒假笔者三次深入达拉特旗开展了"合作化口述史专项"调查与"妇女口述史"调查。合作化时期汉族地区的男女工分并不一样，男人的工分普遍要比女人的工分高。而笔者所调查的达拉特旗男人与女人的工分却是一样的，都是10分。由此也引发了笔者对男女工分的思考，为什么达拉特旗在农业集体化时期的男女工分是一样的，而其他地区的男女工分是不一样的呢？是什么原因造成了达拉特旗的"与众不同"？带着一系列的问题，笔者对华中师范大学中国农村数据库中集体化时期的口述史调查作了数据统计分析（如图表1.2）。就全国的汉族地区而言，农业集体化时期，男女之间的平均工分差距较大。而笔者所调研的达拉特旗集体化时期基本实现了男女"同工同酬"，只要女性与男性所从事的工作一样，工分就是一样的，实现了男女"同工同酬"。

达拉特旗位于内蒙古西部，属于蒙汉融合地区，其社会、民族状况较为复杂。但达拉特旗却能将该项妇女政策有效地贯彻执行到位。这也引发了笔者的问题意识：为什么达拉特旗的男女"同工同酬"政策获得了良好的政策绩效？乡土制度根基及文化底色与政策绩效之间是否有关联？是一种什么样的关联？如何认知、运用这种关联提高政策执行的效度？本文尝试对上述问题作出回应。

目前，对男女"同工同酬"的研究中，西方学术界的研究较多，我国是在20世纪90年代后，才开始关注社会的"同工同酬"现象，研究的重点在于对"同工同酬"应否进行和能否实现的一般性讨论，且多从市场经济与资本主义国家的视角去研究男女"同工同酬"的问题。而对于农业集体化时期男女"同工同酬"问题的研究，目前仅有南开大学的李金铮教授与刘洁对此做了学术性分析。但都是从性别视角出发对这一问题进行的研究。从社会底色与政策绩效的角度对这一问题的探讨至今还无人研究，这也为本文的研究留有一定的研究空间。与此同时，学界对社会底色与政策绩效之间的关系研究也寥寥无几，仅徐勇教授对制度底色与治理间的关系进行了论述。在《历史制度底色下世界土地改革进程与成效比较》一文中，作者从历史制度主义视角出发，通过对东南亚的土地改革与家户制底色、俄国的土地改革与村社制底色、拉美、南非的土地改革与庄园制底色这三类国家和地区的土地改革与制度底色进行深入分析的基础上，指出了不同的国家和地区的制度性底色规制着其各自的土地改革的进程、特点及成效，因而不同国家、地区的土地改革会受到其相应的历史制度底色的制约。徐勇教授对制度底色与治理绩效间的关系研究为本文探寻"部落底色"如何影响达拉特旗男女"同工同酬"的政策绩效研究开拓了思路。

表1　　　　　农业集体化时期的男女工分对比情况表①

地区	平均工分	
	男	女
全国	14.74	9.01
达拉特旗	10	10

一　底色：达拉特旗的部落制遗存与边区状况

清朝之前，蒙古族人多以部落或部族名相称，其部落或部族名称渐渐成为蒙古族人口的姓氏。"鄂尔多斯部落"是因职业聚集在一起而形成的群体，原为成吉思汗近属，为成吉思汗选派的最忠诚的人员组成的鄂尔多（宫帐）卫护部队。清顺治六年（1649），清廷将蒙古族鄂尔多斯部落分为6个旗（后增一个旗），在鄂尔多斯实行盟旗制度，鄂尔多斯左翼后旗（今达拉特旗），清末设达拉特旗。

（一）达拉特旗的部落底色

从顺治七年（1650年）到宣统三年（1911年），达拉特旗扎萨克共传14代，清末最后一代扎萨克是逊布尔巴图。民国十三年（1924），逊布尔巴图长子康达多尔济袭扎萨克多罗贝勒位。民国三十七年（1948），康达多尔济病故，由章景文任护理扎萨克，后汪庆多尔济（汪鹏程）取得扎萨克印。一直到新中国成立初期，达拉特旗都保留着浓厚的部落底色。

---

①　数据来自于华中师范大学中国农村数据库。

1. 产权共有:"达旗的土地都是人家蒙古人的"

受气候的影响,达拉特旗冬季漫长寒冷,夏季炎热。在高寒干旱的气候条件、脆弱的草原生态环境及单一的游牧生活下,人们很难依靠一己之力去对抗自然灾害,此时部落便成为了个人的依靠。受部落传统的影响,到新中国成立初期,达拉特旗依然有着明显的共有产权特点。

1949年前,达拉特旗的土地都为扎萨克的后代所拥有。蒙古人会得到王爷分配的土地,即所有的土地都掌握在蒙古人的手中,汉人是没有土地的,人们习惯上叫蒙古人的土地为"户口地"。

> 我们刚来达拉特旗的时候,是给二王爷章景文受苦①了。当时整个达拉特旗的土地都是王爷的。这里的草原是人家蒙古族人的地方,所以是不允许随意开发种地的,只能养牧。咱们来了以后,就只有个别,极个别关系好的②,就可以向蒙古族人租点土地,因为蒙古人都有户口地呢。(WL20160123HZB@W01 呼占彪)

根据呼占彪老人的回忆,蒙古人的户口地是这样得来的。那时候的蒙古人,每年都要去给王爷白做四个月的活,不给钱。这样王爷就会给他们拨一些户口地,每户蒙古族人能得到三十到五十亩或一百到二百亩数量不定的土地。一些拥有户口地的蒙古族人,就租给了没地的汉人耕种,依靠收租来过生活。

> 可多蒙人有户口地也自己不种,再说蒙古人也不会种地,就租给我们汉人了。我们家当时是半种③的一户蒙人的户口地。人家租给我们以后,就分股子④。比如说,十捆糜子,人家分三捆,我们自己留七捆。当时的租子有三七的,二八的,二八五的,最多的就是人家拿三捆,咱们分剩下的七捆的。二八捆就是人家拿两捆,咱们拿八捆。二八五就是咱们拿七个半,人家拿两个半。(WL20160130SDM@W01 孙德明)

---

① 劳动,干活的意思。
② 就是有关系的人,能和王爷说上话的人。
③ 租种土地的意思。
④ 租子的一种。

根据老人的讲述，当时也有汉人手中有大量的土地，但都是从蒙古人手中买的。因为达拉特旗的土地都是蒙古人的，一般来说这些土地是不允许买卖的。能买到土地的人，都是一些能和王爷搭上话的汉人，花钱购置大量的土地，再转手散卖给其他的汉人。按照达拉特旗人的认知，蒙古族人较为团结，是因为他们都是成吉思汗的后代，且为同一民族，因而使得部落底色下还保有了共有产权的传统。

2. 分配共享："我们与蒙古人一起'抓牛具'"

正如前文所述，受限于内蒙古西部区恶劣的自然环境，以及物质生活的匮乏，新中国成立前，蒙古族人以群居的方式来维持生活。群居的生活方式加强了人们抵抗自然灾害的能力，彼此之间都潜存着"有福同享，有难同当"的共享共识。因而蒙古族一般是不分家的，成家不分家也不分畜群。在此部落传统下，达拉特旗的蒙古族人在很长一段时间内，都将这种共享的传统保留了下来。新中国成立初期的分配方式主要表现在产粮共享。

根据刘兵银老人的讲述，达拉特旗有一种租种方式叫做"抓牛具"，它既是一种租种方式，也是一种分配方式。民国三十五年（1946年），刘兵银老人逃荒来到达拉特旗，全靠与蒙古族人一起"抓牛具"①，才得以在达旗生存下来。

> 蒙人②人家一直以放牧为主，不会种地，我们就和蒙人一起抓牛具了。许多逃荒的人来了这里，什么也没有，就抓牛具。种人家蒙古人的土地，用的人家的牛。春天的时候，用人家的牛料、籽种，吃人家的粮食。到了秋天，粮食打下来了，我们就把用人家的牛料，籽种，吃的粮食都还给人家，剩下的粮食再两家人亭分③。差不多抓了这么三五年，我们就在这把家安下来了。（WL20160131LBY@W01 刘兵银）

在共享分配方式的底色下，正是蒙古人的共享、仗义与慷慨的民族性

---

① 也是一种租种方式。
② 蒙古族人。
③ 就是平分的意思。

格，使得来到达拉特旗的移居汉人，才得以依靠"抓牛具"的方式，在此安定下来。

3. 同工惯习："不管男孩还是女孩，都要去放牧"

新中国成立前，达拉特旗许多的蒙古族不分家，一方面是因为人力资源的紧张，另一方面，家族群居可以抵御自然灾害，提高生产能力。正是由于地广人稀，家中的农业生产与牧业生产都需要人力，由此妇女不仅是家庭生活的重要参与者，更是家庭农牧业生产的重要劳动力资源。根据受访的老人讲述，当时牧区方圆三四里地才有住户，每家的牲口也不少，到了冬天牲畜打草、接羔更是需要劳动力之间的相互配合。人们住的远、劳动力又少，全靠家里的妇女和小孩帮忙。尤其妇女对于喂养小羊羔较为耐心、细心，为家里的牧业生产起着较为重要的作用。

> 民国三十几年上，我家养的二百多只羊，那时候全靠放牧了。一年下来把羊皮、薅羊毛卖了换粮食了。到了接羊羔羔的时候，人是最忙的了。尤其冬天天冷，稍不留神，下下来的①羊羔羔②就被冻死了，吃摸着③母羊多会儿下呀④，就得每黑夜人盯的了。家里面这点牲口全靠我们老婆辛苦的务已⑤了，黑夜轮流去圈里面看的了，刚下下来的羊不好活，还得把黑豆嚼碎喂养了。（WL20170122XZY@D　邢子源）

李玲女老人也表示，放牧也不只是男人的工作，家中稍大一点的孩子，不管男孩还是女孩都要帮助家里去放牧。

> 我六个娃娃，四个女子、两个儿子。我的大女儿从9岁开始给我每天放羊的了，她放的点⑥，我的大儿子⑦放的点。那时候羊跑得快，

---

① 刚生下来的。
② 小羊崽。
③ 估计、猜测的意思。
④ 生小羊羔。
⑤ 照顾的意思。
⑥ 意思是负责放养家中的部分羊群。
⑦ 小子是方言，是儿子的意思。

尤其到了晚上得把羊都吆喝①回圈里面了，这就姊妹几个人一起往回吆，遇上沙尘暴，大风可容易到把羊埋死了。（WL20170125LLN@Z 李玲女）

可见，对于蒙古族地区，受限于恶劣的自然环境，加之人少，劳动力资源匮乏，使得男人与女人之间没有十分明确的劳动分工，一直都有男女同工的惯习。

4. 部落伦理："牧区与汉族不同，没那多讲究"

伦理是一种社会意识形态，它是人们处理人与人、人与社会、人与自然时所要遵循的道理和准则，与此同时，它也是一种行为规范。无论任何社会、还是任何时代，不同的民族，都会形成该民族所特有的、对于善、恶、行为规范等的评价标准与道德观念。蒙古族在其发展历程中也有着属于自己的部落伦理。1949年前，达拉特旗蒙古族的伦理核心是在地缘与血缘基础上结合而成的。

作为生长在达拉特旗的汉族人，旗内的汉人在生活中的禁忌、讲究较多，而蒙古族的礼俗与禁忌却要比汉人少很多。就拿上桌吃饭的礼仪来说，1949年前，大多数汉族地区，吃饭时是不允许女人上桌的。尤其是外嫁了的女儿回到娘家，更是不能与男人们同桌吃饭。根据李玲女老人的讲述，在她们牧区就有着与汉族地区截然不同的餐桌礼仪。

> 我们牧区这块儿没有太多规矩。拿吃饭来说，只有上座、下座的讲究。年长的一些长辈、客人就需要坐上座，其他小辈就坐在他们周围就可以了。家里盛的第一碗，第二碗饭，肯定是要先给长辈和客人，其次才是小一辈。同辈之间没讲究，男女也没有分别，兄妹们可以坐在一起。（WL20170125LLN@Z 李玲女）

可见，牧区蒙古族男性与女性之间的地位较为平等，没有过多歧视妇女的生活讲究。而汉族地区，对妇女的歧视程度较蒙古族人要深一些。

（二）边区的自然底色

内蒙古地处祖国北疆地带，达拉特旗地处内蒙古西部，从秦朝起，便

---

① 需要把放牧的羊都关回圈里的意思。

有汉族人口迁入达拉特旗,当时迁入的人口主要是内地的罪犯还有少部分的居民。大规模的汉族人口迁入是在清朝乾隆八年(1743)以后,大批从山西、陕西进入"黑界地"① 开垦土地的汉族人,逐步深入到达拉特旗的蒙旗牧地,之后不断有陕西、山西的农民自发进入从事农耕。起初,这些汉民是春去秋归,后来逐步在自己耕种的土地上定居下来,成为达拉特旗的居民。

1. 蒙汉互补的生产习俗与社会性别结构

"蒙古族有畜牧业与农业两种经济生产方式,他们从清代开始从事农业,当时蒙古人常把剩余的土地租给比邻的汉人,至秋末时收取几石米为租金。"[1]从汉族人与蒙古族人杂居在一起时,汉族人逐渐学习从事畜牧业,蒙古族人也学着种地,开始从事农业生产。随着农业的不断发展,达拉特旗的许多地方已经成为半农半牧地区。在蒙、汉相互借鉴对方生产方式的过程中,达拉特旗人逐渐有了农牧结合的生产方式。农牧结合的生产方式便很好地体现了两个民族生产的优势互补性。

蒙古族作为游牧民族,精于豢养、牧养马、牛、羊、骆驼,以这些牲畜肉为主要食物,将其皮毛加工成衣服和毡包以抗御风寒,鬃毛捻成绳索用于生产、生活。在还没有定居下来的时候,绝大多数蒙古族部落是不从事农业的。根据对老人的访谈,1949年前,牧区的蒙古人还在游牧,不会种地,主要还是以畜牧业为主。

> 我们牧区的人不会种地,不随便乱种,从来都没有种过地,所以也不会,我们这里主要是靠畜牧业。现在人们慢慢定居下来了之后,草场都分配给了个人。我小时候的草场是没有限制的,放牧想走哪里走哪里。我的娘家养着上百只骆驼,几百只羊。当时我们牧区都是这样,谁家也差不多有个二三百只牲口,大家都是靠这些牲口来维持生活。牧区没有粮食,我们就靠这些骆驼去后套②驮粮食吃。(WL20170125LLN@Z 李玲女)

---

① 清朝初期,清廷实行蒙汉分治,在鄂尔多斯南边,长城北侧划了一条南北宽50华里、东西延伸2000多华里的长条禁地,人们称之为"黑界地"。禁地内,既不允许陕北、甘肃等地的汉人通过,也不允许鄂尔多斯的蒙古人逾越。

② 河套地区,今巴彦淖尔临河境内。

汉族人精于农业生产，会根据地方的气候、水利与地理条件，总结出适合本地区的农作物。汉人来到达旗，这才把农业生产的方式带到了达旗。

> 我丈夫的老家是山西河曲，我公公的父亲那一代来了达旗。那时候河曲的地也不多，他们春天就来达旗种地，秋天就回河曲。从我公公那一代开始才在这安的家。那时候亩产也不多，主要种糜子、谷子、豆子这些耐旱的作物。（WL20150214WXH@D02 王秀花）

凯西·奥特拜因曾说："最基本的生存方式有五类：渔猎采集业、畜牧业、林业、农业、工业。有些民族几乎专门依靠其中一类，还有些民族却同时采用两类或两类以上的方式。而同时采用两种基本生存方式的文化要占更大的优势。"[2] 根据对大量老人的访谈，达拉特旗农业较为发达的地区，往往是多数家庭以农业生产为主，以畜牧业为辅；畜牧业发展较好的村庄主要以养牧为主，辅之一部分的农业生产，但都是农牧业结合的经济生产方式。与此同时，汉族农耕为主、纺织为辅的家庭经济方式以及在此基础上男尊女卑的社会性别结构，与蒙族畜牧业为主男女共同劳动的部落经济、社会性别结构相对平等的两种文化相遇并逐渐融合，形成了边地的乡土底色基础。

2. 地广人稀人力资源紧张

1949年前，内蒙古的地广人稀给人们带来了两方面的影响。一方面，地广人稀，人均耕地面积与草场面积较多。另一方面，方圆几十里地才有人居住，所以大多数农户都是祖孙几代生活在一起，很少分家。

根据老人的回忆，1949年前，达拉特旗的水利设施落后，人们都是靠天吃饭，所以土地的产量不高，劳动强度大一些就能多产些，因而人们不分家就能有相对较多的可利用的劳动力。

> 土改前，我们都是一大家子在一起住。我家是弟兄8个，加上父母亲是10个人。我的父亲弟兄3个，3大家的人就有二三十口人，没分家，吃饭都在一个锅里面吃。那时候，我们租人家地主家好几百亩的地，全靠这十几个劳动力了。一大家子人多，就有劳力了，不然没人种，地就得荒着了。人多的话，家里头有放羊的、有喂马还有种

地的，这才生活能过好了哇。（WL20170105HYM@D 杭一鸣）

因为土地的亩产不高，农户普遍需要耕种较多的土地来维持生计，因此对劳动力的需求较大。

我家土改前人多了，加上我们弟兄4个人，还有我的母亲我的父亲。土改的时候我已经20岁了，我刚成家了，我的哥哥那些全部都成家了，家中有20多口人，就都在一起住着。我们没有地，都是蒙古人的地。我们得租二百多亩的地，才勉强够这一家人维持生活。当时除了种地外，我三哥还得给别人放羊，也挣不了多少钱，可以挣口吃就不错了。就是那几年，姥姥家、我的舅舅家、我的大姨家，他们家里边都没有吃的，都来我家吃。另①开家的过得好的不多。（WL20160214MWL@W01　马五亮）

由此可见，不分家也是人力资源紧张的表现，为农户在环境恶劣的情况下提供一定的生存保障。由于劳动人手的稀缺，妇女参与劳动既是生活所必须，也是非常重要的劳动力资源，需求决定劳动资源的价格，也影响劳动者的家庭和社会地位，参加生产劳动，提高了达旗妇女的社会认同度。

3. 礼制的边缘地带

"长期一起居住于同一自然村落的生活中，由于生产方式相同，生活空间和区域相同，便在互相影响和学习过程中逐渐地形成了相似或相同的民俗文化事项。"[3]1949年前，达拉特旗的汉族人在生活中的礼制与讲究较多，基本上沿袭了原居地的风俗，而蒙古族的讲究较少，在蒙汉融合下，汉族人相对较多的风俗礼制也随着时间的推移逐渐减少、消失了。根据对郑贵先老人的访谈，老人的老家在陕西府谷。当地就有女人不能去地里劳动的禁忌。下面是访谈的记录：

笔者：奶奶，土改前，您家的劳动力怎么样？

郑贵先：我们家劳动力不多，都是男人，女人不怎么出地，那时

---

① 分家的意思。

候不习惯女人出地。过去，女人是不能进"场面"① 的。

笔者：奶奶，什么叫"场面"啊？

郑贵先：就是糜子、谷子这些熟了，收割回来放在外面的场地上，女人是不能站在这的，怕女人冲撞着，导致粮食没有了。②

根据上文对牧区李玲女老人的访谈资料可知，老人的女儿与儿子一样，从小便帮着家里放羊，也要参与劳动，并没有女人不能下地劳动的禁忌风俗。1949年前，受限于内蒙古恶劣的气候条件、水利设施不发达、达拉特旗土地贫瘠，地广人稀人力资源紧张，因而妇女也是家中的重要劳动力。相较于汉族地区，达拉特旗对妇女的约束和规训并不多。随着汉族人进入达拉特旗，汉族人与蒙古族人杂居在一起后，汉、蒙之间开启了社会风俗的融合历程，汉族人的许多禁忌风俗随着时间的推移，逐步淡化和消除。

我十一二的时候就跟上我的父亲下地③劳动的了，耧地、锄地、割地这些我都会了，那时候，哪家的女人也劳动了，像割地女人还拼④男人手快了。那时候的女人什么都做，没有不做的。尤其是咱们内蒙人⑤就跟蒙古族人差不多，礼节⑥不多，说吃就吃，说喝就喝。（WL20170123YSH 杨三花）

生长在陕西府谷的郑贵先，因为礼俗的禁忌，不能到"场面"去劳动。而生长在达旗的李玲女老人则从小就得下地干活，既然劳动需要抛头露面，礼制也只能松动开放，而且，达拉特旗地处内蒙古的西部，位于祖国的边陲地带，也是礼制的边缘地带，因而该地区的社会禁忌和对妇女的规训约束也相对较少。

作为部落制为基础根基的达拉特旗，由于特殊的民族历史传统，部落

---

① 音译。
② WL20170112ZGX@D 郑贵先。
③ 去地里劳动。
④ 比较的意思。
⑤ 指内蒙古的汉族人。
⑥ 礼俗、禁忌的意思。

制的制度遗存下，形成了与众不同的部落制底色，为落实"男女同工同酬"政策提供了与中原地区不同的制度基础。

二　过程：达旗男女"同工同酬"政策的执行

1955年全国掀起了农业合作化高潮，毛泽东给三篇文章的按语发出后，"男女同工同酬"政策得以在全国各地普遍推广。毛泽东认为，妇女只有参与公共生产才能提高自身的地位，才能得以解放。为了响应中央的政策指示，1955年的6月29日，达拉特旗旗委召开了关于加强对妇女工作领导的会议，旗内各区委传达旗委《关于妇女工作的领导指示》精神，指示中提出了要贯彻"男女一齐发动"方针，执行男女"同工同酬"政策。1957年10月，达拉特旗旗委在妇女三干会议上就贯彻男女"同工同酬"政策中的一些问题提出了解决措施。

当时，达拉特旗仍然存在着顽固的重男轻女的思想。"妇女不出地"的思想成为阻碍男女"同工同酬"政策执行的重大思想障碍。为了解决思想难题，达旗的政策执行者首先在干部层面开展男女互助互学，通过男女干部一起发动，互帮互助，以模范榜样为普通民众建立起政策实施的思想基础。其次，动员广大妇女参与学习和社会辩论，为政策的实施营造政策基础。一方面提高了妇女的政治觉悟，另一方面又尽可能动员妇女积极参与整社工作。再次，充分发挥妇女干部的模范带头作用，进而动员妇女参与农业冬季生产自救运动。最后，在农业劳动中，通过达拉特旗旗委所采取的一系列政策实施方略，合理的劳力安排、保护妇女劳动、民主评定给予合理报酬等措施使得达拉特旗广大的妇女劳动潜力和积极性得以激发出来，从而保障了同工同酬政策得以顺利实施。在达旗的政策执行过程中，正是受潜在部落底色的影响，达拉特旗较汉族地区对妇女的规训相对较少些，且有男女同工的惯习，使得这里的政策动员与政策实施较汉族地区的开展要相对容易些。

三　绩效：达旗男女"同工同酬"的政策成效

达拉特旗的男女"同工同酬"政策的顺利贯彻，成功实现了女性与男性在农业劳动报酬上应有的平等，在一定程度上使广大女性群众从几千年的封建"重男轻女"思想和封建夫权思想中解放出来，激发了妇女的劳动积极性，使妇女在参与农业生产中实现了自身的解放。在男女"同工同酬"政策的执行过程中，不少妇女通过参加培训班，真正提高了自己的实际能力，成为了经济上的独立个体，进而获得了政治上与男性一样的平等地位。一些妇女还通过当选妇女劳动模范、妇女队长、女社长、妇女骨干及妇女干部等，获得了一定的政治地位。就全旗的农业集体化发展而言，妇女作为伟大的人力资源，为农业集体化的发展贡献了"半边天"的重要力量，为开辟新的家庭副业、增加家庭收入、腾出剩余的男性劳动力进行水利设施建设发挥了重要的积极作用，增强了妇女为实现自身解放而争取斗争的信心，更使得达拉特旗的冬季生产自救运动和农业集体化得到了稳步过渡和迅速发展。

（一）工分数据的比较：达旗妇女半边天

1. 男女工分的全国比较

2017 年的 10 月，笔者依托华中师范大学中国农村研究院的口述史调查数据库，对数据库中集体化时期的口述史样本作了数据统计分析（见表 1.12）①。根据老人对当年政策的回忆，即在此基础上的数据统计分析显示，在全国男女"同工同酬"政策得以贯彻之后，全国男性在农业集体化时期的平均工分为 14.74 分，女性的平均工分为 9.01 分，男性工分比女性工分高出了 63.60%，即 5.73 分。时隔男女"同工同酬"政策贯彻执行 60 多年，回顾当年的政策成效，可见，就全国而言，妇女的工分在一定程度上得到了提高，但是整体而言，男性与女性的工分差距仍然较大，说明该项政策在全国普遍地区的贯彻执行并不到位。

2. 达旗男女工分比的性别统计

通过数据对比分析，达拉特旗的男性与女性的之间的工分都为 10 分，而且通过对亲历该项政策的老人进行实证调查之后，也如数据统计所显示，该地区实现了男女的同工同酬。不少老人表示在该项政策执行之后，达拉特旗的妇女真正实现了能顶"半边天"。"就像毛主席提出来的女人能顶半边天，男女都一样。事实也就是如此，像往后的大生产劳动这些，像那些男人有的担土还有担不过女人，这些事情都是有的。"②

---

① 见本文前言，农业集体化时期的男女工分对比情况表（表 1）。
② WL20170815BGY@Z 白贵英。

（二）记忆中的性别同酬："女人与男人的工分是一样的"

在"同工同酬"政策执行的过程中，通过对妇女劳动力的合理分类与安排，使得达旗妇女在工分上实现了与男性的"同工同酬"，这是该项政策在此执行中所获得的首要政策成果。

根据老人们的讲述，由于妇女的体力及其身体的特殊原因，大部分妇女很难从事过于辛苦的体力劳动。就达拉特旗而言，女性能与男性从事的同样劳动也仅限于农业生产与牧业生产，像开渠打坝、修建水库这些事情，从事重体力劳动的妇女人数就相对较少。但就女性与男性所从事的相同工作中，不少老人表示"男人和女人的工分是一样的"。

> 当时男人干一天工是十分，女人也是十分或者是九分，有的可能是八分，这个是不确定的，这个得看她们的劳动力，但是男人和女人的工分是一样的。男女工分一样不一样得看干什么活。像掐山药籽这种活，作为男人你就干不过女人，你要是干一些苦重的活，那女人就干不过男人了。（WL201708162MSL@Z 马三令）

只要女性做的与男性是一样的好，那女性所获得的工分是和男性一样的。

> 如果和男的做的一样好，那工分就是一样的。像我刚才跟你说的那个女人叫王丑，她的劳动力好，无论做什么，人家都是一把好手。无论锄地还是割地，人家的手都特别快。如果你把工分给人家评低了，那么所有人都会反对，不只她自己会反对，别的社员，我们大家也是不会同意的。（WL20170819LLN@Z 李玲女）

（三）与同工同酬同步的部落底色文化的更新

达拉特旗男女"同工同酬"政策执行已经过去60多年了，亲历该政策的老人对于当时的政策成效及她们自身所取得的进步与"成就"仍然记忆犹新。

1. 女性的自我肯定："多劳还能挣分红，妇女参与劳动的积极性大着呢"

达旗男女"同工同酬"政策的实施从思想上改变妇女和男性几千年的

封建落后思想，树立"妇女是管理持家"的主人翁意识。一方面提高妇女在家庭中的地位，摆脱过去的"夫权"思想，从而树立妇女参与农业劳动的信心。另一方面，男女"同工同酬"政策的实施大大激发了妇女勤俭持家、主动参与农业劳动的积极性。不少老人表示，大多数妇女就不愿意在家里一直呆着了，因为妇女劳动是有工分的，挣得多还能有分红。

> 我们队里发展的挺好的，我们社里还发展了瓷窑还有煤窑，社里的男劳力大多都在瓷窑和煤窑上面呢，男人都去搞副业了，庄稼地都是女人来负责，都是要靠女人来做农活的！妇女自己也不愿意在家里一直呆着，我们队里并不是一天到晚就发动妇女去干活劳动，不需要发动生产，都是妇女自己来动弹①。不需要队长每天来催促、监督、动员大家去劳动，我们就像给自己受苦一样，都是女人来做。比如说，今天这块儿地锄不出来了，中午正常12点收工了，大家为了把这点活做完，哪怕是做到2点3点，也要把这点农活干完，就再也不用再来这块儿地了嘛，就像是要结业了似的。而男人们去挖瓷、挖煤，这些都是收入啊，不然一年到头家里怎么能够分得了红啊。（WL20170815BGY@Z 白贵英）

"同工同酬"政策执行所带来的利益的吸引、家庭与社会对妇女价值的认同，都让妇女的积极性得以激发出来。越来越多的妇女逐渐走出家庭，开始走入社会，进入了国家场域。

2. 女性的社会认同："政策来了，妇女的地位也提高了"

在达旗"同工同酬"政策的执行过程中，妇女被动员到整社运动中，积极主动参与农业社生产计划、规章制度等内容的制定。在一定程度上，这种政治参与的方式提高了妇女的权利意识与政治觉悟，一些女性也由此当选为妇女模范、妇女骨干及妇女干部，开始了自身的政治生涯。当然，一些男性老人对于男女"同工同酬"的政策也十分拥护，他们表示该项政策提高了妇女的社会地位，即使妇女获得与男性一样的工分，男人也不会计较。

---

① 主动去地里干活，不需要动员。

男的也有工分少的时候，也有不如妇女工分高的时候，这个不一定，这个要看你的体力劳动。毛主席来了以后，就把妇女的地位提高了，起码把她们的脚放开了呀，不给她们缠脚了，把她们脚放开之后，她们干什么活儿都跟男人一样，就不分彼此了，她的力气也大了。之前的不平等就是因为妇女的体力不如男性，她的体力赶不上男人。像我们当时那个地方，我们也不计较妇女体力不如男性，人家上面宣传什么，我们就按照什么来做。（WL20170816BMH@Z　白满海）

3. 女性的政治参与："工分评定，女人也有发言权"

通过对亲历该政策的女性老人进行深入的访谈，不少老人提到当时能实现与男性的"同工同酬"还在于"妇女参与工分评定"。妇女作为该项政策的首要目标群体，通过参与工分评定，能够发表自己的意愿与观点，说明达拉特旗的妇女在工分评定的政治参与活动中拥有了"话语权"。"话语权"的拥有在一定程度上能够维护自身的权益，可以对政策的执行与实施起一定的监督作用。正是在这种民主的工分评定方法下，大部分的女性得到了其应得的工分。达拉特旗开展符合地区特色的工分评定方法，通过妇女参与工分评定，劳动者集体评工分的办法，最大化地发挥了民主的作用，以民主评定的方式给予劳动者合理报酬，最终使妇女实现了与男性在"同工"基础上的"同酬"目标。

对于一些妇女劳动模范，她们更是在劳动上能比一些男性出色，因而给妇女建立了很大的劳动信心。如妇女劳动模范张花女老人说：

有些时候我挣的工分还比他们男人多，而且我比一般的女人工分都多，我锄地的时候也能多锄。人家割三垄地，我也能割三垄地，还能给拉一道巷子，多拉一道巷子在工分上面就好比多锄出来一垄地。总之，无论做什么我都比别人做得多，后来给我分下来，让我去挖渠打坝，人家就往下布置，看你能做一米还是两米。我能挖好深，还没等人家做好，我就已经做好了，就自己把自己给往死嘭了，哈哈，不过这样挣得工分就多了。（WL20170817ZHN@D　张花女）

对于社内存在的一些男劳力不如妇女劳力，以及男性干的活儿不如女性的现象，不少女性对于自己能够取得高于他们的工分而有着满满的自豪感。

>那个时候男人也可有差劲的呢，可有男人都干不过女人，像男人有的是可以下井里边挖煤的，这些活是要技术的，像社里的社长，他们的工分也没有井下挖煤这些人的工分高，这是需要经验的。但是一些男人，他到地里，干活就不行了，他就不太会干活，像这样子的男人很多，像有些女人她能赛过男人，她就能做的比男人好，像男人他做的不好的，能挣那么点工分，就管够了，他还能跟女人挣一样的工分，他如果做不好，挣和女人一样的工分，一些女人也会讨厌他，笑话他，说你干的都不如人家女人多，你还能跟人家女人工分一样吗？所以说也存在这种男人体力不好的，做不过女人的，那他的工分就不能比女人高！（WL20170815BGY@Z　白贵英）

当过农业集体化时期的生产队长的高金玉老人虽然作为男性，但是也对当时妇女所发挥的作用表示了极大的肯定。

>女人也下地劳动，工分也就是一样的了，当时女人就是半边天。那时候做定额，男人做了是这个工分，女人做了也是这个工分，所以女人和男人的工分是一样的。作为男人，我也不会心里感觉不平衡，因为人家女人做出来这些活了，为什么不平衡？就比方说锄一亩地是几个工分，那人家女人也把这块地锄出来了，那就应该得多少工分。（WL20170818GJY@Z　高金玉）

四　结论

底色是一个地区的文化底蕴、是一个民族的基因。基因在一定程度上决定着一个人、一个地区不同于其他人和其他地区的一种唯一性。因而，抓住政策实施地区的社会底色资源，因地制宜制定符合地区实际的地方性政策，则是政策得以成功的关键所在。政策在什么样的底色下执行就决定着地方性政策要如何去制定，采取何种方法去实施。达拉特旗作为少数民族——蒙古族聚居的地区，又是蒙汉融合的边区，相对于其他地区，有着特殊的政策执行环境，政策执行时面对的问题和承担的任务的特殊性都对这里的政策贯彻提出了难度。在如此复杂的政策环境下，男女"同工同酬"政策能够获得良好的政策成效与该地区所特有的部落底色密切相关。"共有与共享的传统""男女共同劳动的惯习""'男女有别'的模糊文化""慷慨豪放的民族性格"等特点都为该地区的政策贯彻提供了天然的政策土壤。与此同时，作为政策实施的边疆边区地带，蒙汉融合下的包容性文化与妇女自身潜在的人力资源都为该项政策的实施提供了适时的政策时机。由此可见，对于少数民族地区，底色资源是影响公共政策绩效的重要因素。

参考文献：

［1］马克思恩格斯全集（第4卷）［M］.北京：人民出版社，1972：70.

［2］罗卜桑惠丹.蒙古风俗鉴赏［M］.呼和浩特：内蒙古人民出版社，1981：231.

［3］（美）凯西·奥特拜因.比较文化分析——文化人类学概论［M］.张智源、张郭安译.郑州：河南人民出版社，1990：148.

［4］陈华文.论民俗文化圈［J］.广西民族学院学报，2006（6）.

［5］刘洁."走向解放"：集体化时期太行山区妇女的农业劳动［D］.博士论文，2012（5）.

［6］刘洁."男女平等"的异化与误读——以集体化时期太行山区妇女参加社会生产为例［J］.党史研究与教学，2014（1）.

［7］李金铮，刘洁.劳力·平等·性别：集体化时期太行山区的男女"同工同酬"［J］.中共党史研究，2012（7）.

［8］胡玉坤.人民公社时期大田农作的女性化现象——基于对西部两个村落的研[J].妇女研究论丛.2016（5）.

［9］李斌.农村性别分工的嬗变——合作化时期的湘北塘村考察［J］.华东师范大学学报哲学社会科学版2013年（3）.

［10］张晓红.从"铁姑娘"到"新典范"——中国女性社会角色的历史变迁［J］.思想战线，2008年（1）.

［11］徐勇."政策下乡"及对乡土社会的政策整合［J］.当代世界与社会主义，2008（1）.

［12］刘筱红.支持农村妇女当选村委会成员的公共政策分析［J］.华中师范大学学报人文社会科学版，2005（02）.

［13］刘筱红.唐沽模式将社会性别意识纳入村民自治主流［J］.妇女研究论，2005（05）.

[14] 刘筱红. 农村村级妇代会组织与妇女在村委会选举中的地位 [J]. 华中师范大学学报人文社会科学版, 2002 (06).

[15] 徐勇. 历史制度底色下世界土地改革进程与成效比较 [J]. 社会科学研究, 2016 (4).

Tribal background and policy performance: The study of men and women "equal pay for equal work" in collectivization period of Dalate Banner
—— Based on the oral history survey

Wang Le

Institute for China Rural Studies of Central China

Normal University, Wuhan, 430079, China)

Abstract: In this paper, the researcher studies, during the agricultural collectivization period, for men and women the success of the policy of "equal pay for equal work" in Dalate Banner social background, the policy process and policy effect, then discusses the local social background of public policy foundation, the responsive adjustment and the relationship between the policy performance. The investigation found that the Dalate Banner is located in the western part of inner Mongolia, which is a minority area, and is also the border region of Mongolia and Han, which has unique social and cultural background. In such a complex social context, how can the policy of "equal pay for equal work" for men and women in Dalate Banner achieve such a successful policy performance? What is the underlying mechanism? The study found that in Dalate Banner as a settlement area of the Mongolian nationality, the ethnic background of the tribe was still preserved in the early days of the country. The legacy of tribal tradition has laid the foundation for policy implementation; At the same time, it is located in the border area, which is the marginal zone of the ritual system, which provides an adaptive basis for the adjustment of public policy and the background color of the border area. This author thinks that social background is an important factor that directly affects the performance of policy. On the basis of great importance to the social background and research policy, therefore, to take targeted, flexible adjustment of public policy, to improve the policy performance, and to improve the effectiveness of grassroots social governance, it has great significance.

Key words: collectivization period, tribal background, policy effectiveness, equal pay for equal work

乡村治理研究

◆ **乡村治理中的"典型创制"及其双重逻辑**

基层常常通过"典型创制"（如典型示范、创制试点、政策实验）的方式加强乡村治理制度建设。典型创制包括"一般逻辑"和"特殊逻辑"两种进路。前者表现为：在"个别"经验的探索基础上，带动"一般"治理实践的普遍进步；后者则止于"个别"经验的探索，以典型本身的打造以及由此带来的品牌效应为目的。虽然典型创制的特殊逻辑也可能会产生创新性和示范性的成果，但其在本质上遵循精英治理、选择性治理和例外治理等逻辑，容易导致制度的虚空化、短期化、推广难和碎片化。典型创制特殊逻辑的发生与多元交织的原初动力、非对称性的主体互动、约束不足的制度环境有关。推动特殊逻辑转向一般逻辑的措施有：回归制度创新的本有逻辑，强化乡村治理的固有属性，构建均衡的治理主体格局，形成科学的考核评价机制。

◆ **自利的公共性：村庄公共产品供给中农民的行为逻辑——以通城县汉上村"公共路灯安装"为例**

村庄公共产品的供给是"三农问题"的重点。实现村庄公共产品的有效供给需要研究农民的行为逻辑。研究发现，农民在村庄公共产品供给中存在"自利的公共性"行为逻辑。在该行为逻辑下，农民参与集体行动实现"公利"的前提是从集体行动中能获得"私利"。自利的公共性缘起于小农的不足性与人的特性，在实践中，自利的公共性不必然表达，实现其表达需要满足共同需求、有效激励以及一定的参与规模三个条件。与此同时，自利的公共性行为逻辑下的集体行动能够促使村庄公共产品供给有效。实证研究结论对于有效供给村庄公共产品能够提供很好的价值启示。

◆ **协商与博弈图景：乡村老年食堂的兴盛与衰败——基于晋西南文侯村的调查**

开办乡村老年食堂，既能让老人端稳饭碗，也能消除外出务工经商农民的后顾之忧，正是许多地方完善家庭养老工作的重要尝试。实地调查发现，文侯村老年食堂的兴盛与衰败展现了一幅内容翔实的协商博弈图景。在村内需求呼声增长和邻近村庄的示范作用推动下，历经主体协商、动态博弈和渐进调适过程，老年食堂得以艰难开张。但为了化解食堂运营压力较大难题，文侯村对老年食堂的相关政策进行了两次调整，食堂也经历了"短暂免费期—高收费期—人员锐减"三个阶段，其中主体协商效力比较有限和博弈现象较多始终是影响老年食堂运营发展的重大因素，甚至还导致食堂陷入了何去何从的窘境。为此，根据村庄实际情况积累资金、注重多元主体协商和弱化主体博弈现象，理应成为维持文侯村老年食堂运营的核心思路。

◆ **何以党建有效：单元视角下村级党组织建设的逻辑进路——以清远、天长、秭归农村"党建单元"探索为例**

合理的党建单元是党建有效的基础，单元的选择决定着党建的走向与成效。以往以行政村为单元的党建往往存在空转、无效的弊病，而当前广东清远、安徽天长、湖北秭归分别以自然村、村民小组、自然村落为单元建设党组织的探索实践，通过重构党建单元实现了党建有效。三地虽然在形式上表现出不同的重构路径，但从基本取向来看，均是通过下移党组织单元来重构政党权威、促进党政耦合、拓展党组织功能，使得农村党组织在农村兼具领导力、组织力和发展力，从而奠定党组织在农村的合法性基础，真正促进党建落地、党建有效。从新时代农村党建的目标取向来看，这一实践对于促进农村党建有效具有一定启发意义。

◆ **村庄工业化、保护性村庄结构与在地城市化：珠三角农村城市化模式探析**

村庄工业化程度与路径，深刻影响其村庄性质及其所属城乡关系，进而形塑类型各异的城市化模式。基于广东东莞大朗 Q 村的考察表明：珠三角地区农村工业化程度较高，主要通过土地要素参与实体经济再生产，将"地租收益"转化为"集体社会福利"和"非市场就业"，进而构筑起了保护性的村庄结构。相比中西部一般农业型村庄，珠三角农村人口内聚明显，在地城市化模式突出。根源在于地租经济，在充实集体经济、增加家庭收入的同时，也极大消解了当地年轻人群体的发展动力，成为当地农村家庭发展的重要"陷阱"。

乡村治理中的"典型创制"及其双重逻辑[*]

何　晔　安建增

(安徽师范大学历史与社会学院　安徽芜湖　241003)

内容提要：基层常常通过"典型创制"（如典型示范、创制试点、政策实验）的方式加强乡村治理制度建设。典型创制包括"一般逻辑"和"特殊逻辑"两种进路。前者表现为：在"个别"经验的探索基础上，带动"一般"治理实践的普遍进步；后者则止于"个别"经验的探索，以典型本身的打造以及由此带来的品牌效应为目的。虽然典型创制的特殊逻辑也可能会产生创新性和示范性的成果，但其在本质上遵循精英治理、选择性治理和例外治理等逻辑，容易导致制度的虚空化、短期化、推广难和碎片化。典型创制特殊逻辑的发生与多元交织的原初动力、非对称性的主体互动、约束不足的制度环境有关。推动特殊逻辑转向一般逻辑的措施有：回归制度创新的本有逻辑，强化乡村治理的固有属性，构建均衡的治理主体格局，形成科学的考核评价机制。

关键词：农村；社会治理；制度创新；典型创制

引　论

2018年中央一号文件将"治理有效"定为乡村振兴总要求的五个内

---

[*] 基金项目：安徽省哲学社会科学规划项目"新时期安徽农村社会治理机制及其创新路经研究"（AHSKQ2014D84）

作者简介：何晔（1981—　），女，江苏大丰人，安徽师范大学历史与社会学院副教授，硕士生导师，硕士，主要研究社会组织与社会治理；安建增（1980—　），男，河北邢台人，安徽师范大学历史与社会学院副教授，硕士生导师，博士，主要研究社会组织与社会治理。

容之一,并强调"乡村振兴,治理有效是基础"[1]。制度具有导向、约束和规范等作用,健全有效的制度可以提升治理行为的确定性,是乡村治理秩序和绩效达成的前提基础[2]。因此,追求并实现制度创新,是加强乡村治理体系和治理能力建设所需要的。

基层常常通过"典型创制"(如典型示范、创制试点、政策实验)的方式加强乡村治理制度建设。这样做,有利于逐步探索、稳步推进,减少制度创新实践可能带来的风险。典型创制包括双重逻辑:一是"一般逻辑",表现为:在"个别"经验的探索基础上,带动"一般"治理实践的普遍进步,实现"以点带面"的效果。二是"特殊逻辑",表现为:止于"个别"经验的探索,以典型本身的打造以及由此而带来的品牌效应和施政成绩为目标,无意推动"一般"的治理实践的进步。无疑,典型创制的一般逻辑具有积极价值,特殊逻辑却将乡村治理的原初目标、责任期待淹没在对创新典型的赞叹声中。更为重要的是,典型创制的特殊逻辑对于典型的打造者而言有着更为明显的收益,因此在乡村治理实践中常常出现特殊逻辑替代一般逻辑的现象,增加了典型创制失效的概率,这也是乡村"治理有效"目标实现的梗阻要素之一。

本文即以乡村治理实践中的典型创制及其双重逻辑为对象,讨论其具体表现、内在逻辑、生成机理与应对举措等。

一 "以点带面":典型创制的一般逻辑

典型创制的一般逻辑包含三个要素:一是符合制度建设的基本规范和约束;二是制度典型的探索和塑造;三是将典型探索所得经验推广到"一般",起到以点带面的作用。这三个要素是典型创制结果有效性的保证条件。

(一)典型创制的基本约束

制度典型的培育必须满足科学创制行为的基本要求,这是保证典型探索科学合理的前提条件,也是典型创制一般逻辑的第一个构成要素。这要求典型创制遵循三方面的基本约束:[3]一是"合目的",要求创制行为符合特定的价值考量,以公共性为原初目标,诸如创制起点的人民性(依据人民需求而创制)、创制过程的民主性、创制结果的公平和共享性等;二是"合规律",要求在科学理论和知识的指导下,经过理性考量的方式展开创制，使之符合经济社会发展规律和制度发展规律；三是"合实际"，要求制度建设源于事实上的问题，契合发展实际，解决实际问题。

（二）典型创制的基本形式

典型创制一般逻辑的第二个构成要素是打造"典型"——形成针对实际治理情境、能够被借鉴学习的制度成果和实践经验，这是典型创制一般逻辑得以推进的现实条件。概括而言，典型创制主要包括三种情形：

第一，"上级主导＋基层实施"。政府部门启动试点工作，选择试点主体，推动创制行动。此间，上级政府的主动性最强。近些年由国家部委主导逐级开展的基层协商民主试点、"救急难"工作试点、以村民小组或自然村为基本单元的村民自治试点等，都属于此类。

第二，"上级支持＋基层创制"。在上级部门支持下，基层政府或村委会主动启动制度创设工作。这里，上级政府部门并不直接左右创制工作，而是在行动机会、资源条件（如财政奖补、项目倾斜）、政策空间等方面给予必要的指导、规范和支持。在这一情形中，上级部门与基层都有着较强的主动性，可被视为"协同创新"。

第三，"基层探索＋上级发现"。一般包括三个阶段[4]：第一阶段是基层经过主动探索、创新，形成制度成果。第二阶段是上级知晓创制结果——或者经由基层的宣传和上报而得到上级部门的认可，或者在上级"下基层"机制、领导联系点制度框架下"发现"基层创制结果。第三阶段是上级政府依据国家法律法规和政策，对创制结果进行修正，并确立为典型予以宣传和推广。在这一情形中，创制行动和典型形成主要得益于基层的主动探索。

（三）典型创制的基本进路

典型创制一般逻辑的第三个构成要素是"一般与个别相结合"。具体而言，就是将典型示范和试点所得成果予以推广，实现整体性的制度改革和发展。从另一个角度讲，就是其他地方借鉴典型经验、学习典型成果，将典型探索所得制度成果应用到自身的治理实践中，改进治理绩效。只有做到从"个别"到"一般"的推广移植，实现以点带面地整体性制度变迁，才能证明典型创制的合理性和有效性，这也是典型创制一般逻辑所需要走完的基本进路。换言之，如果无意实现典型创制经验的推广，或典型创制结果无法推广，典型创制的价值将不能实现。

二 止于"个别":典型创制的特殊逻辑

乡村治理实践中的典型创制还存在着一种"特殊逻辑",其在表面上虽然体现了地方和基层的积极创新和主动探索,但本质上偏离了创制行为所固有的基本约束,与其一般逻辑相悖。

(一) 典型创制特殊逻辑的表现

在典型创制的特殊逻辑中,制度典型和亮点本身成为了主要目标,因典型打造形成的品牌效应和政绩影响成为了主要目标,而其本应具有的探索功能、示范作用反倒居于次要地位,甚至被完全忽视,变成为了创新而创新[5]。具体表现在三方面:

第一,集中精力打造典型。集中资源和精力在某个区域或某个农村开展某种制度创设探索工作或政策试点工作,以形成新的制度,获得创新经验,形成示范性制度成果。更为重要的是,在创制成果形成后,挖空心思地从流程/步骤、内容、形式、工具、主体结构等各个角度寻找和论证新制度、新经验与其他实践(或以往实践)的差异,以达到"标新立异"的结果,证实典型具备所谓的探索性、创新性。

第二,竭尽全力提炼亮点。对于创制典型,不遗余力地挖掘其特点和优势,予以条理化、格式化,加以精致的理论加工和文字处理,一方面论证其与流行理论、"时髦"理念的契合性;另一方面,用精练的、"抓眼球的"和格律化的词语或者流行概念来予以概括,并辅以制式化的流程图、模式图来标示。通过理论论证和概念包装将创制典型奉为工作亮点和"拳头"产品,以此来彰显工作成效。

第三,千方百计营造氛围。对创制典型和亮点进行宣传推介,形成品牌效应和轰动性的氛围。具体做法有:提炼归纳后,通过"内参"等各种途径逐级上报,争取获得上级领导的赞许性批示;邀请上级部门前来调研、召开现场会;邀请各种媒体对典型和亮点进行宣传,使用微信公众号持续推送相关活动;印制宣传单页或展示材料,整理工作案例集,布置专门的宣传栏,拍摄宣传片;联合学界和"同行"召开专题的研讨会,等等。

(二) 典型创制特殊逻辑的影响

虽然典型创制的特殊逻辑也可能会产生创新性和示范性的成果,起到示范作用，但由于其忽视典型创制一般逻辑所包含的三个要素，容易导致如下问题的发生。

第一，容易导致制度的虚空化。在本质上，制度要回应乡村治理面临的问题和民众的需求。而典型创制的特殊逻辑以创新本身为目的。因此，这种创新常常与乡村治理的现存问题和公共需求不相关，最终导致制度创新"言之无物"，属于"换汤不换药""新瓶装旧酒"，并不会推动乡村治理体系实质性发展和革新。应该说，制度创新是手段，而解决问题、满足需求是目的。典型创制的特殊逻辑则将这种手段—目标关系颠倒了过来，典型示范与带动的美好设想在"刻意创新"的驱动中渐行渐远，乡村治理的公共性在特殊逻辑的遮掩下与日俱下。

第二，容易导致制度的短期化。"新官上任三把火"，每一任领导都会在政绩观念引导下，倾力打造任内的制度典型和亮点，通过构建自己与前任的差异来彰显自己的努力和政绩。这样，任何一种制度典型和亮点都会在继任者那里被忽视和搁浅，被新的创新而"超越"和代替。这种做法既对制度资源造成了浪费，又使得相关主体忙于适应一个又一个的制度创新，不能持续性地依据基层实际推进社会建设。

第三，容易导致制度的推广难。被选为典型的，拟打造为亮点的，往往是先前基础较好，且在创制过程中受到特别的专项经费、人员、政策等支持。因此，制度典型是在特定情境中经由特别对待而形成的，并不适合于一般情况，缺乏可复制性。同时，受政绩思想影响，制度典型在建设之初就是被"确定"为有效的，其实际效果因此不会得到严格评估。实效性的缺乏，势必会对其可推广性构成限制。

第四，容易导致制度的碎片化。为使典型创制取得立竿见影的效果，基层常聚焦于乡村治理的某一内容或某一领域，且在某一个部门主导下进行，属于点片式的创新和探索，而非对乡村治理体制进行系统设计、全面展开。

三 内在依循：典型创制特殊逻辑的本质

从本质上看，典型创制的特殊逻辑遵循精英治理、选择性治理和例外治理等思维。

（一）精英治理逻辑

在理想意义上，制度创新窗口应该始于公共需求与精英观念的碰撞。这是社会建构的治理逻辑，其最突出的特征就是在创制过程中充满着"互动"——创制行动是开放、包容和民主的，强调"非政府"因素和社会需求因素的考量，更加重视社会主体的多元参与[6]；强调创制行动应以公共需求和公共问题为起点，以互动对话为手段，以共治共享为目的[7]。与社会建构的治理逻辑不同，典型创制的特殊逻辑有明显的精英意味。表现有三：

第一，在创制的起点上，典型创制的特殊逻辑以创制行为本身为起点，借此获得上级关注和肯定，赢得"政绩"。这意味着，创制行为的起点是精英自身的需求，源于上级的安排，在于赢得上级的肯定和褒奖，并借此获得升迁机会。

第二，在创制过程中，典型创制的特殊逻辑以亮点概括、氛围营造等为重点，对社会力量参与的期待较少，也不注重政治和社会过程的嵌入。典型载体的确定、资源投入、政策倾斜等也是由精英主导的。

第三，在创制结果上，典型创制的特殊逻辑寻求典型和亮点的形成，并以此彰显政府精英的工作成效，获得上级的肯定。即，创制是否真正产生积极效果，并不在考量的范围之内，能否产生制度品牌效应并获得精英（上级）的重视和认可才是基层（下级）的首要关注要素。

（二）选择性治理逻辑

罗伯特·登哈特（Robert B. Denhardt）认为政府等公共机构的本质属性在于增进社会整体的公共价值、满足公益需求[8]。可以说，公共机构的行动目的应该具有整体性和普遍性，遵循普遍性治理逻辑。典型创制的特殊逻辑与普遍性治理逻辑相反，遵循的是选择性治理逻辑，表现在两方面：

一方面，在利益考量层面上具有选择性。"选择"行为在本质上即是基于自身利益的考量和反应——对己有利者"趋之若鹜"，对己不利者"敷衍塞责"。制度典型和亮点的形成，有助于在政绩考核面前获得优势。基层欲在"政治锦标赛"中胜出，就必须生产出"拳头产品"，打造"制度品牌"，遵循典型创制的特殊逻辑无疑会得到立竿见影的效果，所以特殊逻辑就成为最现实的优先选择。

另一方面，在行动策略层面上具有选择性。具体表现有三：一是典型创制的特殊逻辑以"点"的选择为内容，寻求"点"上的突破。如，在某个部门的主导下，以某个区域的某个乡村为对象，着眼于某一种制度的建设（如基层协商、基层组织建设、社会组织培育），在内容上具有选择性。二是典型创制的特殊逻辑以政策倾斜为手段。典型创制过程常伴随着资源投向、机会获得、政策关注、资格赋予等方面的倾斜，集中各种资源，全力、全速推进创制工作。同时，为实现政治上的重视和资源上的保证，还常要求将创制过程作为"一把手"工程，由相关部门和典型载体的主要负责人"挂帅"推动。显然，这种政策倾斜不是普遍着力，而是有选择性地推动。三是典型创制的特殊逻辑以优先发展为抓手。创制载体的选择、政策的倾斜，其直接目的都在于推动选定对象的优先发展，典型制度的形成因此都是对政策倾斜的选择性反映。

（三）例外治理逻辑

"回归基础的便是良好政治"[9]。乡村治理有其固有的目的和内容，这是乡村治理制度建设和创新的基本依据。换言之，基于固有目的和内容而展开的创制行动是乡村治理的基本常识，是为常规治理。而典型创制的特殊逻辑意在追求剑走偏锋、特立独行，是为例外治理，主要表现在三方面：

第一，取向上的"浪漫主义"。在典型创制的一般逻辑中，创制行为必须符合实际，契合社会问题和公共需求的情境特征[10]。典型创制的特殊逻辑在很大程度上是无视实际情境的，或者说实际情境并不是创制行动的必然考量要素。相反，其关注的是：新制度是否具有新奇特征，是否不同于其他地方，是否与以往的行动存在差异。这无疑是急于求成的制度上的浪漫主义的体现。

第二，行动上的"虚无主义"。典型创制的一般逻辑要求制度创新要符合经济社会发展的基本规律，要符合制度建设和变迁的基本规律。而典型创制的特殊逻辑往往通过资源上的集中投入、政策上的优惠倾斜、权限上的特别准许、资格上的例外赋予等，以非常规的方式刻意动，这本身就是有违制度发展基本规律的，是一种历史虚无主义的体现。

第三，目的上的"价值缺失"。典型创制的一般逻辑要求，任何一种制度设计都不应缺失价值评判——在创制的本质目的上，回应社会问题和公共需求，指向公共价值；在创制过程上，鼓励并实现多元互动，体现民主参与。典型创制的特殊逻辑以制度创新本身为目的，通过制度创新获得上级关注，形成亮点效应。这种例外治理行动寻求的是"政绩"，受"政治锦标赛"的驱动，而不是以公共价值为旨归，存在"价值缺失"的问题[11]。

四 何以可能：典型创制特殊逻辑的生成

典型创制特殊逻辑的发生涉及原初动力因素、主体互动关系、制度环境等。

（一）多元交织的原初动力

制度创新本应该是为了解决社会现存或潜在问题、回应公共需求的，这是乡村治理创新最具"常识性"的逻辑，是乡村治理制度建设与发展的基本指向和动力。然而，实践中诱发创制行为的动力结构是复杂的，在回应社会问题与民众期待之外，还有其他多元交织的要素。正是其他要素的存在，对创制行为的走向和公共性带来不同的影响，引发了典型创制的特殊逻辑。

一方面，获得资源支持是典型创制特殊逻辑的直接动力。首先，打造典型实施创制试点的过程往往伴随着资源的集中投入，这对于典型载体而言不仅是一种政治重视，更是一种显在收益。其次，制度创新也具有层级传递性，乡镇一级的创新也是所在县的创新，所在县的创新也是所在省的创新，层级传递使得每一级都有支持典型创制的动机。这无疑增加了下级唯典型是求的"获利"空间和内在动力。最后，为了保持创制典型的"优先"地位，常常通过资源的"重复"投入以实现持续强化的目标，这对于典型创制的特殊逻辑而言也是一种诱因。

另一方面，赢得"政治锦标赛"是典型创制特殊逻辑的本源动力。在政绩考核中获得优胜、在升迁机会中获得筹码，是压力型体制中政府官员的重要动力源。并且，考核、提拔和问责主体更多集中在上级。因此，为彰显自己的努力与政绩，在"政治锦标赛"中获胜，基层发生典型创制的特殊逻辑也就不足为奇。"在实际的政绩考核中，'亮点'往往比通过数据、文本形式呈现的整体情况，更容易引起上级关注"[12]。

（二）非对称性的主体互动

任何主体的行为都必不可少地受到"同行者"的影响[13]。典型创制特殊逻辑的发生与相关主体的互动模式有着直接的关联。

在农村社会治理的情境中，典型创制的特殊逻辑关涉到的主体有如下四种：一是典型载体的选择者，指的是确定试点单位、分配创制支持资源、确认和推广创新经验的主导者，每一级政府都在特定的创制过程中扮演选择者角色。二是典型载体，表现为新制度的探索和创立者，或者是新制度试点实施的乡村、乡镇政府等。三是次级载体，是典型治理间接面向的对象，与典型载体类别相同，是典型经验和创新制度推广普及所指向的对象。也可以说，次级载体是向典型学习和靠拢的主体。四是基层民众，是乡村治理的受益者。

不同主体之间的互动机制是否健全、互动路径是否通畅决定了制度创新行为的走向。在理想状态下，上述四种主体若能够充分、均衡地互动，典型创制的一般逻辑更容易发生，典型创制成果的公共性将会最高。然而，在当前的乡村治理情境中，四种主体呈现"非对称性的互动关系"，使得典型创制的特殊逻辑频发。

第一，典型载体的选择者和典型载体之间的交互路径通畅，且容易达成利益均衡。表现在三方面：一是典型载体及其选择者都存在于压力型体制链条之中，具有制度化、常态化的信息沟通渠道、互动机制，且通过绩效考核、提拔升迁、财政拨付、监督问责等机制形成相对均衡的命令—服从关系、决策—执行关系，这为其一致行动奠定了制度基础。二是由于制度典型和亮点带来的品牌和政绩效应具有层级传递性，因此每一级政府都乐见创制行为的发生，都对创制行为抱有期待，这为其行为一致提供了目标激励。三是典型载体及其选择者都面临着同样的治理困境，都倾向于采用选择性治理的方式提高创制成功的可能性、规避创制失败的风险，这为其行为一致提供了动力支撑。

第二，典型载体与次级载体之间的通路存在梗阻。典型载体与次级载体之间是"个别"与"一般"的关系，只有将典型载体的个别经验推广至次级载体的一般治理实践中，典型的探索价值和示范功能才能实现。然而，推广行动面临两方面阻碍：一方面，典型载体的创制与次级载体的移植之间存在或然性。因为，典型载体与次级载体的属性并不必然相同，且典型载体在创制过程中得到政策倾斜和优惠对待，这种"特殊待遇"无疑加剧了典型载体与次级载体的差异，也为典型载体的探索和经验本身的可复制性增添了不确定性。另一方面，典型载体与次级载体之间处于同一层级，缺乏常态化制度化的命令—服从和决策—执行关系，且次级载体也有典型创制的内在冲动，因此在缺少外部干预的情况下，次级载体对典型载体的探索和经验存在一定的抗拒心态，这对典型创制的一般逻辑形成了阻碍，使典型载体的示范带动作用无法充分发挥。

第三，基层民众与典型载体及其选择者之间的通路存在梗阻。在选择性治理过程中，上级政府的资源集中倾斜于典型承载者身上，掌握分配权的上级政府因此而具有强势话语地位，为获得资源支持，典型载体也愿意听从典型选择者的意见；并且，在压力型体制下，典型创制行动的考核评价由上级政府做出，典型创制结果衍射的政绩和品牌效应也主要源于上级，受精英左右。相反，基层民众的需求表达、决策参与、评价意见等都居于次要地位，对典型创制的影响力相对较小。

综上所述，典型创制的特殊逻辑之所以发生，是因为其关涉主体之间存在着非对称的互动关系，典型载体的选择者和典型载体之间通路顺畅，且容易达成利益均衡和观念共享，而他们与次要载体、与基层民众之间却缺少制度化的通路（如图1所示）。因此，创制行为成为典型载体及其选择者之间的概念"游戏"，表面上热热闹闹，本质上却不能真正发挥应有的示范功能，也不能对乡村治理固有目标产生积极功效。

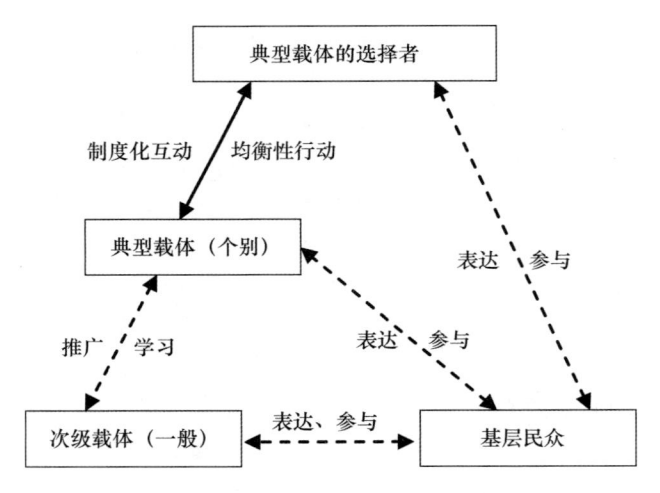

图1 非对称性的主体互动关系示意图

（三）约束不足的制度环境

对于典型创制特殊逻辑的生成，除了受"原初动力"的影响外，还与"约束不足的制度环境"有关。

第一，压力型体制的诱导。在压力型体制中，起评价作用的是上级部门，下级部门"眼睛向上看"带来的收益要更加明显。这是比较符合"热锅理论"的，下级面临政绩竞争、考核压力与升迁机会的多重考量，就像"热锅里的蚂蚁，必须不断运动来避免被灼伤"，从而导致采用典型创制的特殊逻辑予以应对[14]。

第二，绩效评估体制的不足。首先，理想中的乡村治理绩效评估应以实效为依据。但现实中，绩效评估往往以达成实效的工具和过程为依据，比如将制定了多少个新制度、有没有相关制度等列为"得分项"，而对于新制度是否真正发挥了作用，是否真正提升了村民的获得感、幸福感和安全感，是否解决了乡村治理实践面临的现实困境，则关注不够。在这种绩效评估体制下，典型创制的特殊逻辑属于最优选择策略。其次，为了有效应对上级的考核压力和同级的政绩竞争，也为了区别自己和前任的治理实践，向上级传递具有差异性、创新性的政绩信息，基层自然会青睐于通过典型创制的特殊逻辑彰显自己的努力和成绩。最后，乡村治理制度实效与制度实施行为因果关系具有难测性，加之制度数量和创新的易辨性，使得绩效评估者更倾向于采用制度数量和差异性为依据。典型创制的特殊逻辑在这种情况下成为评估者与被评估者共同认可的可选策略。

第三，民众参与制度的缺位[15]。尽管近些年探索实施了多种参与制度，如基层民主协商制度、听证制度、恳谈制度等。但民众参与与上级政府释放的评估和问责压力相比是不均衡的[16]。原因有三：一是参与制度的启动仍受精英主导，民众缺乏议程控制权；二是民众的公共意识相对缺乏，参与功效感和积极性不高，缺少参与的动力；三是民众的自组织程度相对较低，缺少参与的载体。正是由于参与制度的缺位，在乡村治理实践中出现了"非对称性的主体互动关系"，使典型创制可以"绕过"公共需求，导致特殊逻辑替代一般逻辑的现象发生。

五 善治复归：从特殊逻辑转向一般逻辑

典型创制的特殊逻辑为治理创新带来了负面影响，也阻碍了"治理有效"目标的实现。因此，需要在农村治理实践中予以规避，从特殊逻辑转向一般逻辑。

（一）回归制度创新的本有逻辑

制度创新本身不是目的，属于工具和手段的范畴。典型创制的特殊逻辑之所以存在问题，是因为其以制度创新的本位价值替代了其本来的工具属性，属舍本逐末之举。所以，典型创制首先必须回归制度创新的本有逻辑。

一方面，在乡村治理实践中，典型创制应该具有促进性，服务于"治理有效"目标。同时，制度创新本身的正当性和有效性应该以乡村治理的实效来证明。因此，制度创新和典型打造必须有一个前提，那就是以乡村治理面临的问题和公共需求为导向，成为实质性的解决问题、满足需求的发展性举措。

另一方面，创新典型的工具属性还体现在从"个别"到"一般"的可推广性上。即，政策试点、典型探索不能一味求新求奇，而应该面向"一般"，着眼于整体性优化和全面改进；政策试点、典型探索更不能止于自身的品牌打造，而应寻求示范带动功能的实现。典型创制的特殊逻辑在本质上无意完成从"个别"到"一般"的示范带动线路。换言之，特殊逻辑与一般逻辑的差别在须臾之间，然而结果却相差甚远。因此，必须疏通典型载体和次级载体之间的梗阻因素，实现从"个别"到"一般"的推广和移植。

（二）强化乡村治理的固有属性

格罗弗·斯塔林（Grover Starling）强调，公共治理看起来有些复杂，但其应"由人民所有和控制"，应服务于公共事务和公共利益，这是公共治理的固有属性[17]。典型创制的特殊逻辑将制度本身及其品牌和亮点效应带来的政绩作为目的，偏离了乡村治理的固有属性。所以，需要通过各种举措强化乡村治理的固有属性，并籍此规避典型创制的特殊逻辑。

第一，典型创制要"以人民为中心"。悦动民心的制度方可得到支持，顺利实施。制度如何悦动人心？最根本的就是"以人民为中心"，回应民众对美好生活的关切和需要，而不是在政绩动机驱动下走向另一面。总之，乡村治理的典型创制方向必须把握准确，这个方向就是人民对于美好生活的需要。

第二，典型创制要切实针对和回应农村社会面临的问题。典型创制不应过度依赖所谓的创新，更不能以精致但缺乏公共精神的制度成果来满足精英的声望和政绩动机，而应该直指其所发生的乡村治理情境，针对农村社会秩序、社会矛盾、服务需求等方面的"差距"展开。创新若不能解决实际问题，便毫无意义；同时，制度本身即使缺乏创新但的确有效，也值得追求。这是乡村治理制度建设的最起码"常识"。换言之，典型创制宜在常规治理的基础上展开，不能无视治理常识。犹如奥运会上的艺术体操比赛一样，参赛选手可以有自选动作，但同样必须有规定动作，两者兼有方才符合赛制要求。

第三，典型创制要符合乡村治理实践规律。一方面，典型创制须遵循经济社会发展规律。经济社会发展规律是制度建设方向、内容和节奏的基本约束，无视规律的"浪漫主义"是不足取的，看着很美、听着很理想，却无所指，无益于人的全面发展和生产力的解放和发展。另一方面，典型创制也要遵循制度发展规律。制度实效的发挥需要相应的条件支持，包括物质、组织、人才、技术和信息等，在缺失应有支持条件的情况下，制度所预设的治理过程和行为将无法发生。因此，遵循制度发展规律在本质上就是将制度绩效达成的因果关联嵌入典型创制的思维和论证逻辑之中。

（三）构建均衡的治理主体格局

关系网络对于行动的认知有着重要的影响，或者说行动方式的选择遵循着某种"关系理性"[18]。非对称性的主体互动关系是典型创制特殊逻辑发生的主要诱因之一。因此，需要构建具有均衡特征的治理主体格局。

上述"回归制度创新的本有逻辑"和"强化乡村治理的固有属性"这两种举措可以将典型创制的特殊逻辑从典型载体与其选择者之间的共同认知中移出，也可以疏通典型载体与次级载体之间的关联路径，实现制度典型的示范带动价值。

另外，针对基层民众与典型载体及其选择者之间的通路梗阻，需要通过民众参与来予以疏通。乡村治理的公共性本身就要求治理网络的多元化和民主化，在制度建设议程启动、内容设计、决策议定等方面，要都应该充分吸纳民众参与；同时，建立常态化、智慧化和便捷化的参与机制，形成多层制度化的参与渠道，涉及议题征集、政策建议、制度讨论与协商、议定与决策、考核与评价等各个环节。通过民众的充分参与，可以将需求信息传递进典型创制过程，保证创制典型的可接受性、科学性和全面性。更为重要的是，通过民众的参与可以消解典型创制过程的精英治理属性，推动治理主体网络化互动的强势呈现，减少典型创制特殊逻辑发生的机会。

（四）形成科学的考核评价机制

绩效评估机制的不足是诱发典型创制特殊逻辑的重要因素。因此，需要改革绩效评估机制。重点有三：一是确定考核需要遵循正确的价值方向。以制度预期行为和预期实效为依据，剔除那些工具层面的指标，减少"制度GDP"崇拜，比如，印发新文件的种类、出台新制度的数量等。以此来减少典型创制特殊逻辑的"收益"，减弱典型创制特殊逻辑的利益驱动。二是转变考核重点。对于典型创制，要从"看热闹"转向"看实效"，通过精细化的指标、多元化的参与、科学化的方法来评估典型创制的内涵，以典型创制真正起到的示范引领和问题解决功效为依据，而非其他。三是加强民众参与。提高民众在制度绩效考核和政绩评价方面的权重，既可以疏通民众与典型载体及其选择者的交互通路，又可以直接避免制度建设成为典型载体与其选择者之间的"闭门游戏"，对典型创制形成有力的监督，为创制行为提供正确的价值导向。

参考文献：

[1] 中共中央国务院关于实施乡村振兴战略的意见[R]. 北京：人民出版社，2018：19.

[2] [美] 阿兰·斯密德. 制度与行为经济学[M]. 刘璨、吴水荣译，北京：中国人民大学出版社，2009：1.

[3] 辛鸣. "中国之治"的制度逻辑[N]. 人民日报，2018-11-16：7.

[4] 郭晓宁. "树典型"的社会学解释[J]. 内蒙古农业大学学报（社会科学版），2012（2）：367-368+376.

[5] 吴理财、方坤. 典型何以可能：县域政治视角下的典型治理行为分析[J]. 河南师范大学学报（哲学社会科学版），2018（2）：9-16.

[6] Howlett, M., &Lejano, R., Tales From the Crypt: The Rise and Fall (and Rebirth?) of Policy Design Studies [J]. *Administration and Society*, 2012, 45 (3): 356-380.

[7] Howlett, M., &Rayner, J., Patching vs Packaging in Policy Formulation: Assessing Policy Portfolio Design [J]. *Politics and Governance*, 2013, 1 (2): 170-182.

[8] [美] 罗伯特·登哈特. 公共组织理论[M]. 扶松茂等译，北京：中国人民大学出版社，2003：18-19.

［9］［美］格罗弗·斯塔林. 公共部门管理［M］. 常健等译, 北京: 中国人民大学出版社, 2011: 74.

［10］Howlett, M., &Lejano, R., Tales From the Crypt: The Rise and Fall (and Rebirth?) of Policy Design Studies［J］. *Administration and Society*, 2012, 45 (3): 356–380.

［11］张凤阳. 政府职能转变的三重梗阻［J］. 上海行政学院学报, 2015 (2): 4–11.

［12］吴理财、方坤. 典型何以可能: 县域政治视角下的典型治理行为分析［J］. 河南师范大学学报 (哲学社会科学版), 2018 (2): 9–16.

［13］［美］W. 理查德·斯科特. 制度与组织: 思想观念与物质利益［M］. 姚伟、王黎芳译, 北京: 中国人民大学出版社, 2011: 7–8.

［14］杨雪冬. 压力型体制: 一个概念的简明史［J］. 社会科学, 2012 (11): 4–12.

［15］吴理财. 以民众参与破解选择性治理［J］. 探索与争鸣, 2009 (4): 29–30.

［16］周志忍. 政府绩效评估中的公民参与: 中国地方政府的实践与经验［M］. 北京: 人民出版社, 2015: 44–46.

［17］［美］格罗弗·斯塔林. 公共部门管理［M］. 常健等译, 北京: 中国人民大学出版社, 2011: 6–7.

［18］岳柏冰. 关系理性: 社会自主性生成的价值选择及其实现［J］. 安徽师范大学学报 (人文社会科学版), 2017 (5): 569–576.

On "Typical Institutional Design" and its Dual Logic in Rural Governance

He Ye, An Jianzeng

(Anhui Normal University, School of History and Sociology, Wuhu 241003)

Abstract: The grass-roots strengthen construction of rural governance system often though the behavior of "Typical Institutional Design" that means typical demonstration, experimental unit of institutional design and policy experiment. The typical institutional design behavior has "general logic andspecial logic." The former is general logic that expresses to promote general progression of "general governance practice" on the basis of "individual experiences" exploration; the latter is special logic that ends "individual experiences" exploration, limiting to the development of typical institutional design, and it results brand effect and administration-achievement. The special logic of typical institutional design possibly produces innovative and representative gains, but it easily leads to emptiness, short-termism, difficult expansion and fragmentation because of following the logic of selective governance, elite governance and exception governance in essence. The occurrence of special logic of typical institutional design is related to multivariate original power, asymmetry main interaction and lacking institutional environment constraint. It is necessary to promote the shift from "special logic" to "general logic" and take the following measures: returning the inherent logic of institutional innovation, consolidating the intrinsic properties of rural governance, constructing the balanced pattern of governance subject, and forming the scientific examination and evaluation mechanism.

Key Words: Countryside; Social Governance; Institutional Innovation; Typical Institutional Design

自利的公共性：村庄公共产品供给中农民的行为逻辑[*]

——以通城县汉上村"公共路灯安装"为例

李华胤　张海超

（华中师范大学中国农村研究院　湖北武汉　430079）

内容提要：村庄公共产品的供给是"三农问题"的重点。实现村庄公共产品的有效供给需要研究农民的行为逻辑。研究发现，农民在村庄公共产品供给中存在"自利的公共性"行为逻辑。在该行为逻辑下，农民参与集体行动实现"公利"的前提是从集体行动中能获得"私利"。自利的公共性缘起于小农的不足性与人的特性，在实践中，自利的公共性不必然表达，实现其表达需要满足共同需求、有效激励以及一定的参与规模三个条件。与此同时，自利的公共性行为逻辑下的集体行动能够促使村庄公共产品供给有效。实证研究结论对于有效供给村庄公共产品能够提供很好的价值启示。

关键词：农民的行为逻辑；公共产品；自利的公共性；隐性公共性

一　文献回顾与问题提出

2017年12月，习总书记在《走中国特色社会主义乡村振兴道路》中

---

[*] 基金项目：教育部人文社会科学研究青年基金项目"乡规民约与农村基层治理法治化的对接机制研究"（16YJC810011）；中央高校科研基本业务经费项目"乡村振兴视野下农民自治有效与单元有效的关系研究"（CCNU18XJ010）。

作者简介：李华胤（1987— ），男，湖北南漳人，政治学博士，华中师范大学中国农村研究院讲师、硕士生导师，研究方向：地方治理与政治。张海超（1994— ），男，湖北通城人，华中师范大学中国农村研究院硕士研究生，研究方向：农村公共治理。

指出："现阶段，城乡差距大最直观的是基础设施和公共服务差距大"、"要把公共基础设施建设的重点放在农村。"2018年1月《中共中央、国务院关于实施乡村振兴战略的意见》提出，要"深入推进农村基础设施建设"、"在公共服务上优先安排，加快补齐农业农村短板"。当前，我国农村公共产品的供给存在不足，在乡村振兴大背景下，实现村庄公共产品的有效供给是值得研究的命题。

从供给主体来看，村庄公共产品主要有三种供给形式，国家供给、农民自主供给、国家和农民合作供给。当国家作为村庄公共产品的唯一供给主体时，从"谁出资谁决定"的角度来看，国家对具体供给模式具有完全的自主决定权。在第二种、第三种供给形式下，农民参与出资。作为出资者，对于具体供给模式的选择，农民具有一定的决定权。这就意味着，在农村公共产品的供给中应当考虑农民的行为逻辑。那么，农民在村庄公共产品的供给中到底存在何种行为逻辑呢？

学界关于农民在村庄公共产品供给中的行为逻辑研究很少，有限的研究者普遍认为农民是自私的，因此，农民很难自主性实现村庄公共产品的供给。陈明提出，农民奉行家户主义，在家户之外，农民是"利己主义者"，没有公共性，村庄公共产品有效供给只能由国家买单[1]。张颖举也认为农民是自私的，因此，由农民供给公共物品存在"囚徒困境"[2]。贺雪峰[3]、赵晓峰[4]的研究更进一步，他们都提出，农民行为逻辑是私利或私域的逻辑，在私域范围外，农民是只讲权利不讲义务的，因此，"超出个人的大私"才可以解决村庄公共产品的供给。这些学者都看到了在农村公共产品供给中农民行为逻辑中"自利"的成分，但是，没有从广大农村公共产品的自主性供给实践中挖掘出农民行为逻辑中"公"的成分。刘金海谈到了农民行为逻辑中有"公"的成分，他认为中国农民的观念表现出双重性特征，既有追求自我利益的个体主义，因为生活需要，也有基于互助和合作的整体主义[5]。但是，他没有深入解释，农民的"公"是什么样的"公"。那么，在村庄公共产品的供给中，农民的行为逻辑中到底有没有公呢？如果有，这种"公"又是一种什么样的"公"呢？

笔者在调研中发现，湖北省通城县汉上村Z自然村42户农民自发在村落内安装了公共路灯，完成了村庄公共路灯的自主性供给。和多数村庄道路公共路灯的标准化建设模式不同，Z自然村的路灯都沿着道路安装在农户家门口或附近，使得每一盏公共路灯都是优先照亮路灯临近农户的经常性活动区域，再照亮公共道路。其原因是，哪家掏钱了，哪家就要求把路灯装在自家房屋附近。由于房屋建造不规整，从整体上看，村落路灯也呈现非均匀分布的局面。Z自然村的事实说明，农民在公共产品供给中并非完全自私自利，而是具备一定的公共性。但是，农民的"公"又和被普遍认识的"公"不同，夹杂着对"私利"的追求。农民有出资供给村庄公共路灯的公共性，但是，要让农民真正出资实现照亮村庄这一"公利"必须同时满足农民照亮自家这一"私利"的要求。对此，以往的研究无法解释。因此，笔者提出"自利的公共性"行为逻辑加以解释，并深入分析在农民的这种行为逻辑下如何实现村庄公共产品的有效供给。

二 "自利的公共性"行为逻辑下农村公共产品的供给实践

通城县汉上村有11个村民组，每一个村民组都是一个自然村落，村落与村落间有明显的间隔，间隔约0.5公里至1公里。目前，汉上村只在村集市沿线的村主干道上和部分连接自然村落的村道上安装有标准化路灯，即间隔一定距离立一个电线杆配置照明灯。11个自然村都是丘陵地貌，农民聚族而居，将房屋集群建造。与此同时，在村落内部，农民交往密切，在晚上清闲的时候，多喜欢串门走动。但是，村落内部都没有安装路灯。其中，Z自然村非常典型，单族聚居，房屋建得较密、农民尤好夜间串门。Z自然村属于汉上村一组，是一个有数百年历史、世代居住着张姓族人的村落。村落分新屋落群和老屋落群，老屋落群的房屋散乱建在一个狭小但较为平整的山坡上，新屋落群的房屋一字排开，都建在坡脚入村的通道上。农民白天干活，晚上喜欢串门，其中，老屋落群入口处ZTW家门前的空地和新屋落群ZHM家门前的空地是人们经常聚集进行聊天、跳广场舞、打牌等娱乐活动的场所。2018年12月，Z自然村农民自行出资，购买了31盏太阳能灯，安装在村庄各处，改变了村庄夜晚道路漆黑、不利农民出行的现状，实现了村庄公共路灯的自主性供给。调研发现，Z自然村公共路灯供给的整个过程存在以下三个特点：农民决定路灯如何安装、先照亮自家再顾及公共、公共路灯呈非均匀分布。

（一）安装决策：农民决定路灯如何安装

Z自然村村庄道路建在田地、山坡边上，道路弯绕、高低起伏，如果缺乏亮光，人走路容易走偏、摔倒，与此同时，因为地处丘陵，村庄道路旁边杂草丛生，在炎热季节，蛇、蛙、老鼠等动物经常出没，在缺乏灯光的情况下，人走路极其危险。由于经济落后，Z自然村的青壮年基本上长期在外打工，因此，老人、妇女、未成年人是村庄的常住居民。这些村庄留守人员白天忙于各自的事，晚上闲下来就喜欢串门打发时间，而这些人员的应变能力、体能、安全感相对较差。因此，村庄内部安装公共路灯是人们热切盼望的事。

2018年12月，卖太阳灯的商人进村销售太阳能灯，该种太阳灯具备不用连接电线且不需充电、基本不需维护、自动控制照明、价格低廉等优良特点，村民组长ZHB考虑村庄有安装路灯的需求，见机号召村民一同出资购买太阳能灯完成村庄公共路灯的供给。标准化路灯安装模式是村庄最普遍的路灯安装模式，这也是号召人ZHB最先想到的模式，那么，这就需要农民集资然后由集体统筹安排。但是，农民认为，既然出资购买太阳能灯，那么，对于太阳灯的安装就应该有决定权，号召人ZHB没法保证每户都出资并且同等出资，基于对"搭便车"行为的考量，农民普遍不同意路灯的标准化模式建设方案。该种太阳能灯普遍被人们用来当做庭院照明灯，将其安装在墙上可以节省传统安装模式下立电线杆的成本，因此，农民普遍认同将路灯安装在既有的建筑物上以节省成本。确保每个农户出资并且同等出资存在困难，"搭便车"行为的存在会妨碍公平，挫伤人的积极性，农民讨论出"谁出资购买太阳能灯，谁就可以决定太阳能灯的安放位置"这一原则。因为路灯的单位是盏，农民决定按盏为单位，将路灯的安装决定权分散交由农户，每盏路灯谁出资了谁就可以决定将这盏路灯安装在哪里，但是，必须安装在公共道路沿线，照亮公共道路。

（二）安装逻辑：先照亮自家再顾及公共

"谁出资谁就可以决定路灯的安放位置"这一原则激发了农民出资购买太阳能灯的热情，32户农户陆陆续续购买了共31盏太阳能灯。具体情况如下，25户每户单独出资400元各购买一盏，计25盏；村组为3户贫困户争取到国家的财政支持，由国家出资购买3盏太阳能灯，交由其决定安装位置；2户的房屋建在道路两旁，挨得很近，为了省钱，其共同出资购买了一盏太阳能灯；2户觉得出资400元购买一盏太阳能灯太贵，既然路灯购买以盏为单位，就在网上各购买了1盏灯，计2盏灯。

按照既定的规则，路灯必须安装在道路旁边的建筑物上，谁出资购买太阳能灯谁就可以决定路灯的安放位置，Z自然村农民在安装路灯时体现了极强的"先照亮自家再顾及公共"安装逻辑。农民们普遍认为，既然我掏钱购买灯，让我决定安装位置，那我肯定要先把自家门口照亮，不然就会不划算。从现实情况来看，农民无一例外都将路灯安装在自家楼房靠近村道的墙上。以ZTW和ZHM两家为例，ZTW家后门朝道路，他将太阳能灯安装在自家后门上端二层楼高的墙壁位置，光线最好的范围就是自家后门前的小场地和10米左右的公共路段；ZHM家正大门朝村庄道路，其家左右都是别人家挨墙的房屋，他家将太阳灯装在自家二楼正墙上，该灯照得最亮的范围就是他家门前约15米长的公共道路以及自家门口一块小场地。此外，更特殊的有ZEX家和ZBL家。ZEX家背面临马路，他家将路灯装在后墙上，ZBL家左侧临马路，他家将路灯装在房屋左侧墙上。

（三）安装结果：公共路灯呈非均匀分布

"谁出资谁决定路灯安放位置原则"激发了农民出资购买公共路灯的积极性，得到安装决定权的农民本着"先照亮自家再顾及公共"的安装逻辑将路灯普遍安装在自家房屋墙壁上，先照亮自家，再照亮公共道路。从村庄公共路灯安装的整体情况来看，这使得Z自然村公共路灯的供给与国家出资实现的标准化路灯安装模式相异，呈现非均匀分布的状态，主要表现出两个特征。第一，村庄路灯间隔不一。Z自然村新屋落群有12户人家，10户基本沿着村路紧邻而建，其中4户离得稍远；老屋落群有房屋30余幢，基本建在面积约足球场大小的三角形范围内，4户建在三角形范围外，两条主路以及若干小路将房屋连接，各户都将路灯安装在楼房墙面上，各家房屋建造疏密不齐，因而路灯之间间隔也疏密不齐。第二，存在无照明区域。标准化路灯建设模式下路灯之间的间距基本相等，且安装时考虑路灯的照明范围以使路灯沿线道路基本能得到照亮，不至于存在大量无照明区域。而Z自然村的公共路灯与此不同，存在两处明显的无照明区域。Z自然村有两条道连通汉上村主干道，新屋落群房屋的起点为其中一条道与村道的交叉口，新老屋落群之间距离300余米远，这一段路均没有安装路灯；在另一条道上，上述不在三角形范围内的 4 户人家同老屋落群其他人家最近也相隔 100 米，这 100 米道路也是无照明区域。

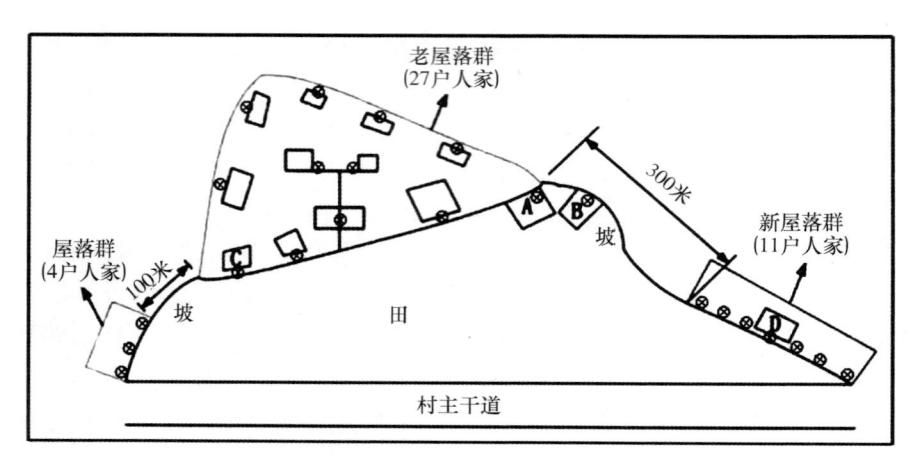

图 1　村庄路灯安装效果简图

（注：A 为 ZTW 家，B 为 ZEX 家，C 为 ZBL 家，D 为 ZHM 家）

三　农村公共产品供给中"自利的公共性"行为逻辑作用机理

　　从以上案例我们可以看出，农民在村庄公共产品的供给中是"自利的公共性"行为逻辑。Z 自然村农民在这种行为逻辑下，自主性完成了村庄公共路灯的供给。那么，农民"自利的公共性"行为逻辑何以生成？为何多数情况下，农民没有实现公共产品的自主性供给？在什么条件下，农民自利的公共性行为逻辑能够促使村庄公共产品实现自主性供给？在自利的公共性行为逻辑下实现村庄公共产品供给又有何种优势？

（一）小农的不足性与特性催生自利的公共性

　　几千年来，中国人都是以家为单位，在家长的领导下从事生产活动，并依托家庭获得基本生活需求的满足。在这当中，家庭是基本的社会单位、经济单位。徐勇将中国农村这种基本组织制度概括为"家户制"，并提出，家户制是我国的基本经营组织体制。[6] 家户生产规模普遍较小，不可能满足家人所有的生存需求，是自我供给不足的小农户。因此，"任何一个家庭都不可能完全独立存在,在生产和生活等各个方面还需求助于社会。"[7]

当小农户出现供给不足时,国家、市场、村落无疑是小农户能诉诸的三种力量。市场具备逐利性,只供给俱乐部产品,其供给俱乐部产品时通过向使用者收费回收供给成本和赚取利润。从现实来看,小农户所需的村庄公共产品主要是非排他性的纯公共物品和公共资源。因而,在公共产品供给问题上,小农户不会诉诸市场,市场也几乎不会为乡村供给公共产品。在"皇权不下县"的传统时期,国家能力相对较弱,除重大水利工程、军事防卫等外,国家无法为村庄社会提供公共产品。村落是农民的地域聚落,农民的生产、生活以及社会交往多在村落实现。"人民从出生之时起,就休戚与共,同甘共苦……持久的和真正的共同生活"。[8]因此,在国家治理能力和家户能力都很弱的情况下,农民会自发组织起来,组织化供给村庄公共产品。[9]在当下,虽然国家有能力为农村提供诸如道路、医疗、水利等诸多公共产品,但是,国家不可能面面俱到,也就是说,仍存在供给不足。由此,在国家供给不足,家户自身能力也不足的情况下,村落成为小农户的依赖对象。较大单元的"村落"能够弥补"家户"单元的非自给自足性,实现了家户单元的延续。[10]从实践上看,村落里的农民自发联合供给公共物品就是如此。人的公共性可以理解为人在团体中的奉献意愿。从这个意义上讲,农民仍然会因为家户的供给不足性而在村落里产生公共性。

亚当·斯密对人性提出了经典的论断,"人天生,并且永远,是自私的动物。"[11]毋庸置疑,人的行为逻辑当中不可避免地会存在自利性。但是,人也非绝对自利,人的特性也决定了人性中既有自利性又有公共性特征[12]。亚里士多德指出,人在社会中会产生以追求至善行为为目的的公共行为。[13]"无论人们会认为某人怎样自私,这个人的天赋中总是明显地存在着这样一些本性,这些本性使他关心别人的命运,把别人的幸福看成是自己的事情,虽然他除了看到别人的幸福而感到高兴以外,一无所得。"[14]

综上分析,我们可以得出结论,在村庄公共产品供给中,农民既具备自利性又具备公共性,既追求"私利"又追求"公利"。而农民"为自己可以牺牲家,为家可以牺牲族"[15],使他们心存高尚的情结,将私欲置于公共利益之下是异常困难的[16]。因此,在逻辑上,农民会优先追求"私利"再追求"公利"。就此，我们可以总结，农民在公共产品供给中具备公共性，但是这种公共性不是纯粹的公共性，而是夹着一定"私利"的复合性公共性，并且，农民在实现"公利"的时候，要求先得到"私利"的满足。可以说，农民的公共性是自利的公共性。从上述案例中我们可以看到，由于单个家户无法完成公共路灯的供给，农民转而依赖村落，愿意出资安装公共路灯，即因村落依赖产生公共性。但是，农民并不愿意在不能优先满足"私利"的标准化路灯安装模式下出资，而是要求将路灯优先安装在自家附近，优先满足"私利"。

（二）自利的公共性是不必然表达的隐性公共性

从以上研究我们可以得出结论，在村庄公共产品的供给中，农民具备一定的公共性。那么，在多数情况下，农民所具备的公共性为什么没有促使村庄实现公共产品的自主性供给呢？农民的公共治理需求与公共治理行为之间是分离的，内在治理需求并不必然产生内在治理行动。[17]公共性可以理解为为实现集体"公利"而自觉努力的意愿。从公共性的表达加以分类，可以将农民的公共性分为显性公共性和隐性公共性。显性公共性是必然表达的公共性，在组织内表现为为实现"公利"而自觉奉献；隐性公共性是不必然表达的公共性，只有当一定条件满足时，个体才会为"公"的实现而付出努力。在村庄公共产品供给中，农民"自利的公共性"是在一定条件下才会表达的隐性公共性。

家庭是个体生存和发展的基础，家庭的命运与个体的命运高度相关，家庭利益是农民自觉的利益考量层面[18]。在家庭内部，人自觉奉献，是齐心协力的，是无私的，是"各尽所能、各取所需"的[19]。在这里，家庭的事基本等同于个体的事，对家庭有利和对个体有利没有太大区别，也就是说，"公"与"私"基本对等。从人的公共性的角度来看，在家庭内部，人的公共性是显性公共性。

村落是家户的主要生产、生活空间，是除国家外，家户弥补自身非完全供给性的主要依靠力量。因此，农民会关心村落公共利益。但是，家庭的产生造就了私有制[20]。家的产生促使家与家外组织开始存在公私之别，表现出来就是农民对待家事与家外之公事存在两种截然不同的态度。例如，在人民公社时期，农民在"集体地里磨洋工，自留地里打冲锋"。在这里，村落的"公利"与农民的"私利"不对等，农民并不觉得村落的公事等同于家庭的事，在没有外在条件有效刺激的情况下，农民并不会自觉为实现村落的公共利益而努力[21]。

在"自利的公共性"下,农民追求"公利"的实现,但是,农民参与实现"公利"的前提是能够从参与实现"公利"中获得"私利"的满足。和家庭内部的"公"与"私"不同,在村庄公共产品供给中,农民的"公"与"私"存在差异,追求"公"不等同于追求"私"。由此,实现"私"就成了实现"公"不可跨越的障碍,当"私"无法实现时,农民的"公"就无法显现。正因此,多数情况下,农民可能表现出来的是无"公"而自利的小农,"无公德的个人"[22]。

在案例中,我们可以看到,农民一直有出资安装村庄公共路灯的意愿,即有公共性。但是,农民又不愿意在路灯无法实现给自家照明的情况下出资,即有自利的追求。而已有的方案不足以满足农民的"私利"要求,因此,农民不愿意出资,表现出没有公共性的状态。

(三)共同需求、有效激励及参与规模:自利的公共性显性表达的三大要件

在村庄公共产品供给中,农民是自利的公共性行为逻辑。虽然农民具备一定的公共性,但是,当条件不具备时,农民并不会自觉表达其公共性。那么,在什么条件下,农民自利的公共性能够实现显性表达?主要有三点,共同性需求、有效激励以及一定的参与规模。

其一,共同性需求是首要条件。小农的不足性决定了其有依赖村庄供给公共产品的需求,这种需求能够造就农民在村庄公共产品供给中的公共性。马斯洛提出,需求产生动机[23];霍尔巴特指出,"利益就是人的行动的唯一动力"[24];亚里士多德进一步指出,人"对公共的一切,至多只留心到其中对他个人多少有些相关的事物"[25]。这就意味着,只有当农民对具体的村庄公共产品有需求时,农民才会产生参与供给的意愿。而村庄公共产品的供给实际上是集体行动,集体行动产生的基本前提条件是集体有共同利益[26]。在公共产品的供给中,这就要求所有参与者的需求相一致,即要求所有参与者具备共同性需求。案例中,农民都有夜间串门的习惯,因此,对公共路灯产生了共同的需求。当组长ZHB发出号召时,农民们都积极响应,共同商讨如何实现村庄公共路灯的供给。

其二,有效激励是关键。农民自利的公共性行为逻辑决定了农民在公共产品的供给中是"先私后公"的,那么,实现整体的"公利"就需要先满足农民的"私利"。无疑,如果既定的公共产品供给模式使村庄集体的"公利"与家户的"私利"不能同时满足,农民往往会选择取"私利"舍"公利"。"在家户利益之外的公共利益要想实现,都必须建立在促进家户利益增益的基础之上。"[27] 那么,保证农民在公共产品中积极参与以实现"公利"的唯一选择就是,把"公"和"私"联系起来,在不抹杀'私'的情况下,不断开拓更高层次的"公"。[28] 因此,实现公共产品的供给,关键在于要供给有效的激励措施,既不抹杀农民的"私"又可以增进集体的"公"。霍布斯指出,"公私利益结合得最紧密的地方,公共利益所得到的推进也最大。"[29] 不抹杀农民的"私"而增进集体的"公",就是要在公私利益紧密结合处着手推进公共利益。案例中,标准化供给模式忽略了农民"自利的公共性行为"逻辑,"抹杀"了农民的"私利",因而,农民普遍不赞同。"谁出资谁决定安装位置"的模式承认农民对于"照亮自家"这一"私利"的要求,并能同时保证"照亮村庄"这一"公利"得到实现,这激发了农民出资安装公共路灯的积极性。因此,该模式得到农民的普遍认可。

其三,一定的参与规模是不可或缺的要件。农民的共同性需求使农民对村庄公共产品产生了参与供给的可能性,而有效的激励措施能够调动农民的参与积极性。但是,公共产品不是依靠单个农户或数个农户的力量就能供给的,所以,实现村庄公共产品的有效供给,需要一定的参与规模。正如,当下多数居住分散的自然村难以自筹资金修建公共道路、公共水井。此外,在村庄公共产品供给中,人行为发生往往都有一定的心理门槛,这种门槛是基于他人参与此项事件的人数规模,当参与人数达到自己行为发生的心理门槛时,人基于此事件的行为就会发生。[30] 在案例中,Z自然村居住集中,因此,潜在的参与农户数量较多,大多数户都参与时,每户需出资的资金并不多,与此同时,在一定数量可能参与出资的农户规模下,农民对公共路灯的铺设有一定的信心,因此公共路灯能够铺设成功。

(四) 自利的公共性行为逻辑下村庄公共产品供给有效

奥斯特罗姆提出,人类社会中的自我组织和自治,实际上是更为有效的管理公共事务的制度安排[31]。无疑,在共同需求、有效激励及参与规模三大要件下,不依靠国家力量,农民依据自利的公共性行为逻辑实现公共产品的自主性供给也是自我组织或自治。那么,从奥斯特罗姆的论断来看，自利的公共性行为逻辑下村庄公共产品的供给是有效的供给。进一步阐述，村庄公共产品的供给有效性可以分为供给效率、效能与效力。供给效率指供给的低成本性；供给效能指供给行动中成员参与度与获得效用的程度；供给效力指供给行动中的凝聚力以及对参与者的约束力。

在自利的公共性行为逻辑下实现村庄公共产品的供给，农民的公共性可以被最大程度开发，进而积极参与实现村庄公共产品的供给。在这种情况下，村庄公共产品的供给过程管理、过程监督以及后续管理监督均可由农民自主性完成，这使得公共产品供给的管理、监督成本降至最低，进而降低公共产品的供给成本。自利的公共性下实现村庄公共产品的供给不抹杀农民的"私"而追求"公利"的实现，这契合农民的心理预期，因此，农民的参与度较高。另外，在自利的公共性下，农民并非绝对自利也非是纯粹的"公"，在"公利"与"私利"之间，农民的偏好选择可以理解为，无论"公利"与"私利"哪一方增加某一单位，农民获得的边际效用降低。那么，农民获得效用最大化的点也就是预算线与效用曲线的切点。在这个点上，农民的"私利"未被抹杀，农民既获得"私利"又获得"公利"。可以说，这个点就是"公利"与"私利"不完全冲突而紧密结合的点。在Z自然村公共路灯的安装实例中，农民并未将灯完全装在自己家门口获得绝对的"私利"，也并未把灯按照标准化模式安装在公共道路上获得绝对的"公利"，而是将路灯装在临近自家道路沿边的建筑物上，既获得"私利"又获得"公利"，进而获得较强的满足感。利益是"人民生活中最敏感的神经"[32]，自利的公共性下实现村庄公共产品的供给能够实现农民效用最大化，农民"敏感的神经"得以被触动，这得以造就农民的凝聚力。此外，农民公共性也因此被最大程度开发。而公共性也意味着，农民对公共规则的自愿遵从。为此，公共产品的供给具备效力。在案例中，自利的公共性下探讨出的供给模式能够使农民的效用达到最优，农民因而积极响应，显性表达其公共性。对于自发探讨出的供给规则，农民积极遵从，不论家庭的房屋是否正面朝大马路，农民都积极出资，将路灯按照装在道路沿线的要求完成路灯的安装。

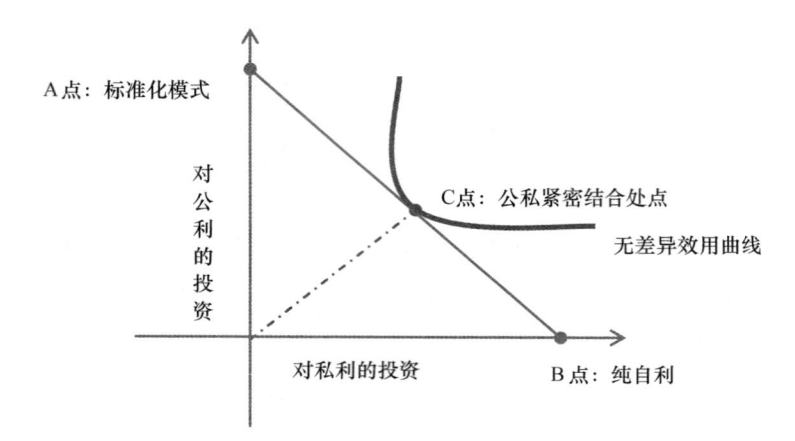

图 2　自利的公共性与农民行为的关系模型

四　结论与启示

村庄公共产品的供给问题是我国当前亟需解决的"三农问题"之一。国家与农民共同供给和农民自主性供给村庄公共产品是当前村庄公共产品供给的重要形式，如何在两种形式下实现村庄公共产品的有效供给都需要考虑农民的行为逻辑。研究农民在村庄公共产品供给中的行为逻辑可以给实现村庄公共产品有效供给以价值启示。

（一）"自利的公共性"是农民在公共产品供给中的行为逻辑

家庭是最基本的社会单位，家庭的产生使家与村庄出现了公与私的二元分离，这决定了农民对待公共事务具备自利性。现代化深入乡村，农民的流动性越来越大，思维观念发生很大变化，农村由此进入个体化进程。在个体化进程中，村庄显现出来的是公共性逐渐消解[33]。在村庄中，农民看似越来越没有公共性，越来越自利。但是，家户具备供给不足性，国家在弥补家户供给不足时不可能面面俱到，而村落又是农民赖以生存的共同体，农民难以避免地会对村落产生依赖，由此决定了农民在村庄事务中具备公共性。但是，和以往被普遍认识的公共性不同，因为人性本质上具备自利性，所以，农民的公共性不是没有私利的纯粹公共性，而是夹杂着"自利"的复合性公共性。因为人很难做到将公共利益置于私人利益之上，因而，在这种夹杂着"自利"的公共性行为逻辑下，农民会优先追求"私利"再追求"公利"。在这种逻辑下,农民的公共性不是任何时候都会表达出来,而是需要一定条件加以刺激才会显性表达,因而呈现为隐性公共性。多数情况下,因为条件不满足,农民参与村庄公共产品时缺乏积极性,使得村庄公共产品得不到自主性供给。也因此,在村庄公共产品供给中,农民表面上表现出缺乏公共性的状态。

(二)激发公共性以实现村庄公共产品有效供给应尊重农民的"私"

实现村庄公共产品的有效供给关乎农民的福祉,是我国"三农"工作的重点。而我国农村面积广阔,人口众多,单独依靠国家的力量难以满足农民所需的公共产品。因此,国家与农民共同供给和农民自主性供给村庄公共产品两种供给方式不可忽视。而这需要调动农民的参与,这就意味着要激发农民的公共性。在上述研究中,我们得出结论,农民在村庄公共产品供给中是"自利的公共性"行为逻辑。在这种逻辑下,"在农村公共服务中,能否获得私人利益也在很大程度上决定着农民是否参与"。[34]那么,在公共产品的自主性实践中,组织者如果不承认农民的供给就会因缺乏农民参与而失败。在国家和农民共同供给村庄公共产品之时,国家权力代表者通常是组织者。我们可以同理推出,如果国家忽视农民的"私利"要求,而指望农民自愿为"公利"的实现而努力是不可能的。现阶段,村庄修路问题非常典型,多数地方单独依靠国家完全出资难以实现道路"组组通",国家与农民共同出资是可行性的选择。那么,如果不把道路建到农民家门口,意欲从农民手里集资以实现公共道路"组组通"也是非常困难的事。在自利公共性下,农民为"公利"的实现而自觉努力的前提是同时得到"私利"的满足,正因此,激发公共性以实现村庄公共路灯的有效供给必须尊重农民的"私"。

(三)在村庄公共产品供给中调动农民广泛参与的有效激励措施是"活私开公"

村庄公共产品的供给需要调动农民的广泛参与,这必须考虑农民的行为逻辑,而农民在村庄公共产品供给中的行为逻辑是"自利的公共性"。在"自利的公共性"行为逻辑下,农民是"先私后公"的。唯有当农民认为,出资参与公共产品的供给能保证"私利"得到满足,农民才会积极参与。而公共产品的供给在于追求"公利",因此,不论是在村庄公共产品自主性供给还是在国家与农民共同供给的形式下,公共产品供给事务的组织者都应考虑如何在不抹杀农民的"私"的基础上实现"公利"。这要求组织者都应在规则制度制定中回应农民的诉求，制定促使其"公利"和"私利"能够得到兼顾的规则制度，以最大限度调动其参与积极性。在实际操作中，公私利益紧密结合处是值得探索的地方。

参考文献：

[1][17][27]陈明. 家户主义：中国农村治理的逻辑与底色［J］. 马克思主义与现实，2018（11）.

[2]张颖举. 村级公益事业投资中的政府角色与农民行为［J］. 改革，2010（2）.

[3][19]贺雪峰. 公私观念与农民行动的逻辑［J］. 广东社会科学，2006（1）.

[4]赵晓峰. 公私定律［M］. 北京：社会科学文献出版社，2013.

[5]刘金海、杨晓丽. 传统中国农民的观念取向：双重性及统一［J］. 学习与探索，2019（3）.

[6]徐勇. 中国家户制传统与农村发展道路——以俄国、印度的村社传统为参照［J］. 中国社会科学，2013（8）.

[7]徐勇. 非均衡的中国政治［M］. 北京：中国广播电视出版社出版，1992：76.

[8]费迪南·滕尼斯. 共同体与社会——纯粹社会学的基本概念［M］. 林荣远译，北京：商务印书馆，1999：52—54.

[9]晏俊杰. 组织化供给：传统村落公共物品的供给机制及当下启示［J］. 中国农村研究，2018（1）.

[10]李华胤. 家村关系：中国村落社会异质性认识的新视角——基于"深度中国农村调查"材料的分析家村关系［M］. 广西大学学报，2019（1）.

[11]亚当·斯密. 国民财富的性质和原因的研究［M］. 郭大力、王亚南译，北京：商务印书馆，1981：102—141.

[12]王春福. 自利性和公共性：浙商公共行为与政府公共政策［M］. 北京：中国发展出版社，2012：65.

[13][25]亚里士多德. 政治学［M］. 吴寿彭译，北京：商务印书馆，1983：48.

[14]亚当·斯密. 道德情操论［M］. 蒋自强译，北京：商务印书馆，1997：1.

[15]费孝通. 乡土中国［M］. 北京：人民出版社，2015：33.

[16]谢里尔·西姆拉尔·金、卡米拉·斯蒂福斯. 民有国家：反国家时代的公共管理［M］. 李学译，北京：中央编译出版社，2010：72.

[18] [21] 陈明. 家户主义的行为逻辑及其公共治理 [M]. 北京：中国社会科学出版社，2018：161.

[20] 恩格斯. 家庭、私有制和国家的起源 [M]. 中央编译局译，北京：人民出版社，1976.

[22] 阎云翔. 私人生活的变革 [M]. 龚小夏译，上海：上海人民出版社，2016：243.

[23] 亚伯拉罕·马斯洛. 动机与人格 [M]. 许金声等译，北京：中国人民大学出版社，2007.

[24] 霍尔巴赫. 自然的体系 [M]. 管士滨译，北京：商务印书馆，1964：271.

[26] 曼瑟尔·奥尔森. 集体行动的逻辑 [J]. 陈郁译，上海：上海人民出版社，1995：1-2.

[28] 佐佐木毅、[韩] 金泰昌主编. 国家·人·公共性第5卷 [M]. 金熙德、唐永亮译，北京：人民出版社，2009：181.

[29] 霍布斯. 利维坦 [M]. 黎思复、黎廷弼译，北京：商务印书馆，2017：151.

[30] 马克·格兰诺维特. 镶嵌—社会网络与经济行为 [M]. 罗家德译，北京：社会科学文献出版社，2007：38-48.

[31] 奥斯特罗姆. 公共事物的治理之道 [M]. 余逊达、陈旭东译，上海：三联书店，2000.

[32] 列宁. 列宁全集（第16卷）[M]. 北京：人民出版社，1988：136—137.

[33] 张良. 村庄公共性生长与国家权力介入 [J]. 中国农业大学学报（社会科学版），2014（3）.

[34] 翟春亮、吴春梅. 农村公共服务中的农民行为逻辑研究——兼论农村基层民主发展的推进路径 [J]. 南京农业大学学报（社会科学版），2016（1）.

Self-interest public spirit：farmers' behavioral logic in the supply of village public goods
——a case study of public street lamps in Hanshang Village of Tongcheng County

Li Huayin, *Zhang Haichao*

(Institute for China Rural Studies of Central China Normal University, Wuhan, 430079, China)

Abstract：The supply of village public goods is the key point of "Three Rural Issues". To supply village public goods effectively needs to research farmers' behavioral logic. The study found that farmers have self-interest public spirit behavioral logic in the supply of village goods. Under the behavioral logic, the basic premise of farmers' participating in collective action to realize public interest is to satisfy private interest. The self-interest public spirit roots in the insufficiency of small peasant supply and the nature of human. In practice, the self-interest public spirit is not necessarily obvious until common need, effective motivation and enough participation are met. At the same time, the collective action under the logic of self-interest public spirit can promote the effective supply of public goods in village. The conclusion after the practical study has valuable enlightenment for the effective supply of village public goods.

Key Words: the logic of farmers' behavior, public goods, the self-interest public spirit, the implicit publicity

协商与博弈图景：
乡村老年食堂的兴盛与衰败*

——基于晋西南文侯村的调查

王文彬

(华中科技大学公共管理学院　湖北武汉　430074)

内容提要：开办乡村老年食堂，既能让老人端稳饭碗，也能消除外出务工经商农民的后顾之忧，正是许多地方完善家庭养老工作的重要尝试。实地调查发现，文侯村老年食堂的兴盛与衰败展现了一幅内容翔实的协商博弈图景。在村内需求呼声增涨和邻近村庄的示范作用推动下，历经主体协商、动态博弈和渐进调适过程，老年食堂得以艰难开张。但为了化解食堂运营压力较大难题，文侯村对老年食堂的相关政策进行了两次调整，食堂也经历了"短暂免费期—高收费期—人员锐减"三个阶段，其中主体协商效力比较有限和博弈现象较多始终是影响老年食堂运营发展的重大因素，甚至还导致食堂陷入了何去何从的窘境。为此，根据村庄实际情况积累资金、注重多元主体协商和弱化主体博弈现象，理应成为维持文侯村老年食堂运营的核心思路。

关键词：协商博弈；乡村老年食堂；运营压力；兴盛衰败

在改革开放四十年以来的快速工业化、城市化和现代化进程中，我国出现了规模庞大的乡城流动人口和农村留守人口群体。[1] 其中，留守老人和空巢老人不断增加，如何破解这一群体的养老困境已经成为阻碍乡村社

---

* 基金项目：湖北省教育厅高校哲学社会科学研究重大项目"农村社区化和农村基层社会管理创新研究"（15ZD007）。

作者简介：王文彬（1991— ），男，山西新绛人，华中科技大学公共管理学院博士研究生，主要研究农村发展与乡村振兴。

会建设和乡村振兴的重大难题。为此,积极构建农村社会养老服务体系是应对我国农村人口老龄化、满足农村老人对社会养老服务需求的现实要求。[2]当前,学术界针对农村老人养老问题的研究较为丰富,主要可以分为以下三个方面。一是部分学者积极关注农村留守老人面临的各种现实养老难题。谷玉良指出在农民个体向城市流动的模式下,农村老人养老问题主要以情感关怀不足为主,同时也存在严重的身体与心理负担,面临严重的生活照料缺失问题。[3]赵强社认为农村养老面临着传统观念弱化、家庭责任转化、经营方式固化和农村产权异化等问题的严峻挑战。[4]二是一些学者呼吁重视农村留守老人的心理建设需求。苏珂等人发现农村空巢老人普遍情绪欠佳、情感诉求强烈、渴望丰富多彩的生活、渴望子女陪伴和受到尊重。[5]张邦辉提出农村留守老人是一个需要给予特别关注的养老群体,有效把握农村留守老人的心理需求是提升农村留守老人养老质量的重要保障。[6]三是总结归纳开展农村留守老人养老的创新举措。张明锁提出"慈善+扶贫+产业"的农村新型养老模式通过慈善奠基、扶贫保障、产业支撑、机构承接、需求导向等特质,链接、整合了社会、政府、市场、机构、个人等多个层面的资源,最大限度地发挥了社会和民间资本的力量,对于完善当前我国农村机构养老服务体系意义重大。[7]李俏、纪春艳等人认为农村互助养老模式以其社区性和互助性优势成为解决农村养老问题的创新之举,提出了促进互助养老从"民间互助"向"规范互助"、从"一元互助"向"多元互助"、从"老老互助"向"代际互助"、从"志愿互助"向"储蓄互助"转变的发展思路。[8][9]总的来说,上述学者的研究都较为宏观,明显缺乏从微观层面对乡村老人养老难题的精准解剖。本文试图聚焦"老人饮食"这一具体养老事项,从协商和博弈视角来揭露乡村老年食堂从兴盛到衰败的整体图景,最后为维持老年食堂提供一些应对建议。

一 难题凸显:乡村老人如何"端稳饭碗"

在务农收益和务工收入的悬殊对比下,越来越多的青壮年农民选择进城务工,在一定程度上引发了留守老人的生活困苦和养老问题。[10]由于多数村庄的农村青壮年劳动力高度短缺,部分年迈老人不得不直接承担繁重的农业生产任务,务农压力较大,更有甚者许多老人还需抚养留守儿童，生活负担也十分沉重。再加上，青壮年农民长期在外务工，所能够给予乡村老人的亲情照料较少，这也使得不少老人严重缺乏精神慰藉，进一步恶化了留守老人的困苦现状。此外，伴随着身体器官老化，行动愈发不便、交流沟通能力降低，乡村老人的活动范围都会不断缩小，这也使其很难进行正常的社会交往，老人"心里苦"、孤单寂寞的情形愈发严重。

在乡村老人面临的诸多难题中，乡村老人如何端稳"饭碗"？即乡村老人的吃饭问题怎么解决？类似话题正是本文关注的核心问题。实地调研发现，在青壮年劳动力不足和农业生产任务繁重的情形下，许多乡村老人很少按时吃饭，往往在吃饭问题上采取"凑合"的态度。当前，许多农村家庭采取由儿女平摊养老责任，轮流照顾老人的轮养模式，虽然能够较好地保证老人的正常饮食，但在轮养老人过程中也难免会出现许多冲突，都会严重影响老人的晚年生活。[11]事实上，如何有效解决留守老人的饮食问题也变成了许多家庭的二难选择。如若雇佣保姆照顾老人，雇佣费用过高，很多家庭难以承担，即使由子女平均分摊，长此以往子女也容易产生较多怨言；但如若过度依赖子女照顾，则有可能对子女家庭建设造成较大影响，甚至还会引发许多家庭矛盾。在此情形下，一些有养老保障的老人往往选择直接将部分资金交给赡养自己的儿女，希望借此来化解矛盾，而那些不能再为家庭做出贡献的老人却不免"遭受白眼"。为此，正视农民家庭结构破碎状况，准确认识乡村老人生活自理能力日渐弱化的现象，亟待思考保证老人端稳"饭碗"的新路子。

在许多乡村中，开办"老年食堂"就成了改善乡村老人生活的新选择。老年食堂也在一定程度上维系了传统的居家养老模式。[12]这一举措不仅能够减轻乡村老人的生活负担，保证这一群体的稳定饮食，消除多数子女的后顾之忧，使其可以安心外出务工经商，也能为乡村老人提供沟通交流的场所，尽可能地破解精神慰藉不足难题。在现有的乡村老年食堂筹办模式中，各级政府、农村"两委"组织、乡村企业家、社会组织和乡村老人都是主要的参与群体。在老年食堂运营中，各级政府给予一定财政补贴；农村"两委"组织主要提供食堂场所、设施设备和部分资金支持，同时积极争取乡村企业家和社会组织的资金或物质援助；而留守老人个人也需承担一定的就餐费用。事实说明，开办老年食堂不仅考验着乡村治理者的组织管理能力，而且还要求"两委"组织具有较强的资金筹集能力。与此同时，如何设置健全有效的食堂运营制度、并划定留守老人能够接受的费用标准，也往往决定着老年食堂"能走多远"。

二 案例探微：文侯村简介与调研资料来源

选择恰当的调研地，既关系到调查者能否快速进入"调查场域"，还影响着调查材料的真实有效性。[13] 笔者以自己生于斯长于斯的"晋西南文侯村"为调研地，如此既能快速打消与调查对象的心理隔阂，也能进行更加深入的访谈和调查。当然，在故乡调研可能存在掺杂个人情感的嫌疑，在此做如下说明。自中学起，笔者就远赴外地求学，直到如今，每年在村庄生活的时间不超过两个月。故而，笔者能够以一个"半陌生人"的身份切入村庄中，耐心感受乡村建设发展脉搏，理性思考乡村振兴面临的多项发展难题。

除了较为了解村庄情况外，选择"文侯村"作为调研地的核心原因是该村庄的空心化程度较高，留守老人众多，养老问题非常严重。截至2017年底，全村共有三百余户，总人口为1889人，在外务工或经商的人员就有一千四百多人，这使得"386199部队"① 成为了主要的留守群体，特别是留守老人较多，空心化程度远高于周边村落。这意味着文侯村具有较强代表性，可以突出反映留守老人面临的生活难题。同时，长时间关注农村空心化和人口空心化问题，也能够为笔者思考留守老人的生活困苦问题提供一些理论支撑，并实现理论与实践的相互印证。

（一）文侯村概况

相传文侯村为战国时期魏国开国君主魏文侯的出生地，故原名为"魏文侯村"，经多年名称沿袭，逐渐简称为文侯村。村庄位于山西省运城市新绛县横桥乡南端峨嵋岭上，地形主要是丘陵，东西两侧均沟壑纵横，以此与邻村为界，北部紧邻闻喜县。村庄距离横桥乡政府约9公里，距离县城约15公里，村庄内部主干道全部完成道路硬化，交通相对便利。全村共有耕地面积2700亩，全部为旱地，主要以种植玉米和药材为主。

---

① 386199部队：农村留守群体的形象概括，"38"指留守妇女，"61"指留守儿童，"99"指留守老人。

此外，还有退耕还林 2600 亩，主要栽种金银花、花椒等树种。

文侯村的外出务工经商现象较多。据有关统计，文侯村经商户多达两百多户，主要从事"五金类""交电类"产品贸易。改革开放后，多数村民以缝制皮袄（羊皮褂）发家，初步积累了发展资金，而后一些农民尝试"摆摊子""开门市部"，足迹遍布全国。当前，在外经商也已经成了许多家庭的经济选择，许多年轻人也很早就结束学业参与经商活动。不少贫困家庭孩童辍学后也被送到门市部"看摊子"，而早日单干、开自己的门市部也成了这一群体的奋斗目标。2016 年，文侯村与河南省牧原股份公司签订了招商引资协议，通过征收部分耕地，在村庄南部修建现代化养猪场。但也造成了水源争议、用工纷争和土地补贴纠纷，引发了村委会、农民和公司之间的许多矛盾，严重影响了正常的乡村社会秩序。但总的看来，文侯村农民的市场化程度不断提高，多数农民也已在县城或其他城市购房置业，对乡村事务的关注度呈明显下降态势。

目前，文侯村主要面临农业生产不稳定和乡村治理水平较低的挑战。一方面，农业生产的不稳定性依然高度凸显。村庄位于暖温带大陆性气候区域内，降水量相对较少，且极不稳定、极易遭遇严重旱情。村庄在东部山沟底部钻有深水机井两口，自 20 世纪 80 年代初全村就已实现自来水全覆盖。但水资源依然十分短缺，无法支撑农田水利灌溉，当前该村庄的浇灌水渠已然废弃，农业"靠天吃饭"的局面依然没有根本改变。另一方面，村庄治理水平不高，饱受农民诟病，突出表现为村庄内部高度畸形的治理结构，农村"两委"组织受家族势力的影响较大。现任村支部书记、村主任为一对刘姓亲兄弟，正是前任村支书的两个儿子，且前任书记和村主任也是一对刘姓亲兄弟。

（二）调研资料收集

2017 年初，村庄内部产生了筹办老年食堂的呼声，笔者就开始留心收集相关材料，持续观测老年食堂的筹办进程。主要采用了深度访谈的调查方法，访谈对象为许姓老人，今年 75 岁，现在依然担任文侯村第二生产大队队长，对村庄事务的参与度较高。许姓老人青年时曾入伍参军，退伍后曾在临近县城担任公安干警。上世纪六十年代返回农村，参与村庄治理事务，先后负责全村牲畜喂养、村庄厕所整改等事项，比较完整地经历了文侯村的发展演变，现每每谈及，对其青年时所做的工作依然十分自豪。但也多次吐露不满，批评现行村庄治理的许多做法。如在农村人居环境整治过程中，文侯村采取简单"一刀切"的做法，要求所有胡同做到干净无物，大肆铲除了农户家门口的花草树木，单纯追求整洁统一而严重缺乏对人居环境温馨舒适的有效关注。此外，他还提到："改革开放后，他曾力主开办集体工厂，但时任村主任不同意，反而拿着村庄资产去做'自家生意'。"这也意味着文侯村错失了发展集体经济的有利时机，致使村庄严重缺乏公共积累，很难为村庄的治理事项和辅助乡村老人养老提供充足的资源供给。

在老年食堂筹办过程中，许姓老人既是积极的组织者，也是实际的需求者。由于依然担任生产大队队长职务，且长期为村庄服务，具有一定话语权，村"两委"组织经常委派他联系乡村老人个体，了解大家对开办老年食堂的想法和建议。同时，许姓老人多年前丧妻、未有续娶，长期孤单生活，且患有严重疾病，不宜长期劳作。就个人需求来看，他也十分欢迎开办老年食堂，因而非常愿意东奔西走组织此事。许姓老人闲居无事，经常串门闲聊，得知笔者从事农村问题研究，十分愿意给我讲述村庄里的大事小事。同时，笔者也比较好奇农村的各种现象，常向许姓老人请教、与其深度交流，得到了较多老年食堂的开办素材，每次寒暑假回家也能及时了解老年食堂的最新现状，许姓老人就成了比较稳定的资料来源。除此之外，还与部分老年食堂就餐老人、"两委"组织成员以及食堂工作人员进行过深度交流，在很大程度上佐证了许姓老人提供的资料素材。

三　艰难开张：聚焦文侯老年食堂成立

在村内需求呼声增涨和邻近村庄的示范作用下，筹办老年食堂逐渐变成了本村村民关注的焦点问题。乡村老人、农村"两委组织"和食堂工作人员都是重要参与行动者，但却有着明显不一样的利益诉求。只有平衡各个参与对象的利益和意见，才能为老年食堂的开办创造良好条件。历经艰难的多元主体协商和动态博弈过程后，所有行动者重新强化了筹办老年食堂的共识，最终促成了老年食堂的艰难开张。具体示意图见下图1。

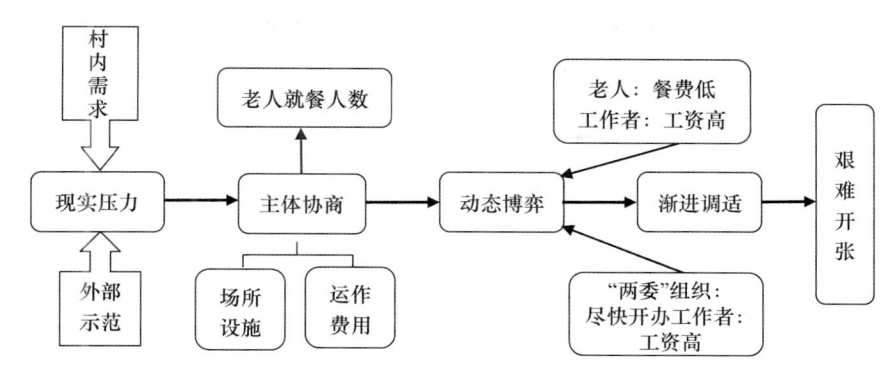

图1 文侯村老年食堂协商博弈开张示意图

（一）现实压力：村内需求及外部示范

面对多重现实压力，文侯村内部基本达成了筹办老年食堂的共识。既有村庄内部群体的施压，也来源于其他村庄的高效示范。首先，文侯村老人群体要求开办老年食堂的呼声不断提高，迫切希望农村"两委"组织积极回应、尽快筹办。甚至还有不少老人从外地赶回乡村，乡村老人逐渐形成了团结的行动者联盟，给农村"两委"组织带来了较大压力。其次，开办老年食堂也正是新当选的农村"两委"班子给村民的承诺。如若不能践诺，势必影响农村"两委"组织的权威性，导致农民对乡村治理工作的不信任和不配合。在农村两委换届选举过程中，曾以"开办老年食堂"作为竞选承诺，得到了乡村老人群体的大力支持，这也变成了村民评价"两委"组织治理能力的重要标准。其次，邻近村庄纷纷开办了老年食堂，反响不错，甚至得到了许多新闻媒体的关注，这也倒逼着文侯村"两委"组织快速行动。实践中，多数农民习惯与周围村庄进行全面比较，而这种比较也会成为农民评判村庄工作的主要参照点。此外，在外务工经商的农民也迫切希望村庄尽快开办老年食堂，进而更好地保证家中老人的正常饮食。

（二）主体协商：解决食堂开办难题

只有尽快开办老年食堂，才能真正有效地回应多元主体的诉求。至此，筹办老年食堂就进入了主体协商阶段，主要是合理解决食堂开办的各种难题。一是必须清楚界定乡村老人的用餐人数，这也是论证老年食堂开办必要性的基本前提。在许姓老人的游说下，村庄内部已然形成了30—

40人的潜在用餐群体，这极大地鼓舞了文侯村开办老年食堂的信心。而且，许多在外老人也纷纷表示只要农村能够开办老年食堂便会考虑返村生活，甚至有几位老人提前返回家中等待老年食堂的开张。二是必须解决老年食堂的场所和设施设备问题。在这个问题上，农村"两委"组织提出可以将农村多余的一间活动室改造成食堂，这一方案很快就得到了多数村民的同意支持。同时，提议使用部分村庄公共资金购买做饭的厨具，而桌椅板凳则由承包流水席的村民免费提供使用。三是如何解决老年食堂的运作费用，这也直接考验着多元主体的行动路线。经过多方协商谈判，决定以赢取县乡政府支持、村庄适度补贴、争取社会组织援助和老人自费的方式，来共同解决经费问题。化解上述难题后，开办老年食堂基本进入了实施阶段，但同时这也进入了下一轮的动态博弈阶段。

（三）动态博弈：主体争取自身利益

解决重大难题后，如何将各种方案举措快速落地也引发了诸多争论，特别是多元主体都会为自身利益而进行相互博弈。在此阶段中，食堂工作人员也形成了一股新的力量。对乡村老人来说，能否承担尽可能少的费用，始终是这一群体关注的核心问题。只有当个人就餐费用低于在家做饭成本时，多数乡村老人才愿意到老年食堂就餐，因此不同老人对就餐费用的心理接受空间不一样，但大都追求越低越好的目标。对于农村"两委"组织来说，实现老年食堂的尽快开张，直接关系到自身权威和形象的塑造。因而，村庄治理组织追求尽可能缩短食堂筹备时间。进入这个阶段后，寻找合适的食堂工作者，以及给付怎样的工资水平，就成了决定食堂能否开张的重要因素。为了寻找愿意且合适的食堂工作者，村"两委"组织在村庄内部进行了多次询问，历经四轮次报价后才招募到较为满意的工作人员。第一次报价每月600元，没人愿意应聘；第二次报价900元和三次报价1200元，都依旧无人回应；第四次，村"两委"组织给出1500元的报价后，便迅速有多名留守妇女应征，最后选择了一名有餐厅工作经验的妇女承担老年食堂工作。之后，为了应对繁重的食堂工作，又选聘了一名帮厨，每个月给付900元的工资。这意味着老年食堂每个月需要支付2400元的工资支出，水电煤气等固定费用每月大概需300元，再加上每个月的面粉、肉蛋和蔬菜等食材购置费用约需2000元，这些都要求老年食堂必须维持一定额度的流动资金。

（四）渐进调适：老年食堂终于开办

历经多轮次协商和博弈，有效平衡多方利益后，尽快开办老年食堂的基本共识得以强化，文侯村老年食堂终于进入了开办环节。食堂开张前，经农村"两委"组织申请和乡镇政府的推荐，新绛县政府承诺每年为文侯村老年食堂提供 20000 元补贴，同时村"两委"组织也积极向本村企业家和乡村能人募集资金，总共筹得善款 5000 余元，这两笔款项给食堂提供了基础性的开办资金。为了庆贺和帮助食堂尽快开张，农村"两委"组织迅速购置面粉、食用油和蔬菜等物资，要求老年食堂早日运营。2018 年 5 月 25 日，文侯村老年食堂正式开张，前三天实行免费就餐政策，邀请全部在村农民前去就餐，帮助食堂迅速积攒人气。文侯村老年食堂的艰难开办，让乡村老人得到了实惠，初步证明了农村"两委"组织的魄力和管理能力，但紧接着又迅速进入了新的协商、博弈和调适阶段，老年食堂又遭遇了各种难题，前途也变得愈发不明朗。

四　何去何从：审视老年食堂从盛转衰

从 2017 年到 2018 年，虽然在多方主体的共同努力下，文侯村老年食堂得以艰难开办，但之后随着对乡村老人群体收费的增加以及其他问题滋生，食堂就餐人员呈现明显下滑状态，这也使得老年食堂陷入由盛到衰局面，甚至已然面临何去何从的发展命运。在食堂免费运行初期就餐人数较多，但随之而来的高成本也必然要求对老人群体进行收费，但收费额度过高、超过老人群体的心理承受极限，就会导致就餐的乡村老人开始不断减少。而当就餐人数过少时，较高的食堂固定支出又成了影响食堂维持的重大难题，乡村老人和农村"两委"组织希望降低食堂工作人员的工资或直接裁员，但这必然会引起食堂工作人员的强烈反弹，她们是否会继续工作，也成了决定老年食堂前途的首要因素。总的看来，根据许姓老人的描述，文侯村老年食堂的发展可以分为"短暂免费期—高收费期—人员锐减"三个阶段，各个阶段的特征比较明显，也基本反映了新一轮的协商、博弈和调适过程。

（一）短暂免费期：食堂就餐老人陡然增加

为了增强村民对老年食堂的了解，文侯村老年食堂首先进入了短暂的免费期阶段，就餐老人陡然增加。前三天邀请全体村民免费就餐，既能迅速激活老年食堂工作，也能共同发现食堂工作的不足之处，并提出相应的改进建议。同时，农村"两委"组织也希望通过前三天的试运行进行简单的成本核算，这样便于为后期工作提供指导。三天试运行后，乡村老年食堂进入了长达半个月的歇业期，在此期间，农村"两委"组织反复斟酌，思考如何进一步激发乡村老人到老年食堂就餐的积极性，最后决定依托县政府提供的补贴资金和募集的资金，继续对年龄在70岁以上的老人实行免费政策，60岁以上未满70岁的老人每天就餐费用为5元，时间初步定为一个月。为了更好地享受村庄提供的免费福利，越来越多的老人进入老年食堂就餐，许多常年在外的老人也纷纷返回乡村，每天就餐的老年人口维持在70—80人的高位水平。在这一阶段，老年食堂运营快速消耗着既有资金，给后期的对老人群体收费增加和食堂运营困难埋下了祸根。

（二）高收费期：引发多元主体协商博弈

文侯村的老人比较清楚邻村老年食堂的收费情况：每人每天3元钱[1]。考虑到本村实际情况，老人群体认为，每人每天5元[2]，每个月收费150元，是比较合适的收费界限。这也远比个人做饭和请保姆划算得多，因而乡村老人愿意继续前往食堂就餐；即使老人夫妻两口就餐，每月费用才总共300元，也比在家做饭的成本低。还有部分老人考虑到实际的工作情况，也非常愿意参加老年食堂。文侯村盛产药材，药材剪枝等初步加工需要大量劳动力，这为村庄留守妇女和留守老人提供了获取收入的机会。在老年食堂开办之前，老人还需考虑做饭等问题，工作时间相对较短，通过加入老年食堂，则可以大大节约许多时间。而所节约的时间可以让乡村老人完成更多的药材加工，每天的就餐费用就可以在这项副业上挣回来，这也正是促使老人愿意继续前往食堂就餐的重要原因。但从预计账面上看，较低收费却很难实现文侯村老年食堂的正常周转运营。因为实际运作过程中，并不是每位老人每天每顿都能前往食堂就餐，当地的许多乡村老人依然习惯早上用开水泡馒头的简单饮食，因而去食堂吃早饭的乡村老人并不多。且进入2018年夏季后，许多老人晚饭食量较小，也很少去

---

[1] 由于邻村老年食堂得到了本村企业家的大力赞助，每位老人早中晚各收费1元，所以全天餐费仅3元。

[2] 文侯村老年食堂争取的外部资金赞助较少，规定早饭1元，午餐和晚餐各2元，全天餐费为5元。

老年食堂就餐。还有逢村庄红白喜事时，多数老人也不会前往食堂就餐。

经过简单的成本核算，农村"两委"组织最后决定所有老人每人每天8.5元，早饭1元，午饭5元和晚饭2.5元。考虑到费用上调，就餐人数会有减少，经过调查初步统计能够继续到老年食堂就餐的人数大概为20人。在这种情况下，食堂每月收入5100元，除去固定支出4700元（食堂工作人员工资2400元+水电煤气等300元+面粉肉菜等2000元），食堂发展资金还剩有400元，再加上县政府的资金支持，也基本可以保障食堂的正常运营。但每人每月255元，老年夫妻两口每月支出要达510元，这远比个人在家做饭的成本要高，所以这一群体也大都考虑逐步退出食堂，文侯村老年食堂面临严重的存续危机。

（三）人员锐减：老年食堂再遭发展难题

在高收费阶段，文侯村老年食堂直接面临就餐人员锐减情况，尤其是夫妻两口就餐的开始考虑退出，除此之外还亟待回应新的发展难题。但在传统文化和村庄舆论的影响下，老人们并不是一次性全部退出，而是先退出一个人，另外一个人继续在食堂就餐一个月后再行退出，这也算是给老年食堂留下了一些颜面。截止到最后，能够稳定前往食堂就餐的老人只剩下12人，低于农村"两委"组织的人数预估值，这样食堂每个月的固定收入只有3060元，根本无法应对食堂的日常开支。幸亏在前几个月盈余和政府资金支撑下，文侯村老年食堂才得以艰难生存。但在当前的情况下，必须尽快削减食堂固定支出，尤其明显的是需要削减每个月2400元的工资支出。在老年食堂就餐人数较少情况下，既要尽快减少食堂工作人员，也要减少相应的工资。农村"两委"组织希望取消帮厨人员，并和食堂厨师商讨将工资降至1200元。食堂工作人员闻讯也放出消息，一旦降低工资，将即刻辞职。截止到2018年9月，农村"两委"组织和食堂厨师还未真正商谈此事，一旦协商不成，老年食堂将会很快分崩离析，乡村老人的"饭碗"将再度出现摇摆。此外，随着秋冬季节的到来，为了房间取暖，多数乡村老人会在家中生火取暖[①]，也往往会选择直接在家做饭，如此不仅能够降低生活成本，也能不用再前往老年食堂，节省较多体力，免遭寒冷天气折磨。这也意味着文侯村老年食堂面临着多数乡村老人

---

① 取暖方式介绍：文侯村并没有实现集中供暖。进入冬季后，各家各户会使用煤球炉或锅炉取暖，这样在消耗燃料的时候也能顺便完成餐食制作。

继续退出直至关闭的风险挑战。而一旦出现老年食堂中断，第二年重新开办则又需重新经历从协商博弈到调适的过程，老年食堂的前景堪忧。总之，从2018年5月到10月份，文侯村老年食堂经历了从盛到衰的进程，老年食堂的尝试有可能遭遇严重的挫败。

五 何以维持：积累资金、重协商和弱博弈

虽然在严重的农村空心化局面下，筹办老年食堂可以为解决乡村老人饮食问题提供途径。但正如文侯村老年食堂筹办的艰难进程一样，其他乡村也存在类似的问题。只有不断清除各种发展难题，通过争取更多力量支持、加强多元主体协商和弱化博弈现象，才能更好地凝聚开办老年食堂的共识，进而强化筹办老年食堂的资金储备和群众基础。

（一）积累资金：扩充老年食堂运转资金

资金问题是影响文侯村老年食堂能否继续维持的主要原因，因此一定要紧抓这个"牛鼻子"，解决核心难题，想方设法地扩充老年食堂的运转资金。换句话说，农村"两委"组织应该不断"开源"，为老年食堂争取更多的发展资金。首先，文侯村应该主要依靠内部力量筹措部分发展资金。当地村庄有一个旧俗，每年适逢24岁、36岁和48岁的本命年[①]的同龄人要进行大聚会，由同龄人自己收取费用，每人基本平摊200元左右，财力较好往往会多拿部分资金，这样就能筹措一大笔资金。除了同龄人集体聚餐合影外还能剩余不少资金，以往都是将这些资金全部用于购买鞭炮、祭祀用品来祭祀神灵。如若适当减少祭祀费用，将剩余资金注入老年食堂，则能帮助维持老年食堂。以笔者参与的2016年聚会为例，同龄人约25位，共同筹集费用5000元，聚餐和合影花费总约2000元，剩下的3000元全部用于了祭祀，如若减少祭祀费用则能够为食堂注入2000元。相对说来，年龄较大的同龄人经济条件较好，所能提供的资金更多，这样每年可以为老年食堂注入较多资金。同时，农村"两委"组织也可以积极鼓励乡村企业家和社会组织为老年食堂注入部分资金。通过上述办

[①] 本命年：我国习惯用十二生肖记人的出生年，每十二年轮回一次。如子年出生的人属鼠，再遇子年，就是这个人的本命年，即个人出生时的属相，恰好是和当年属相相同，这一年就被称作本命年。

法进行村庄内部筹措，可以大大减轻食堂运转资金压力。新乡贤已经成为治理乡村的重要参与者，[14]且这一群体的经济状况往往较好，也可以鼓励这一群体为老年食堂的维持发展做出贡献。此外，伴随乡村振兴战略的持续落地，各类社会组织在乡村建设发展中的作用愈发重要，也可以吸引这一群体为老年食堂运营提供力所能及的帮助。

（二）加强协商：协同应对食堂运转困局

在农村老年食堂衰败之际，只有赢取多元主体的认同和理解，加强协商合作，协同应对食堂运转困局，才能确保老年食堂的继续维持。其一，农村"两委"组织应该充分承担起主导者的角色，除了为老年食堂积极争取发展资金外，还要借助治理权威有效联结各个参与主体，团结所有的参与者共同应对难关。其二，也应加强对乡村老人群体的思想教育工作，赢取这一群体对老年食堂的理解和支持，努力保证老年食堂的正常运营。在面临发展难题时，乡村老人绝不能采取简单退出的应对办法，而应该和农村"两委"组织一起谋划解决方案。一旦食堂就餐人数过少，老年食堂将不得不面对直接关门的风险。如村庄里的家家户户都种有蔬菜，既可鼓励乡村老人为老年食堂提供免费蔬菜，也可以鼓励乡村老人在公共土地上共同栽种蔬菜，以减轻食堂的运营压力。其三，在食堂愈发困难的时候，农村"两委"组织也要加强和食堂工作人员的协商合作，希望他们可以适度降低工资水平，更多地考虑邻里乡间的老人吃饭问题。当然，农村"两委"组织应该在其他方面给予补偿，充分尊重他们的劳动价值。

（三）弱化博弈：凝聚维持老年食堂共识

在加强主体协商的基础上，最为关键的是要弱化博弈、减少博弈现象，更加有效地凝结维持老年食堂的共识。开办农村老年食堂，不仅可以解决老年人吃饭的问题，也能化解多数外出务工者的后顾之忧。换句话说，老年食堂可以成为破除农村社会建设问题的一个重要方式，为此必须将维持老年食堂强化为各个参与主体的认同共识。首先，农村"两委"组织要认识到维持老年食堂既是服务农民的正确渠道，也是回应农民诉求和培育治理组织权威的必要途径。在破除各种难题的过程中，农村"两委"组织要充分发挥"主心骨"作用，努力维持老年食堂的正常运行。其次，乡村老人群体要认识到老年食堂既能减轻自己的生活压力，也能为自己提供社会交往的机会，因此应该和农村"两委"组织开展密切合作，共同应对发展难题。其次，努力培育食堂工作人员的服务和责任意识，这些乡村老人都是自己的长辈,理应好好照料。除了在老年食堂挣取工资外,也要尽可能地增加对乡村老人的关注,比如通过老年饮食多少判断其身体情况,并向其子女进行一定的反馈,提醒青壮年农民注意。此外,在外经商和务工的青壮年农民工,也应增加对乡村事务的关注,特别是要给老年食堂注入一些发展资源。总之,通过多元主体协商合作,不断改善农村老年食堂的开办条件,尽力维持正常运营,以有效保障乡村老人的"饭碗"。

六 结语

当前,随着我国迈入老龄化社会,特别是乡村老人数量不断增加,甚至已经成为多数空心村的主要留守群体。这一现状也已经成为实施乡村振兴战略的重大挑战。解决乡村老人生活困苦问题,尤其需要关注老年人正常吃饭的需求,在此情况下,许多乡村筹办了老年食堂,但依然面临着资金短缺、协商不足和博弈过多的发展难题,亟待政府、社会组织和农村"两委"组织的积极合作、共同应对,让乡村老人端稳"饭碗"。

参考文献:

[1] 叶敬忠,王维. 改革开放四十年来的劳动力乡城流动与农村留守人口 [J]. 农业经济问题, 2018 (7): 14 - 22.

[2] 聂建亮,李澍. 政府主导、多方参与与农村社会养老服务体系构建 [J]. 重庆社会科学, 2017 (3): 56 - 62.

[3] 谷玉良. 农村人口外流与农村养老困境 [J]. 华南农业大学学报 (社会科学版), 2018 (1): 114 - 122.

[4] 赵强社. 农村养老: 困境分析、模式选择与策略构想 [J]. 农业经济问题, 2016 (10): 70 - 82 + 111.

[5] 苏珂,李付星,李月恩. 农村空巢老人的情感诉求及抚慰策略 [J]. 西北农林科技大学学报 (社会科学版), 2018 (5): 79 - 85.

[6] 张邦辉,李为. 农村留守老人心理需求的社会支持系统构建 [J]. 重庆大学学报 (社会科学版), 2018 (1): 145 - 154.

[7] 张明锁,韩江风. 构建"慈善 + 扶贫 + 产业"的新型农村养老模式 [J]. 中州学刊, 2018 (6): 62 - 67.

[8] 李俏,刘亚琪. 农村互助养老的历史演进、实践模式与发展走向 [J]. 西北

农林科技大学学报（社会科学版），2018（5）：72-78.

[9] 纪春艳. 新型城镇化视角下农村互助养老模式的发展困境及优化策略[J]. 农村经济，2018（1）：90-96.

[10] 徐顽强，王文彬. 乡村振兴的主体自觉培育：一个尝试性分析框架[J]. 改革，2018（8）：73-79.

[11] 张军，董礼胜. 我国农村老人轮养冲突及对策分析[J]. 学习论坛，2018（5）：92-96.

[12] 甘满堂，邱玮，吴家玲. 老年协会办食堂与农村社区居家养老服务创新——以福建省南安市金山村为例[J]. 社会福利（理论版），2014（12）：7-10+39.

[13] 曹锦清. 黄河边的中国——一个学者对乡土社会的观察与思考[M]. 上海：上海文艺出版社，2000：3-5.

[14] 李金哲. 困境与路径：以新乡贤推进当代乡村治理[J]. 求实，2017（6）：87-96.

Negotiation and Game Prospect: The Prosperity and Decline of Rural Old Canteens
——Based on the Wenhou Village in Southwest of Shanxi Province

Wenbin Wang

(College of Public Administration, Huazhong University of Science and Technology, Wuhan 430074, China)

Abstract: The establishment of a rural old-age canteen will not only enable the elderly to eat normally, but also eliminate the worries of migrant workers. It is an important attempt to improve family pension work in many places. The field investigation found that the prosperity and decline of the elderly canteen in Wenhou Village showed a detailed view, which included many negotiation and game. Driven by the increase in demand in the village and the demonstration role of neighboring villages, the elderly canteens open difficultly through the process of subject negotiation, dynamic game and progressive adjustment. However, in order to solve the problem of large operating pressure in the canteen, Wenhou Village has made two adjustments to the relevant policies of the old canteen. The canteen also experienced three stages of "short free period - high charging period - sharp reduction of personnel", in which the effectiveness of subject negotiation More limited and more game phenomena are always a major factor affecting the operation and development of the old canteen, and even lead to the dilemma of where the canteen is. Therefore, accumulating funds according to the actual situation of the village, paying attention to multi-subject negotiation and weakening the main game phenomenon should be the core idea for maintaining the operation of the elderly canteen in Wenhou Village.

Keywords: Negotiating and game, Rural elderly canteen, Operational pressure, Prosperous and decline

何以党建有效：单元视角下村级党组织建设的逻辑进路[*]

——以清远、天长、秭归农村"党建单元"探索为例

张慧慧[1] 王 琦[2]

(1 华中师范大学中国农村研究院 湖北武汉 430079，
2 江汉大学学校办公室 湖北武汉 430056)

内容提要：合理的党建单元是党建有效的基础，单元的选择决定着党建的走向与成效。以往以行政村为单元的党建往往存在空转、无效的弊病，而当前广东清远、安徽天长、湖北秭归分别以自然村、村民小组、自然村落为单元建设党组织的探索实践，通过重构党建单元实现了党建有效。三地虽然在形式上表现出不同的重构路径，但从基本取向来看，均是通过下移党组织单元来重构政党权威、促进党政耦合、拓展党组织功能，使得农村党组织在农村兼具领导力、组织力和发展力，从而奠定党组织在农村的合法性基础，真正促进党建落地、党建有效。从新时代农村党建的目标取向来看，这一实践对于促进农村党建有效具有一定启发意义。

关键词：党建单元；党建有效；单元下移

党的十九大报告提出："党的基层组织是确保党的路线方针政策和决策部署贯彻落实的基础。"加强基层党组织建设，促进党建有效，是巩固

---

[*] 基金项目：教育部人文社会科学研究青年基金项目"乡规民约与农村基层治理法治化的对接机制研究"（16YJC810011）；中央高校科研基本业务经费项目"乡村振兴视野下村民自治有效与单元有效的关系研究"（CCNU18XJ010）。

作者简介：张慧慧（1993— ），女，河南焦作人，华中师范大学中国农村研究院博士研究生，主要研究方向为农村基层治理；王琦（1986— ），男，湖北武汉人，江汉大学助理研究员，主要研究大学治理、高等教育管理与发展规划、创新创业教育。

党的执政基础、增强党的执政能力的重要基础。为加强和改善党在农村基层的领导地位和领导方式，2018年11月26日，中共中央政治局召开会议审议通过《中国共产党农村基层组织工作条例》，其中规定："以村为基本单元设置党组织。"同时也强调"坚持把支部建在村上"。然而，从村级建制单元来看，1987年《村民委员会组织法（试行）》第七条规定："村民委员会一般设在自然村；几个自然村可以联合设立村民委员会；大的自然村可以设立几个村民委员会。"而1998年《村民委员会组织法》即取消这一规定，村民委员会的设置单位逐渐上移至行政村一级。后随着生产力的发展以及生产关系的变革，农村基层建制单元逐渐衍生出"上移、扩大"、"下沉、缩小"、"自治单元下沉、行政单元上移"[1]等多种实践路径，农村基层出现了行政村、片区、村民小组、自然村等多层级、多形式的自治网络。作为农村工作领导核心的基层党组织如何适应新形势下的农村建制组织单元、如何确定村级党组织"村"的合理范围，仍需要在现有基础上进行进一步的明确和深化。本文通过对广东清远、安徽天长、湖北秭归三地农村基层党组织设置单元的创新探索进行总结和分析，研究村级党组织建设有效的标准及内在逻辑，以期能为探索农村党建有效的合理单元提供可借鉴的启示。

一 文献梳理与问题提出

中国共产党一开始就非常强调组织建设，要求将党建设为一个组织严密、纪律严明的政党。[2]村级党组织作为党在农村全部工作的基础而备受学界关注，成为重要的研究议题。综观学界对于村级党组织建设有效路径的研究成果，主要分为党组织自身强化论、党组织设置形式创新论、党政关系互嵌论、党建与农村发展协同推进论四类。

一是党组织自身强化论。经由土地改革、合作化运动中国共产党逐渐向乡村延伸并确立了党组织在农村的核心领导地位。实行家庭联产承包责任制后，因"资源分配"权力由村级党组织转移到农民个体手中而出现"包产到了户，不要党支部；分了责任田，管你党员不党员；党员不党员，只差五分钱"[3]的党组织涣散、农村社会分散化的趋势。在此背景下，1990年8月中共中央组织部等五部委联合在青岛召开"莱西会议"，确立了以党支部为领导核心的村级组织建设工作格局。加强农村党组织建设成为一个重点研究议题，学界围绕此出现了有关加强村级党组织组织队伍、组织功能、组织结构等方面建设的一系列研究成果。如霍军亮、吴春梅认为应通过夯实农村党组织建设的组织、物质、文化、社会基础来优化农村党组织功能，强化其作用发挥；[4]于晓娟、钱守云认为应通过强化价值导向、提升服务能力、推动城乡党建一体化建设等方式来增强农村党组织的凝聚力和向心力。[5]

二是党组织设置形式创新论。第一种是"产业支部"，如重庆黔江区通过探索"支部建在产业上"促进了农村经济发展与党建发展的良性互动。第二种是"联合支部"，如杜少华以江西武宁"心连心"联合党支部为例提出构建党建大格局，提高村级党组织整合、带动农村发展的能力。[6]第三种是以党员爱好、特长等为依据的"特色支部"，如文化型党支部、服务型党支部，切实加强村级支部服务群众、整合群众的能力。第四种是以农村流动人口为主体的"流动支部"或"农民工支部"，如湖北秭归通过建立流动党支部吸纳流动党员为村庄建设出智出力；又如鲁可荣等以浙江玉环县农民工党支部为例论述了其在促进社会融合、降低管理成本方面的重要作用。[7]

三是党政关系互嵌论，即通过理顺党组织与村民自治组织关系来加强农村党建。村党支部与村民委员会作为实现党在农村改革和发展目标的双重载体，在实际工作中二者常有矛盾发生，党的领导权与村民自治权之间的相互博弈使得农村基层的党政关系经历了由集中到分权再到集中的变化过程。实践证明，理顺农村党政关系、形成党政合力是促进党建有效、带动农村发展的重要举措。基于此，韦少雄提出需优化村域党建单元设置，通过构建区间和位置相一致的党建单元和自治单元促进党治与自治的深度融合；[8]王海侠、孟庆国以江西分宜为样本，提出通过延伸党组织触角与建设村民理事会的双向举措实现党的领导与村民自治的有机统一；[9]严宏则从党内、党政、党群三对关系入手建议加强农村服务型党组织建设。[10]

四是党建与农村发展协同推进论。农村党支部是党组织在农村开展工作的基本单元，加强农村党建与农村发展协同推进的实践型党建是稳定基层秩序、促进党建落地的有效方式。在此立意上，杨根乔提出应从选拔任用、监督约束、激励保障等多方面着手促进党建有效与乡村振兴的协同推进；[11]姜裕富认为农村党组织与农民专业合作社的互补合作会带来双赢的结果；[12]王晓荣认为将党建与农村问题解决相结合有助于破解农村党组织边缘化困境并重构其基层权威。[13]

综上所述，以上四种观点对于村级党组织建设有效路径的探讨和建议各有特点和侧重，党组织自身强化论、党组织设置形式创新论侧重农村党组织自身的优化与完善，党政关系互嵌论、党建与农村发展协同推进论强调党建与农村发展的融合推进，其中权力关系论中关注到了党建单元对于促进党建有效的重要作用，但可以看出的是四者均未对以调适党建单元促进党建有效的内在逻辑进行深入分析，同时也未对村庄党建单元的合理规模与范围做出明确论述，从而无法对中央政策"坚持把支部建在村上"中"村"的合理范围进行有效回应。那么，农村党建有效的衡量标准是什么？农村党组织建设的基本单元应该何在？本文试图以农村党建单元为重点，通过对广东清远、安徽天长、湖北秭归三地农村基层党组织设置单元的创新探索进行总结和分析，探究农村党建有效的创新逻辑与衡量标准，进而考察农村党组织单元调适的方向以及其与党建有效、乡村治理有效的内在关联。

二 乡村振兴背景下农村党组织建设的三地实践

政党是克服集体行动困境和社会选择难题的组织化载体。[14]而合理的党建单元是党建有效的前提。为加强农村党建、适应多层级的村级建制单元，一些地区结合实际，在农村探索实践了党建单元调整的不同形式。本文拟选取广东清远、安徽天长、湖北秭归三地党建单元下移的实践作为分析样本，并对其进行总结与归纳。

（一）清远市：以自然村为单元建设党支部

广东省清远市地处粤西北山区，村庄规模大、涵盖地域广、管辖人口多。2012年，清远市下辖建制村1023个，平均每个建制村下辖15个自然村，村域面积25平方公里，人口2824人。由于建制村规模大、利益复杂，农村党建逐渐显现出弱化与疏离群众的弊病，党组织领导农村发展、供给农村公共服务的能力受到极大限制。基于此，清远市于2012年底开始开展党组织建设、村民自治、农村公共服务"三个重心下移"的试点工作，并逐渐在全市范围铺开。相比以往的农村党建，农村党组织主要出现了如下变化：

一是党组织设置重心下移。清远市根据各村落的血缘、地缘、信缘以及事缘等关系圈范围，加之其村落财产权属情况，引导各地在村民自愿的前提下开展以自然村、村民小组或几个村民小组为单位的自治重心下移，重构农村自治单元，并在下移的自治单元内设置党支部、村民委员会、经济合作社等，分别承担党的领导、村民自治、经济发展等功能，同时鼓励符合条件的村办企业、农民专业合作社、专业协会等建立党支部，扩大党组织的覆盖面，将党组织的触角延伸至最基层。经由此，清远市将原1023个建制村的1023个党支部扩展为1023个党总支、9440个党支部。

二是党组织服务重心下移。清远市通过将党支部下移至离人民群众最近的场域，一方面实现了将党组织引领落实于人民群众的日常生活中，使下移的党支部承担起为群众代办党务、治安、民政、救助等多方面的服务；另一方面重构了党支部与人民群众的利益命运共同体，下移后的党支部与人民群众处于同一生活集居单位与生产集居空间，同时也处于同一产权单位，彼此具有共同的生活习惯与利益诉求，从而更容易建立起相互之间的利益纽带，形成人民群众需要党、村庄发展依靠党、党的建设不脱离群众的党与人民良性互动的局面。

（二）天长市：以村民小组为单元建设党小组

安徽省天长市有农村人口43万，下辖15个镇（街）、151个行政村（社区），村域平均人口达3000人左右。长期以来，天长市农村党建面临管理不到位、活动不经常、作用难发挥的问题，加之农村流动党员增多、群众诉求趋于复杂化的现实背景，使得农村党组织陷入凝聚力不强、向心力不足、工作投入与治理目标脱靶的困境。为此，天长市出台《农村党小组规范化建设实施意见》，以下移党组织为基础，引导农村构建党群共治的党建格局。

一是下移支部，建立党小组。首先是按照"便于组织，便于联系群众，便于推动工作"的原则，在行政村党总支之下由附近几个村民小组联合组建党小组，并鼓励从村民小组长、村庄经济能人、复员军人等具有一定威望的群体中产生党小组长，同时在党小组组长家或是党员中心户家建立党小组活动阵地。如新街镇新街村原辖村民组27个居民750户，总人口3082人，有党员79名，2018年4月根据自然村特点以及党员分布情况，将村域划分为陈桥、毛庄、岑庄、马北四个小区域，并分别成立党小组。其中岑庄党小组于2018年5月成立，有党员17人，辐射6个村民组、123户585位村民；陈桥党小组于2018年5月成立，有党员20人，辖8个村民组、231户936位村民。

二是责任下移，充分发挥党员作用。下移至村民小组的党小组在所在片区成立9人左右参加的党群理事会，共同负责群众意见收集、议事、矛盾纠纷调解、村庄公益事业等活动，实现议事的片区化与民众问题的现场结办，促进党员作用的发挥。同时，天长市还进一步明确党员责任，从党支部干部到党小组长、党群理事会理事长，逐级理清责任链条，明确规定具体职责，将职责清单上墙，并接受群众监督，同时对无职党员与流动党员根据其自身特点与优势进行设岗定责以及网格化管理，做到党员人人有事做、群众户户有党员联系人，从而更多的把群众的问题解决在一线，实现党员服务群众的有效落地。

（三）秭归县：以村落为单元建设党小组

湖北省秭归县是集老、少、边、穷、库、坝区于一体的山区农业大县，山高人疏、居住分散，加之世纪之初的合村并组，行政村的规模不断扩大，使得农村发展面临着管理难到位、服务难落地、自治难开展等系列困境，农村党组织也呈老龄化、松散化、悬浮化的特征。2012年，秭归县开始探索开展"幸福村落"创建工程，按照地域相近、群众自愿、有利发展等原则，将全县186个行政村、1152个村民小组划分为2035个自然村落，并于2014年开始逐渐将党组织设置重心下移，建立村落党小组。

一是设置党小组，将组织建在村落。2014年以来，秭归县结合"幸福村落"创建工程，要求凡是有3名以上党员的村落必须组建党小组，不足3人的与临近村落联合组建党小组。据统计，秭归县共成立村落党小组1256个，覆盖全部农村村落，建立起了以"村党总支（支部）—村落党小组—党员"为主线的党建工作体系，在坚持村党总支（支部）领导的前提下，以村落党小组为平台，依靠党员中心户，使得党组织更加靠近群众、服务群众、依靠群众。

二是明岗定责，发挥党员服务基层作用。在创建村落、下移党组织的同时，秭归县在村落创设"两长八员"[①]多个岗位，承接村落不同职责分工。在"两长八员"的选配中，优先推举适合相应岗位的党员来担任，以此来增强党员的使命感，调动其服务群众的积极性。据统计，在全县选

[①] "两长八员"：两长，即党小组长、村落理事长；八员，即经济员、宣传员、帮扶员、环保员、调解员、管护员、张罗员、监督员。

配的 10412 位"两长八员"中，党员有 2909 位，占比近 30%。除此之外，村落党小组同时参与多项村落事务，如村落纠纷事件的组织调停、村落公共事业建设的监督管理等，整体形成党建为民、党建利民的农村党建新局面。

综上所述，广东清远、安徽天长、湖北秭归在农村党建单元探索中选择了不同的单元范围。但不可否认的是，三地在路径选择上均采取了下移党组织设置单元的做法，如表1所示，通过将农村党组织下移至行政村之下更小的建制单元中，扩大党组织在农村的覆盖面，缩小党组织的服务半径，从而将党组织的触角延伸至农村最基层，一方面增强了党组织对农村的领导力，另一方面激活了农村自治，提高了党在农村的凝聚力，同时提升了农村党建促进农村发展的带动力，由此真正实现了农村党建落地与党建有效。

表1　清远、天长、秭归三地农村党组织下移前后概况对比

地区	党组织设置基本单元		党组织数量		党组织服务范围	
	下移前	下移后	下移前	下移后	下移前	下移后
清远市	行政村	自然村	1023个党支部	1023个党总支，9440个党支部	平均15个自然村	平均1~2个自然村
天长市（以新街村为例）	行政村	村民小组	1个党支部	1个党总支，4个党小组	27个村民组	平均7个村民组
秭归县	行政村	自然村落	186个党支部	186个党总支，1256个党小组	平均6个村民组	平均2个自然村落

注：数据来源于作者所在团队的实地调查及根据调查结果的测算。

三　村级党组织建设的创新逻辑与内在机制

如前所述，在清远、天长、秭归三地的探索中，虽具体实践方式有不同，但其目标取向与路径选择基本趋于一致，均是通过下移党建单元，提高党组织在农村的领导力、组织力和发展力，来实现农村党建有效。

（一）党建有效的基础在于找到了有效的党建单元

农村党组织建设是在一定地域单元内进行的国家权力向农村的延伸与下渗，其单元的有效性决定了党建的有效性。而基本单元的形成是国家权

力和社会认同共同作用的结果,[15]因此,农村党建单元的创设与调整既要符合国家意志,也要体现民众的认同和效能感。从三地的实践探索来看,无论是清远以自然村为单元建设党支部,还是天长以村民小组为单元建设党小组,亦或是秭归以自然村落为单元建设党小组,下移农村党组织设置单元、缩小党组织服务半径均是其主要实践路径。正如达尔所言,较小的单位规模有助于实现参与和效能感的价值最大化,[16]三地下移农村党组织设置单元的逻辑理路均在于通过将农村党组织设置单元下移至行政村之下群众具有更密切情感共鸣与利益联结的单元中,扩展党组织在农村的覆盖面,缩小党组织服务半径,使得农村党组织更靠近群众,同时充分利用自然单元中熟人社会的优势更好地组织群众和发动群众,从而找到破解当地农村党组织建设中组织悬浮、党建效果不佳的可行路径,真正实现党建落地、有效。可见,无论是以自然村、村民小组,还是以自然村落为单元建设党组织,均是以党建单元为切入点,通过党建单元的调适来促进农村党建有效的有效性探索,找到有效的党建单元是实现党建有效的基础。

（二）重构政党权威是党建有效的逻辑起点

党组织在农村地区延伸是国家权力建构的重要内容。[17]在农村地区建设党组织的出发点就在于加强党对农村工作的领导,保证党在农村改革和发展目标的实现。在当下历史流变与乡村振兴开局之际,党和政府更加强调坚持党对农村一切工作的领导,不断加强和改善党的领导。而从清远、天长、秭归三地下移农村党组织单元的动因来看,均是由于以往党组织单元规模大、人口多,从而使得党组织脱离群众,导致党组织在农村的领导权威弱化。

从三地的创新实践来看,以自然村、村民小组、自然村落为单元建设的党组织契合了村民的生活单元,一方面,下移后的党组织与所辐射的群众之间往往存在血缘或地缘联结,具有共同的生活空间、行为习惯与利益联结,在这样的熟人社会里,人们比较容易建议起信任关系,也比较容易形成共同性规范,更有利于强化村民对于组织的认同和归属感,而认同和归属正是激励政治参与的重要基础,也是群众认同政党权威的基础。[18]另一方面,下移后的党组织成员直接来源并深处群众中间,与群众处于同一生活单元,能够更直观、更清晰地捕捉群众需求、解决群众问题,从而拉近党群关系,为党组织建立良好的群众基础,重构党组织在农村的领导权威。同时,通过下移党组织,还实现对农村无职党员、无为党员的吸纳与动员，通过政治赋权赋予其服务群众、服务村庄发展的政治身份和义务，如清远、天长、秭归三地均对含干部党员、无职党员、流动党员等在内的党员群体进行明岗定责，从而加强了党组织服务群众的能力和范围，以往"举手党员"、"投票党员"的形象逐渐被颠覆，群众对党组织的信任度得到提升，对于党对农村的领导以及政党的权威也更加认同。可见，以党建单元契合农民的生活单元、重构党组织权威是党建有效的逻辑起点，通过下移党组织单元、实现党员的"归家"服务，扎实农村党建落地的内生基础，使得农村基层党组织对于乡村而言不再是外在或嵌入式的组织，而是内生于乡村、融入于乡村的服务型实体组织，从而更利于发挥党组织对农村的引领作用。

（三）党建嵌入自治是党建有效的关键要素

孙中山先生有言："政党之要义，在为国家造幸福、人民谋乐利。"[19]组建政党是为了运作政府[20]，而政党下乡最主要的功能之一就是组织农民。[21]村民委员会作为基层群众性自治组织，其基于农村内生需要而具备的内在运行逻辑与内生发展动力对于帮助党组织凝聚人民、组织人民具有重要作用。如亨廷顿所言，政党体系强大取决于其制度化和群众支持水平，[22]厘清农村党建与自治关系、促进两者嵌套发展有助于增强农村党建落地的可能性和有效性。从清远、天长、秭归三地的创新实践来看，均是通过将农村党建单元嵌入更具备自治传统与基础的自治单元之中，以自治单元为载体充分挖掘村庄内部的治理资源，实现村民自治与农村党建的制度同步性创新，从内生性需求与内生性动力着手创建基层党组织，强化了政党力量，促进了党组织更好地凝聚人民、组织人民，也实现了村民自治的进一步优化。

首先，处于同一自治单元的农民更具备组织基础。近年来，广东清远、湖北秭归陆续开展村民自治重心下移开拓行政村以下的自治空间，其出发点就在于在自然村或村民小组或村落由于经济相关、地域相近、文化相连等因素，更具备开展自治、寻求发展的内生基础，这种基于内生力量而形成的自治单元，奠定了农民组织化的互信基础，有利于实现政党"秩序"与社会"活力"的良性互动，促进党的领导与村民自治的有机统一。[23]其次，在合适的单元内更有利于党支部有效领导自治。将支部下沉至处于熟人社会的自治单元内，将闲散的党员凝聚起来，给予党员充分发挥作用的平台，赋予党员引导村民开展自治活动的空间，创新了新时期群众路线的实践方式,有助于将支部有效地送入群众,激发党员群体的责任感,密切党群关系,在巩固党在村民自治中领导地位的同时,也实现了对于村民自治的有效支持和保障。正如清远市连州市王屋村支部书记所言:"村民大都是叔侄亲戚,自己选上来就有了发展好的责任,否则对不住他们的信任。"可见,将农村党建单元嵌入自治单元,将党在农村的组织网络延伸至社会自主空间,是党组织凝聚力建设的有效路径,[24]其表征是寻求更便于组织群众、服务群众的单元范围,其结果是最大限度地实现了凝聚人民、组织人民,通过党建与自治的单元嵌套更好地促进党建有效。

(四) 党建与农村发展耦合拓展了党组织功能

农民需求与政党供给的平衡是提高农民认同、加强服务型党组织建设的重要内容。[25]而利益是政治行为的起点,农民经济发展需求的满足直接影响到党组织的凝聚力与有效性。与以往以行政村为单元建设党组织相比,清远、天长、秭归下移党组织建设单元最重要的特征就在于以农村治理单元为参照,以促进农业、农民、农村的现代化发展为目标,通过重构农村党建单元充分发挥党建与农村发展的耦合效应,拓展农村党组织的实践功能。

政党组织发挥着重要的政治整合作用。[26]其一是主体整合。政党所扮演的核心功能包括精英录用。[27]在三地党组织书记的选配中,通常以村庄致富能手、农民专业合作组织负责人、村庄德高望重者或是"双带"能力强的优秀党员为第一顺位,同时鼓励从这部分群体中发展新党员以充实党组织的后备力量,而这部分群体往往也是带动村庄发展的优选人员,由此就为村庄良性治理秩序构建以及现代化发展的主体需求配置了双向保障,更加有利于党组织指导和带领村民促进村庄发展,同时也更加有利于增强党组织在农村的合法性基础。其二是利益整合。利益整合是政党扮演的另一个功能。[28]农村党建的最终目标在于加强党对农村的领导、引领农村发展、实现乡村振兴。党建单元下沉能够发挥党组织自身优势,整合乡村中异质化、分散化的利益诉求,形成单元范围内统一的发展目标,最大限度为实现村庄发展凝聚力量、汇聚资源、提供内生性动力。如广东清远原因党建单元在行政村而集体土地的所有权在自然村,党组织有带动村庄发展的意向但往往因众口难调而不得其果,在党支部、村委会下沉之后,由下移的支部带领村民利用 4 万多元的种粮直补资金完成土地整合,促进了村庄集体经济发展以及农业的规模化、现代化经营；又如清远市四九村在下移的党组织的带领下整合土地，引进东兴板材、东源竹制品等6家企业，发展壮大了村集体经济实力。其三是体系整合。以秭归为例，经由下移党建单元，在党组织架构上形成了"村党支部—村落党小组—党员"的三级架构，而在村庄治理层面存在"村民委员会—自然村落—村民"的三级架构，此种"双线运行"的治理模式更有助于整合村庄资源、统筹村庄发展，通过完善农村治理体系实现了农村党建与村庄发展的同频共振，扩展农村发展的增量，实现农村党建的价值增值。

四 结论与讨论

合理的党建单元是农村党建有效的基础。通过对广东清远、安徽天长、湖北秭归三地农村党建单元的探索及其内在运行逻辑进行分析和探讨，对于加强农村党建、促进党建有效具有一定的启发性。

（一）农村党建有效的标准在于党组织兼具领导、组织与发展力

《中国共产党农村基层组织工作条例》明确指出，基层党建的目的在于加强和改善党对农村工作的领导，推动农村经济发展和社会进步。《乡村振兴战略规划（2018—2022）》中也强调加强农村基层党组织对乡村振兴的全面领导。可见，农村基层党组织是党在农村改革目标和发展目标实现、促进乡村振兴的重要载体。自建国以来，中国共产党通过组织向乡村的逐渐延伸和渗透将农村整合为一个高度组织化的政治社会。[29]在改革开放以前，中国共产党以土地改革、合作化运动为媒介，其对于农村的领导力和组织力得以快速增强，但由于时代背景以及管理体制的限制使得党组织带动农村发展的能力受限。改革开放以来，以行政村为单元建立党支部在稳固党的领导、促进农村发展方面取得了不斐的成绩，但同时也应承认，在由农村社会转型而造成的村庄"空心化"、村民原子化的现实背景下，由于地域共同体的经济、文化和行政联系越来越微弱，不仅削弱了政党的政治整合能力，也降低了政党的制度整合能力，[30]党组织的转型滞后于村庄自治结构、经济结构的转型，从而使得党组织在农村的组织力下降，其领导权威也受到一定程度的弱化。而从新时代清远、天长、秭归三地的实践探索来看，其通过下移党组织建设单元，实现了党组织在农村的权威重构、党政耦合以及功能拓展，从而促进了党组织在农村领导有力、

组织有方、发展有道，最大限度地实现了农村党建有效。可见，实现农村党建有效既要加强党组织在农村的政治领导力，也要拓展党组织在农村的组织覆盖率与群众凝聚力，同时要提高党组织对于农村发展的推动力，三者需同时兼备，缺一不可。

（二）党建单元下移是党建有效的可行性路径

政党扮演着关键的社会整合角色，他能够在官方政治进程中使公民参与变得有效。[31]而党建单元与党建有效性紧密相关。《中国共产党农村基层组织工作条例》中规定"以村为基本单元设置党组织。"《条例》同时指出："党员人数较多的村党支部，可以划分若干党小组。"在清远、天长、秭归三地的实践中，共同之处在于三地均在行政村之下选择更小的单元范围来建设党支部或者次生型党组织。以"复合政治"原则选择和设置中国农村基本单元是提高国家治理成效的重要举措，[32]在行政村之下以更小的单元范围开展党建活动，首先，厚植了党组织的合法性基础。在日益异质化、个体化的农村社会，农村工作纷繁复杂，农民需求多元不一，如果单就党建而谈党建，很难激发人民群众与党组织的情感共鸣，很难实现党建的初心和目标。

但以自然村、村民小组、自然村落为单元设置的基层党组织根植于熟人社会的基础之上，大家彼此熟悉、相互信任，党群之间在地域、文化、利益联结度相较于行政村范围均较高，加之伴随着单元下移的责任下分与服务下移，使得党建单元与村民生活单元、自治单元、治理单元实现了融合共生，不断加强党组织和人民群众的联系，从而提高了党在农村的群众基础，厚植了党在农村开展工作的合法性基础。另一方面，下移的党建单元契合了农村发展单元。加强农村党建的最终目标在于促进农村发展、实现乡村振兴，党建单元的选择与调适不能脱离这一实施目标。在下移的党组织单元里，党组织对于农村及村民的辐射范围"横向到边，纵向到底"，能够更好地整合和开发农村资源，同时利用自身所有的政治资源带动村庄发展，使得农村党建更接地气也更有力气。可见，以单元重构强化党组织的作用是加强农村党建的可行性路径，也是促进农村党建有效、强化党在农村发展中引领作用的可行性路径。

（三）党建单元调整应注意不同地区的异质性特征

政党存在的主要原因之一就是沟通人民和政府之间的联系。[33]如前所述，党建单元下移是促进党建有效的可行性路径。党建单元下移的实践价值在于加强党在农村的合法性基础和带动农村发展。但同时也应注意，在乡村振兴开局之际的当前时空特征下，各地农村具有较强的异质性特征，各地党建单元的选择与探索也应该是多样化而非整齐划一的，如清远市选择以自然村为为单元建设党支部，天长市选择以村民小组为单元建设党小组，秭归县据多重考量以自然村落为单元建设党小组。这些不同党建单元的探索最终都实现了"党建有效"这一目标。在其他地区的实践中，也必然会因为地区的差异性以及文化和生活习惯的异质性而产生不同的范围的党建单元范围。如北方的平原村庄在行政村与自然村之间并无明显的区分，因此也不存在下移党组织设置单元的可能性，对其而言，实行邻近地区的"联村党支部"可能比下移组织设置单元更能取得实现，也更契合当地实际。但不论何种单元范围，都应该重视党建单元与农民生活单元、自治单元以及发展单元的匹配性和均衡性，兼顾党组织在农村的领导力、组织力与发展力，从而使得党建可以更好地服务于农村发展，增强党在农村的合法性基础，真正实现党建有效。

参考文献：

［1］李华胤．走向治理有效：农村基层建制单元的重组逻辑及取向——基于当前农村"重组浪潮"的比较分析［J］．东南学术，2019（4）：89—97．

［2］［21］徐勇．国家化、农民性与乡村整合［M］．南京：江苏人民出版社，2019：85．

［3］张书林．改革开放36年基层党建创新论析［J］．学习与探索，2014（7）：70—79．

［4］霍军亮，吴春梅．乡村振兴战略背景下农村基层党组织建设的困境与出路［J］．华中农业大学学报（社会科学版），2018（3）：1—8．

［5］于晓娟，钱守云．社会转型背景下农村基层党组织建设路径探析［J］．探索，2016（6）：125—129．

［6］杜少华．江西省武宁县："心连心"联合党支部铸就坚强战斗堡垒［J］．党建，2019（4）：51．

［7］鲁可荣，杨亮承．外来农民工流动党支部建设的重要作用及基本途径［J］．理论专刊，2011（5）：21—23．

［8］韦少雄．村域党建单元设置优化与村民自治单元有效性探索［J］．理论导刊，2017（9）：65—68．

［9］王海侠，孟庆国．乡村治理的分宜模式："党建+"与村民自治的有机统一［J］．探索，2016（1）：127—133．

[10] 严宏. 压力型体制与农村基层服务型党组织建设——基于安徽省宣城市Y乡的分析 [J]. 安徽师范大学学报（人文社会科学版），2013（6）：685—690.

[11] 杨根乔. 充分发挥农村基层党组织带头人在乡村振兴中的作用 [J]. 中州学刊，2019（3）：8—12.

[12] 姜裕富. 农村基层党组织与农民专业合作社的关系研究——基于资源伊莱理论的视角 [J]. 社会主义研究，2011（5）：58—61.

[13] 王晓荣. 农村基层党组织边缘化及其权威重建 [J]. 理论探索，2014（5）：13—17.

[14][27][28][30][31] 拉里·戴蒙德，理查德·冈瑟. 政党与民主 [M]. 上海：上海人民出版社，2012：8+9+325+365.

[15] 胡平江. "单元政治"：国家与社会有效治理的空间形态与规模研究 [J]. 中国农业大学学报（社会科学版），2019（4）：69—77.

[16] 达尔. 规模与民主 [M]. 上海：上海人民出版社，2013：42.

[17] 徐明强，许汉泽. 村落复权、政党拓展与耦合调整 [J]. 华南农业大学学报（社会科学版），2018（5）：104—116.

[18] 徐行，杨鹏飞. 社会转型背景下政治认同与政党认同功能研究 [J]. 学习与实践，2013（10）：14—19.

[19] 孙中山全集：第3卷 [M]. 北京：中华书局，1984：36.

[20] 古德诺. 政治与行政：政府之研究 [M]. 北京：北京大学出版社，2012：164.

[22] 亨廷顿. 变化社会中的政治秩序 [M]. 上海：上海人民出版社，2008：336.

[23] 袁方成，杨灿. 嵌入式整合：后"政党下乡"时代乡村治理的政党逻辑 [J]. 学海，2019（2）：59—65.

[24] 周忠丽. "空心化"背景下农村基层党组织凝聚力建设研究 [J]. 探索，2016（1）：105—109.

[25] 吴春梅，席莹. 农村基层服务型党组织建设：农民需求与有效供给 [J]. 理论与改革，2015（3）：54—57.

[26][29] 徐勇. "政党下乡"：现代国家对乡土的整合 [J]. 学术月刊，2007（8）：13—20.

[32] 邓大才. 复合政治：自然单元与行政单元的治理逻辑——基于"深度中国调查"材料的认识 [J]. 东南学术，2017（6）：25—37.

[33] 让·布隆代尔. 政党与政府：自由民主国家的政府与支持性政党关系探析 [M]. 北京：北京大学出版社，2006：10.

Why The Party Construction Is Effective: The Logical Way of The Village Party Organization Construction From The Unit Perspective

——Taking the exploration of "Party building unit" in Qingyuan, Tianchang and Zigui countryside as examples

Zhang Huihui[1], Wang Qi[2]

(1 Institute for China Rural Studies of Central China Normal University, Wuhan, 430079, China

2 University office of Jianghan University, Wuhan, 430056, China)

Abstract: The reasonable party building unit is the effective foundation of party building, and the choice of unit determines the direction and effect of party building. In the past, the party construction with the administrative village as the unit often has the drawback of idling and invalid. However, the exploration and practice of the party organization respectively with the natural village, the villagers group and natural villages as the unit in Qingyuan, Tianchang, and zigui, have realized the party construction effectively through the reconstruction of the party construction unit. Though they are different in form of refactoring path, but from the point of basic orientation, all three places moved down the party organizational unit, to reconstruct the party authority, promote the coupling of party and government, and expand the function of party organization, make the rural party organization in the countryside has leadership, organizational power and development power, so as to lay the legal foundation of the party organization in the countryside, really promote the landing of the party construction, party construction is effective. From the perspective of the goal orientation of rural party building in the new era, this practice has some enlightening significance for promoting rural party building effectively.

Key words: Party building unit, Effective party construction, Move down the unit

村庄工业化、保护性村庄结构与在地城市化：珠三角农村城市化模式探析[*]

王向阳

（西南交通大学公共管理与政法学院　四川成都　610031）

内容提要： 村庄工业化程度与路径，深刻影响其村庄性质及其所属城乡关系，进而形塑类型各异的城市化模式。基于广东东莞大朗 Q 村的考察表明：珠三角地区农村工业化程度较高，主要通过土地要素参与实体经济再生产，将"地租收益"转化为"集体社会福利"和"非市场就业"，进而构筑起了保护性的村庄结构。相比中西部一般农业型村庄，珠三角农村人口内聚明显，在地城市化模式突出。根源在于地租经济，在充实集体经济、增加家庭收入的同时，也极大消解了当地年轻人群体的发展动力，成为当地农村家庭发展的重要"陷阱"。

关键词： 村庄工业化；城乡关系；在地城市化；珠三角农村

一　问题的提出

改革开放四十年来，我国经济社会建设取得了一系列伟大成就，其中表现之一即是我国城市化水平明显持续提高。据悉，目前我国常住人口城市化率已由改革开放之初的 17.92% 提升到 58.52%，户籍人口城市化率相应提高到 42.35%，与此同时，城市数量也由 1978 年的 193 个增加到目

---

[*] 基金项目：国家社科基金项目：国家治理现代化视域下的农村基层党组织组织力建设研究（18BDJ076）。

作者简介：王向阳（1990—　），男，河南上蔡人，西南交通大学公共管理与政法学院助理教授，主要研究方向为城乡社会变迁与基层治理。

前的 661 个。可见，城市化业已成为我们国家当下最鲜活的时代主题之一，为各界同仁提供了丰富的研究议题。近年来，笔者及所在研究团队同仁在各地驻村调研时，发现了一个极其重要且对比鲜明的经验事实：相比中西部一般农业型地区农民渐进式进城的一般规律而言，珠三角农村青壮年群体进城买房者数量极其有限，不论家庭经济条件如何，更多的中青年人并没有选择进城生活，反而更愿意选择在村生活，这究竟应当如何理解呢？除了珠三角农村村民在心理上对村庄认同度更高这一文化解释外，是否存在其它更具解释力的结构性因素及其机制分析？经验上的困惑构成了笔者最初的问题意识来源。

梳理既有研究，学界同仁在以下两大区域类型上积累了丰富的研究成果：

一类是对中西部一般农业型地区城市化模式展开了诸多卓有成效的研究。在以贺雪峰[1]为代表的华中村治研究学人看来，一般农业型村庄是我国农村的绝大多数，打工经济发达，人口外流明显，留守型村庄特征突出，并形成了以代际分工为基础的半耕半工家计模式[2]。从农村和农民视角来看，城市化是建立在代际支持基础上的循序渐进的过程，具有农民家庭主体性的半城市化是其典型特征[3,4]。同时，在陈文琼、刘建平看来，建立在农民主体性基础上的就近城市化模式也是进退有度的可逆的发展型半城市化，可有效消解农民进城后形成城市内两极分化这一恶劣局面的可能性[5]，其中，对非精英农民群体而言，家庭发展秩序[6]起到了重要的调节作用。此外，鉴于生活面向、劳动力结构等差异，朱战辉[7]、桂华[8]等对中西部农村内部城市化类型、动力等各面向展开了具体的机制分析，也有学者对其城市化的"接替性"路径[9]进行探析，为我们全面深刻理解中西部一般农业型农村城市化模式奠定了重要基础。

另一类研究对象主要集中在城中村或城郊村区域。这一地区城市化主要由地方政府来主导，征地拆迁是其常见的城市化路径，属于城市发展过程中的自然延伸，有学者专门做出了梳理[10]。部分研究者对由此带来的社会认同问题[11]和社会阶层极化、被拆迁者"游民化"等社会风险及其治理机制进行了具体研究[12]。在以上两大研究对象之外，也有学者研究了基于特定价值的"效用型增长"[13]模式。以上研究，为我们认识并理解中西部农业型地区和城中村或城郊村区域城市化模式提供了重要研究积累，且城乡流动视角、农民家庭视角和政府开发视角较为突出，对既非中西部普通农村、也非城中村和城郊村区域的沿海发达地区农村城市化模式关注有限。众所周知，即使同属沿海发达地区，珠三角农村城市化模式不同于浙江地区，和苏南一带也有差异，有基于此，城市化实践的复杂性呼唤更加具有针对性的机制分析，客观上要求我们深入到各区域发展经验内部进行具体分析和理论提炼。

本文的研究对象是珠三角农村的城市化模式，在既有城乡流动视角、农民家庭视角和政府开发视角之外，选取了"村庄工业化"这一更为基础性的视角，并试图通过建立村庄工业化与当地地租经济、城乡倒置结构之间的关联，进而揭示珠三角农村城市化的一般模式及其机理。本文经验材料来自于笔者及所在研究团队同仁于 2018 年 10 月 30 日至 11 月 19 日在广东省东莞市大朗镇 Q 村开展的为期 20 天的田野调研[①]。大朗镇是全国有名的毛纺织品中心，在当地处于中等发展水平。Q 村，下辖 4 个村民组、400 多户、1600 多人，人均三分田、七分地，山林若干，人地关系紧张，在农业经济时代，当地经济发展并不占优势。改革开放以来，当地依托三来一补企业起步，村庄工业化程度迅速提高，当地绝大多数村庄通过集体土地捕获了丰厚的地租收益，并凭借地租经济为当地村民提供了较为完善的村庄集体福利体系，同时也为当地村民提供了丰富多样、稳定体面的非市场就业选择。有基于此，当地村民、尤其是中青年群体是不需要进城生活的，在地城市化特征突出。Q 村在当地具有典型性，因此选取 Q 村为典型案例来探析珠三角农村城市化实践具有个案意义上的典型代表性[14]。

二 珠三角农村城市化实践图景：来自东莞 Q 村的经验证据

相比中西部一般农业型村庄异地城市化模式，笔者调研所在的东莞市大朗镇 Q 村，绝大多数村民家庭、尤其是中青年群体极少到大朗镇或者东莞市买房生活，多选择在村生活。鉴于当地村民家庭独特的城市化实践，笔者称之为"在地城市化"模式，即在当地城乡差距有限的情况下，

---

① 遵照学界惯例，文中所涉人名、地名等均已经过技术化处理。同时，本文是集体调研的产物，感谢一同调研的陈文琼、邱丽、望超凡、李芳芳、刘丽娟等同仁。当然，文责自负。

当地村民、尤其是中青年群体多选择在地生活，同时又可享受类城市生活的便捷服务。换言之，相比进城生活，当地人更愿意留在村庄生活。具体表现在以下几个方面：

（一）村庄生活面向与进城生活意愿消极

生活面向是家庭发展目标的重要指向，规定了家庭资源的流动方向与家庭劳动力配置。从调研来看，当地村民家庭生活面向普遍向内，城市化动力不足，不论是中年人群体，还是年轻一代，均更加愿意在村工作与生活。据悉，Q村下辖的400多户村民家庭中，进城买房者寥寥可数，均居住在自家建造的房屋内。在2009年当地面向本村村民家庭的农民公寓统一建造之前，当地中青年人极少到城市买房生活；2009年之后，本地村民统一搬迁进入花园小区生活，也就更不需要他们异地买房。村改居之后，发生改变的只是居住的具体形态，由原先分散式、低密度居住模式转变为当前集中式复合型居住方式，社区生活人口仍以本村村民为主，熟人社会的底色依旧没有改变。换言之，对当地村民而言，村改居只是提供了一个由旧屋换新房的在地城市化的居住空间，同时进一步强化了当地村民的村庄生活面向。

（二）本地劳动力市场与在地就业模式普遍

产业结构、劳动力市场与就业模式具有内在契合性。Q村所在的东莞大朗镇，属于全国有名的毛纺织业制造中心。起步于上世纪八十年代初、初步发展于上世纪八九十年代，中国加入WTO之后得到了进一步蓬勃发展，仅Q村一地，村庄农田农地已于2004年前后走向了非农使用，同时聚集了至少60家大工厂以及无数与之相配套的家庭作坊从事毛纺织品生产的各个环节。当地村庄制造业发达，工业化程度高，在为来自中西部的农民工群体提供经济机会的同时，也催生了保安、保洁、治安队等一系列服务本地人和管理外地人的工作岗位。这类工作岗位为本地村民本地就业提供了重要基础。简而言之，相比中西部一般农业型农村，以Q村为代表的珠三角农村工业化程度高，在为来自中西部的农民工群体提供了全国性劳动力市场的同时，也为本地村民提供了本地劳动力市场，人口不外流，本地就业模式普遍。

（三）村庄认同强烈与人口内聚明显

村庄认同强，人口内聚明显，本地人口流动性差；村庄认同弱，人口外流突出。在其他因素保持不变的情况下，村庄认同与人口流动呈现负相关关系。据悉，Q村下辖400多户农户中，其中95%以上为陈姓，均同出一脉，底色是南方典型的宗族性村庄，村庄认同强烈，本身对本地人口就有巨大吸引力，加之本地经济机会丰富，可为本地人提供安身立命之所，也就进一步强化了其村庄认同度。相比中西部一般农业型村庄，贫瘠的土地难以滋养众多的中青年劳动力，尤其是连片贫困地区，更是"一方水土养不了一方人"，或者原子化村庄认同度本身就比较弱，难以对本地人口形成有效的粘结。反观以Q村为代表的珠三角农村，发达的制造业提供了丰富的经济机会，吸引大量外来人口的同时也留住了本地中青年人在村生活，加之共同的祖先信仰赋予其强烈的村庄共同体认同意识，均为本地人选择在村不在城、内聚不外流提供了重要经济基础和价值支撑。

简而言之，相比中西部一般农业型村庄，以Q村为代表的珠三角地区村庄工业化程度高，二三产业发达，经济机会丰沛，为本地人、尤其是中青年群体提供了丰沛的就业岗位，本地就业特征明显；加之宗族性村庄的熟人社会底色，赋予村民强烈的村庄认同感以及村庄生活面向偏好，极大消解了当地村民进城动力，也就形塑了珠三角农村绝大多数村民的在地城市化模式。问题的关键在于：究竟如何更进一步深刻理解这一在地城市化模式的生成机理呢？

三 珠三角农村在地城市化的实践机理

从中西部普通农村来看，打工经济已成普遍现象，中青年群体纷纷外出务工经商，在村人口留守现象突出，村庄空心化明显，且对于相当一部分年轻人而言，异地城市化或就近城市化是大势所趋，因此整个家庭劳动力配置均围绕城市化这一家庭发展目标来开展[15]。反观以Q村为典型代表的珠三角农村，当地村庄生活完整，中青年人不外流，尤其是年轻一代不进城买房，几乎均选择了在地生活，即在地城市化模式，何以如此呢？究竟是什么因素以及如何影响了这一区域特征鲜明的城市化模式呢？

（一）村庄工业化与地租经济村庄

在地城市化模式的实践起点在于本地村庄工业化。相比中西部普通农村，珠三角地区农村最大的特点在于村庄工业化程度极高，二三产业发达，第一产业几乎消失不见。当地村庄工业化，大多起步于上世纪80年代初，得益于中央的三来一补政策，村庄工业有了初步发展；1992年，邓小平南巡讲话进一步解放了干部思想，经济活动空前活跃起来，村庄工业化得到进一步发展；2000年前后，我国加入WTO，逐步成为面向全球市场的的制造业中心，即"中国制造"。近些年，作为制造业中心的珠三角地区稳步发展，虽有波动，但并不影响整个地区的工业化总体格局。在村庄工业化发展实践中，资本多是来自外地或境外，劳动力来自中西部普通农村中青年群体，土地来自当地农村，也就是说当地农村普遍以土地为途径参与到产业发展中去，并通过土地来分享实体经济发展所产生的产业利润，沉淀下来即形成地租。换言之，以Q村为代表的珠三角农村集体经济大都以地租经济为核心内容，我们姑且称之为地租经济村庄。参见下表1：

表1　　　　　　　　珠三角农村生产要素配置一览表

要　素	资　本	劳动力	土　地
来　源	欧美、港澳台等外来资本	粤北山区或中西部普通农村	本地村庄
性　质	产业利润	工　资	地　租

以笔者调研所在Q村为例。当地第一家外资企业落地是在1982年，即港资威华塑胶五金厂；1992年，小平南巡讲话，当地招商引资节奏加快，先后有力克玩具厂等十多家规模较大的加工厂落地，为当地提供了丰富的工作机会和地租收益；2004年，在当地党委政府组织下进行了"以地换地"项目，即以村庄200亩未开发利用地换来了目前为富民工业园的200亩工业用地，当地村庄集体经济又上了一个新台阶；目前，随着地租价格上涨，当前村庄集体经济收入也突破5000万元大关，以2017年为例，集体经济收入已经实现6800万元，2018年有望突破8000万元。据当地分管财务工作的村干部介绍，8000万的集体经济收入结构中，其中80%以上来自于地租经济收益，而地租收益的背后实质是当地村庄工业化，即大量的制造业工厂聚集。据悉，Q村目前聚集了60多家规模不等的企业，外加五六百家家庭作坊和五六百家各类店铺。简而言之，以Q村为代表的珠三角地区农村村庄工业化程度是很高的，从三来一补企业起步，目前以地租经济为主要集体收入来源，产业聚集和外来人口密集是其典型特征。因此，村庄工业化和地租经济为在地城市化提供了重要的实践起点。

（二）地租经济与集体社会福利、非市场就业

对珠三角农村而言，经济发展史也是土地开发史，更是土地价值化的具体实践过程。随着产业集聚和人口密集，依托于产业经济的地租经济产生了两种地租：一类是集体地租，主要产生于厂房、店铺、写字楼等集体物业；一类是家庭地租或个体地租，主要产生于房屋、店铺等私人物业。据悉，Q村集体经济收入主要有三个组成部分：一是厂房、写字楼等各种物业收入，占集体经济总收入的90%以上；二是由集体投资经营的村办幼儿园等经营性收入，占比8%左右；三是地块出租，主要是小部分村集体暂时未开发利用土地出租所得，这一收入占比不足2%。从集体地租来看，物业收入有三个来源：一是村集体厂房出租的收入，村集体厂房总面积有20多万平方米，2017年全村集体经济总收入为6800万元，集体厂房出租收入达5000多万元；二是2006年建成的一栋写字楼，目前每年租金收入达40多万元；三是由村集体统一开发的商铺出租收入，每年收入500多万元。由此可见，地租收入是当地村庄集体经济收入的绝对主体部分。依托雄厚的地租经济，当地村庄建立起了日益完善且水平较高的集体福利社会体系。

所谓集体社会福利，是指村社集体依托强大的地租经济、以本村人口为服务对象、建立了从摇篮到坟墓的福利体系，包括但不限于以下基本内容：一是分红，以2017年为例，Q村每年每人分红达7000元；二是米面油等基本生活资料补贴，每人每月130元；三是物业服务补贴，Q村物业服务由村社统合，象征性收取部分物业费用，余下不足部分由村集体补足；四是60岁以上老人每年敬老金每人2000元；五是使用村庄公车每天接送村民前往菜市场买菜；六是建立了慈善基金会，主要用以救助因大病等各种天灾人祸所导致的困难家庭生活；七是优先保障本村子女在村接受教育，且学费享有8折优惠；等等。由此可见，相比中西部一般农业型地区农村而言，当地村庄福利社会项目种类多、保障水平高是其基本特征，集体统合是其重要标志，同时私人生活的公共福利化也较为明显。据悉，Q村这一福利供给，在当地具有普遍性。简而言之，当地村庄社会，依托土地开发权，将尽可能多的地租收益留在村社集体，分享实体经济利润的同时，将这一地租经济所得再转化为日益完善的集体福利，从而为本地村民提供更高水平的公共服务与福利体系，并最终转化为村民个体或家庭对村社集体的福利依赖和价值认同。

依托地租经济,村社集体在提供高水平集体福利服务的同时,也为本地村民提供了类型多样、稳定体面、相对封闭的非市场就业体系。村庄工业化之后,内生存在两个劳动力市场:一是全国性劳动力市场,主要面向外来农民工群体,二是本地劳动力市场,主要面向本地人就业。非市场就业体系主要存在于本地劳动力市场,并依托身份资格等对外地农民工群体形成排斥。对本地村民而言,村庄内部的经济机会固然丰沛,但一直存在强烈的非市场就业偏好。工厂一线工人多为勤扒苦做的外来农民工群体,本地人则多从事保安、保洁、治安队员、仓库保管员、会计、办公室文员等相对稳定、体面的工作,关键是体力要求低且与外地打工者有区分。面向本地人口的本地劳动力市场就业实践,笔者称之为"非市场就业"。所谓非市场就业,具有以下几点典型特征:一是非市场就业不是个人能力的认定,而是依靠本村村民这一身份资格先天条件决定;二是非市场就业没有淘汰,只有退休,只要村民愿意,在不出大问题的情况下,可以在固定岗位上工作到退休;三是非市场就业的存在,实质上在于将本地人从竞争激烈的全国性劳动力市场中解脱出来,为当地人提供了一个去竞争性或弱竞争性的真空地带;四是在非市场就业选择中工作岗位优劣选择与家庭关系高度契合。在某种程度上讲,城市化的过程是中青年人从农村向城市进发的过程,在地城市化恰恰反映了当地中青年群体在村就业的重要特征。参见下表2:

表2　　　　　　　　　　Q村非市场就业一览表

工作类型		人员数量	工作属性	备注
村两委干部		6	——	村庄领导者
监委会干部		3	——	退休老干部
办事员群体	财务办	3	后备干部群体	村财镇管
	企业办	5		最容易出两委干部
	城建、国土、民政	3		对接政府职能部门
	网格办	6		对接流管、消防等
治安队		33		对接派出所
物业管理团队		7	发展型	物业管理者
保安队伍		28	兼具保障与消遣属性	以中老年男性为主

续表

工作类型	人员数量	工作属性	备注
保洁队伍	30	保障型	五六十岁女性
护村员	6	保障型	困难家庭
行政厂长	52	发展型	双重经纪人
幼儿园职工	16	——	——

资料来源：整合自笔者访谈记录（20181115CJH）。

依托非市场就业和发达的地租市场，当地家庭普遍形成了"半工半租、以租为主"的家计模式。其中"工"指村社集体内部非市场就业中稳定、安逸、体面、去体力化、相对封闭的职业工作，"租"主要指依托私人地租而形成的家庭地租，少则三五千，多则三五万、上十万，普遍均有一两万，当地平均工资四五千，因此，户均家庭地租收益相当于为当地村民家庭提供了两到四人的劳动力收益，而且不必支付维系劳动力再生产的任何成本。从家庭收入来源来看，当地村民家庭事实上都是依附于地租经济而存在。"半租"当然属于地租经济的重要组成部分，但为什么说"半工"的收入也离不开地租经济呢？根源就在于当地相当一部分村民均是村社集体地租经济体系当中的一员——村两委干部、村两委的办事员群体、物业管理服务团队成员、辖区内工厂的行政厂长、仓库管理员、报关员、治安队员、村办幼儿园工作人员、护村队员、图书馆管理员等，这里总共承载着全村至少200人、150户的非市场就业岗位。

（三）城乡倒置、人口内聚与在地城市化

依托产业经济的发达的地租经济，珠三角农村内生产生了由村社集体主导的集体福利社会和非市场就业，由此也形塑珠三角农村独特的城乡倒置结构。所谓城乡倒置，主要是相对中西部一般农业型村庄所处的吸附型城乡关系而言的。对中西部普通农村而言，二三产业发育有限，村庄工业化程度低，打工经济发达，以代际分工为基础的半工半耕家计模式明显，就近城市化或异地城市化明显，人财物净流出，萎缩性空心化村庄突出，城乡关系单向度吸附性突出。而对珠三角地区而言，经济机会在村，加之村庄集体福利体系发达，村庄生活完整度高，村庄吸引力强，与此同时，内生了保护型村庄结构，就地城市化突出，人口流入，农村社会膨胀明显，城乡倒置突出。

与此同时，值得进一步追问的是：为什么同属东部沿海经济发达地区，苏南农村和珠三角农村城市化模式却迥然不同？苏南地区，以城带乡明显，本地人口向城市流动明显，就近城市化是主流模式，而反观珠三角农村，城乡倒置突出，本地人口多在村生活，就地城市化是普遍实践，何以如此？城乡关系实质指代了人口流动方向，问题在于人口为什么会发生流动呢？据笔者观察，一是工作机会，二是公共服务。对苏南农村而言，优质的工作机会在城不在乡，且高质量的公共服务也多在城市，乡村社会仅可维持基本的生产生活秩序，尤其是难以为年轻人群体提供优质的工作机会，因此，对于当地年轻人群体而言，进城工作和生活成为第一选择。以城市生活为导向的就近城市化模式，内在要求当地家庭以城市化来配置家庭劳动力资源，以实现家庭资源的有效积累，往往出现一个家庭、三代人都是劳动者的情况，生产性极强，同时，当地普通家庭的社会流动主要依靠更好的职业机会，而职业机会与教育质量高度相关，因此，当地家庭资源多投入到子女教育中去，以实现家庭再生产的高质量发展。而反观珠三角农村，本村工作机会丰富，非市场就业类型成为年轻人重要职业选择，同时村庄福利社会也大大减轻了年轻人生活压力的同时，内在产生的保护性结构也对年轻人群体构成了极大的吸引力。这种情况下，当地年轻人多选择在村工作和生活，村庄生活较为完整，城乡倒置明显，就地城市化才是主流选择。在不需要进城生活的大背景下，当地村民家庭也就不需要支付城市化的高昂成本，教育的重要性也就难以在社会流动中得以体现，而当地家庭收入的重要来源不来自职业收入，而恰恰是最不需要努力却需要勇气和运气的地租收益，因此，当地家庭劳动力生产性弱，食利性强，教育重视不足，家庭收入主要用以维系家庭消费需求，家庭再生产维持型特征突出。参见表3：

表3　　　　城乡关系视角下城市化模式的区域差异一览表

区域类型	中西部普通农村	苏南农村	珠三角农村
经济机会	外地城市	本地城市	本地农村
村庄福利	一般	中等	健全
人口流动	人口净流出或季节性往返	外地人口净流入且本地人口向城市流出	外地人口净流入且本地人口不流出

续表

区域类型	中西部普通农村	苏南农村	珠三角农村
家计模式	打工经济，半耕半工	职业社会，务工经商	半工半租，非市场就业
城乡关系	吸附型城乡关系	吸附型城乡关系	城乡倒置
社会形态	留守社会	职业社会	地租社会
城市化	就近城市化或异地城市化	就近城市化	就地城市化
竞争标的物	——	劳动力素质	物业地租
家庭再生产	发展型家庭再生产	发展型家庭再生产	维持型家庭再生产

在城乡倒置结构中，工作机会在村不在城，且村庄社会福利和公共服务要优于城市，这种情况下，对于年轻人而言，还有什么动力要进城呢？有基于此，当地中青年人几乎不进城买房，而是选择在地城市化。之所以选择在地城市化，一是非市场就业，为当地年轻人群体返乡工作提供了重要工作机会，且这份工作稳定、体面，更可以兼顾家庭生活；二是村庄福利社会，通过健全完善的福利体系极大增强了村庄生活吸引力。此外，工作生活在地化，生活成本较低，生活氛围熟悉舒服，且进一步巩固了当地人社会关系网络，有熟人，有亲戚，天然熟悉，对村庄有感情，加之外出进城买房成本较高，生活压力较大，因此，当地中青年人一般均选择就地城市化，且青年人在地发展或返乡已成普遍趋势。

综上，以Q村为典型代表的珠三角农村，凭借八十年代初国家三来一补政策优惠，依托廉价的土地成本和劳动力成本，短时间内成为了世界工厂，村庄土地开发强度大、工业化程度高。在村庄走向工业化的过程中，当地村社集体通过土地来参与工业生产过程并分享来自实体经济中的产业收益，即地租。资本流量越早、越大，土地开发越彻底，地租经济越发达，并依托雄厚的集体经济收入，由村社集体主导建立起日益完善的集体福利社会和非市场就业体系，从而构筑了一个颇具吸引力的保护性的城乡倒置结构，并最终形成了当地颇具特色的在地城市化模式。

四 地租经济的"陷阱"：发展动力有限的年轻人群体

地租经济的存在，一方面极大地充实了村社集体经济，进而转化为村庄福利社会与非市场就业，并最终形成了保护型的城乡倒置结构；另一方面成为当地村民家庭的重要收入来源，半工半租家计模式中"租"的存在，甚至占比50%以上，极大地改变了当地绝大多数家庭的经济基础。这一发达的地租经济的存在，在极大地改善当地村民家庭生活条件和公共福利的同时，是否存在一定的负面效应呢？调研期间，当地中老年父母群体普遍向笔者反映：当地年轻人没有闯劲儿！相比其他区域、尤其是长三角年轻人群体精神面貌，珠三角年轻人职业选择明显偏保守，进取意志不强，即闯劲儿不足，何以如此呢？与地租经济的存在究竟是什么关系？

对珠三角农村而言，地租经济的存在是普遍形态，一来转化为村庄福利，二来提供集体分红，三来提供了村庄内部非市场就业，四来转化为家庭代际支持，进而为当地年轻人提供了稳定可预期的生活工作空间，在村工作远胜于外出打拼；不需要外出打拼的年轻人，客观上也就不需要激烈的外部市场竞争对劳动力素质的高要求，直接反映到教育上就是当地年轻人群体教育水平普遍不高，多处于大专和普通本科之间，流动能力本身也比较有限，如此以来，当地年轻人非市场就业选择和当地村庄地租经济就实现了高度匹配。对本地年轻人而言，本地人是上班而不叫"打工"，赚钱不是唯一目标，稳定、体面、有尊严也是重要考量。相比到城市打拼，下班有饭吃、有衣穿，有家人照顾，有自己的房子住，因此更愿意留在村庄工作，同时父母也会担心子女学坏或者过得不好，也希望子女可以留在身边，因此当地年轻一代多在村生活。在村生活的年轻人，究竟有哪些工作类型可供选择呢？在当地年轻人的观念中，好工作到差工作依次是：第一类是政府公务员、村两委干部及办事员群体工作，稳定、体面、有尊严；第二类是工厂文员、会计和仓库保管员，稳定、体面；第三类是花园物业治安队等，工作辛苦且工资较低，且年轻人当保安是被人瞧不起的。因此，当地年轻人群体更愿意到政府或村委办公大楼工作，退而求其次就是到当地正规工厂或公司做行政工作，属于类白领工作。

例1：阿光，1995年人，东莞理工毕业。毕业后先到东莞市一家社工机构工作，月工资4000多元，租住在城市小区生活，工作不满半年时，村委面向本地年轻人招聘办事员，于是阿光就坚决地辞掉工作、回村工作。目前每月工资2600元，外加部分年终奖金。（访谈记录：20181116CZG）

目前在村委办公大楼上班的办事员群体中，和阿光选择类似的至少有六位。何以如此呢？对他们而言，在外打拼，创业的市场风险很大，不确定性高，工作起来工资待遇略高，但除去房租成本、日常生活成本、通勤成本等，所剩无几，关键是压力较大；相反，在村委工作，虽工资待遇一般，但生活成本更低，关键是工作压力不大，稳定、轻松且体面，属于同辈群体羡慕的好工作。另，阿光们之所以如此选择，和当地地租经济所提供的半工半租家计模式也密不可分。据其中一位年轻人坦言：

> 其实，我们的工作不用烦，有些甚至不用上班，光收房租，父母也会给他；平常生活就是吃喝玩乐、泡吧，男的泡妞，夏天游泳，冬天打桌球！也会到酒吧喝酒，五六个人，一晚上2000元，出来玩，不讲钱，开心就好！每月收租15万，为什么还要工作呢？（访谈记录：20181112CZZ）
>
> 家里每个月收租3万多块，完全不需要工作！但为什么要出来找事做呢？脑子很久不用会生锈，无聊没事干，找份工作来消遣！（访谈记录：20181114CJB）

地租经济的陷阱，在于提供生活保障的同时，也扼杀了年轻一代发展积极性，使得其流动目标模糊、流动能力不足，仅可维持基本的家庭再生产，即维持型家庭再生产。进一步讲，村庄工业化程度较高，资源密集成为村庄最大背景，城乡关系倒置明显，经济机会在村，就地城市化突出；加之地租经济发达，村庄福利完善，集体吸引力较强，使得年轻一代流动意愿不强。简而言之，对当地年轻一代而言，消遣性工作突出，注重娱乐性消费，最大的梦想不是依靠自身拼搏奋斗，而是早日接替父母过上依靠租金且不用劳动的日子，即成为"地租阶层"一员。而反观中西部年轻一代，村庄工业化程度有限，吸附性城乡关系依旧是主流，在村经济机会稀薄，打工经济发达，家计模式普遍是半工半耕，年轻一代进城务工经商较为普遍，如此以来，资源稀缺状态下劳动力激发状态突出，在勤扒苦做中完成人生任务、实现更高质量的家庭再生产是其家庭发展核心目标。人生最大的困惑在于忙碌迷茫却没有方向，最大的梦想是自由自在地过自己想过的日子，但地租经济的问题恰恰在于：经济上的富足当然可以解决生活问题，却难以解决人生意义问题。中西部年轻一代的意义，在于城乡流动过程中实现社会流动，整个人生是充满价值感的，奋发昂扬是其常态；珠三角地区年轻一代鉴于其当下的家庭情况，动力不足、价值弱化是其普遍实践。

综上，梳理当地整个产业发展史，本地人逐渐退出生产环节，占据了地租空间；外地人逐渐进入生产环节，不断再生产着劳动价值和经营收益，家庭作坊主、农民工群体和本地地租阶层，共同构筑起本地基于生产关系的利益共同体。对于外地人而言，最大的希望在于通过务工经商充分释放劳动力价值，而对本地人而言，最大的希望则在于最大限度扩大物业进而提高地租收益，因此，地租经济最大的优势在于提供了无需劳动便可得利的"食利机会"，最大的陷阱在于使得绝大多数的地租阶层只注重对物业的经营而忽视了对人的教育和培养。

五　结论与进一步讨论

村庄工业化程度、模式与路径不同，城乡关系形态也有差异，进而形塑不同区域不同城乡关系视野下的城市化模式。通过考察以 Q 村为典型代表的珠三角农村城市化实践，研究发现：珠三角农村工业化程度普遍较高，从三来一补模式起步、经过"外来资本＋外来农民工＋本地土地"的工业化发展路径并通过土地参与到实体经济生产过程中、进而捕捉到雄厚的地租收益。村社集体通过将地租经济转化为集体福利社会和非市场就业，进而构筑了保护型城乡倒置结构，相比中西部一般农业型村庄，本地人口不外流，中青年群体多选择在村工作与生活，进而形塑了当地普遍的在地城市化模式。地租经济在充实集体经济、提高家庭收入的同时，也消解了绝大多数年轻人群体的社会流动意愿，极有可能致使其陷入地租经济的"陷阱"，即发展动力不足。

值得进一步讨论的是：珠三角农村在地城市化模式的根基在于地租经济，地租经济的源头在于村社集体主导的土地开发权，即村社集体统一规划、统一开发、统一配套、统一分配,进而形塑出村社统合的土地开发秩序。"卖地换钱、拿钱建厂、用厂收租、以租养人"是珠三角农村土地开发的具体实践路径,在土地政策规范有限、土地管理相对松散的特定年代,村社统合的土地开发权高度自主,土地增值收益也归"村社集体"和"农民家庭",并滋养了当地悠闲、舒适、甚至懒散的本地人生活,进而形塑出当地普遍的在地城市化模式。笔者的问题在于:同属沿海经济发达地区的江浙农村,在同一个土地政策框架下,为什么当地村社集体物业极其有限,苏南企业统一搬迁进了由地方政府主导的工业园区、浙江企业部分散落于村民自家的前店后厂、部分也搬迁进了地方政府统一开发的工业园区,以致于江浙一带农村经济机会有限、村庄福利水平一般,本地人、尤其是年轻人群体多选择进城工作与生活,进而形塑出吸附型城乡关系和就近城市化模式,究竟是什么因素以及如何影响了这一城市化模式的区域差异?这一问题,有待各界进一步探究。

参考文献:

[1] 贺雪峰. 论中国式城市化与现代化道路[J]. 中国农村观察. 2014(01):2—12.

[2] 夏柱智,贺雪峰. 半工半耕与中国渐进城镇化模式[J]. 中国社会科学. 2017(12):117—137.

[3] 朱战辉. 农民城市化的动力、类型与策略[J]. 华南农业大学学报(社会科学版). 2018(01):69—77.

[4] 王德福. 弹性城市化与接力式进城——理解中国特色城市化模式及其社会机制的一个视角[J]. 社会科学. 2017(3):66—74.

[5] 陈文琼,刘建平. 就近半城市化与去城市两级分化[J]. 华南农业大学学报(社会科学版). 2018(6):1—10.

[6] 陈文琼,刘建平. 家庭发展秩序:非精英农民城市化的核心机制——家庭视角下江汉平原的农民城市化[J]. 公共管理学报. 2018(2):69—81.

[7] 朱战辉. 接力式城市化:一种选择路径[J]. 重庆社会科学. 2017(05):72—79.

[8] 桂华. 城市化与乡土社会变迁研究路径探析——村落变迁区域类型建构的方法[J]. 学习与实践. 2011(11):81—86.

[9] 吴海琳,陆兵哲. 中国城市化的"接替性"路径:从"进城务工"到"佃种异乡"[J]. 天津社会科学. 2018(5):85—93.

[10] 李倩,许晓东. 城中村改造研究热点及趋势[J]. 城市问题. 2018(08):

22—30.

　　[11] 周爱民. 社会认同的影响机制——一个征地拆迁中矛盾化解的解释模型探讨 [J]. 城市发展研究. 2017（06）: 145—149.

　　[12] 黄诚, 陈成文. 城镇化进程中土地开发的社会风险及其治理机制 [J]. 经济地理. 2016（04）: 47—51.

　　[13] 赵燕菁. 效用型增长：边缘地区城市化模式 [J]. 城市发展研究. 2017（06）: 1—9.

　　[14] 王宁. 个案研究中的样本属性与外推逻辑 [J]. 公共行政评论. 2008（3）: 44—54.

　　[15] 李永萍. 家庭转型的"伦理陷阱"——当前农村老年人危机的一种阐释路径 [J]. 中国农村观察. 2018（02）: 113—128.

Village Industrialization, Urban-rural Inversion and LocalUrbanization: Analysis of Rural Urbanization Model in the Pearl River Delta

Wang Xiang-yang

(School of Public Administration and Politics and Law, Southwest Jiaotong University, Chengdu 610031, China)

Abstract: The degree of industrialization and the path of villages affect the relationship between urban and rural areas, and then shape different types of urbanization. Based on the inspection of Dalang Q Village in Dongguan, Guangdong Province, the rural areas of the Pearl River Delta have a high degree of industrialization. They participate in the real economic production through land elements and convert the land rent income into collective welfare society and non-market employment, thus constructing a protective urban-rural inverted structure. Compared with the general agricultural villages in the central and western regions, the rural population in the Pearl River Delta is cohesive and the urbanization model is prominent. The root cause lies in the land rent economy. While enriching the collective economy and increasing household income, it also greatly diminishes the development momentum of local youth groups and becomes a major "trap" for the development of local rural families.

Key words: Village Industrialization; Urban-rural Relations; Local Urbanization; Rural Areas in the Pearl River Delta

精准扶贫研究

◆ **精准扶贫目标下村企共建实践的个案分析**

借助新制度主义的组织理论，聚焦组织合作的行动逻辑，以燕儿谷为例，从场域、主体、过程、结果四个方面形成村企共建的分析框架。村企共建的政策目标指向扶贫脱贫，组织合作目标在于互利共赢。在燕儿谷个案中，村企共建双方为了达到这双重目标，先后经过了共建条件分析、共建共识达成、共建承诺兑现、共建方案实施四个阶段，折射出共建共商、共建共享、共建共富的实践逻辑，成效明显。村企共建是经由精准扶贫通往乡村振兴的一条新路，燕儿谷"七联合"模式积累了利益与情感共同体建设经验，是企业承担社会责任以助力精准脱贫的中国式方略。

◆ **角色、诉求与规制：西南边疆地区扶贫经验探析**

精准扶贫是当前中国乡村社会建设的战略实践，是农村居民社会生活水平提升的重要推力。现有经验表明，民族地区精准扶贫工作在实践层面存在一定特殊性。对民族地区精准扶贫问题加以研究，可产生积极的案例分析价值。文章以西南边疆地区 N 村为田野点，在对村民生产生活进行参与式观察中，展开问题研究和分析。研究发现，N 村精准扶贫工作在各参与主体围绕自身利益诉求的相互博弈中逐步推进。精准扶贫推动了当地社会经济发展，强化了村民的集体归属感和国家认同感。区域内不同行动主体围绕着各自角色位置的选择及资源互动，构建起 N 村特有的扶贫实践场域，采取将扶贫工作与边贸经济相结合的独特发展模式，形成推动边疆民族地区社会经济建设的基层经验。

◆ **从"家庭贫困"到"家庭减贫"：家庭策略视角下的代际贫困治理研究**

既有家庭与贫困的研究中，较少关注于"家庭减贫"。本研究以贫困代际传递的家庭治理为例，基于家庭策略的视角，通过对两个不同贫困家庭减贫过程和方式的分析与比较，研究家庭策略如何被自主运用来解决贫困问题。研究发现"反馈模式"的代际关系下，多子女所带来的路径

"可选择性"与关系灵活性，让家庭有更大空间运用家庭策略，以"代内合力"和"代际合力"为一部分子女的成长和发展提供更充分的资源和"资源变现"的空间与条件，从而为实现"家庭减贫"创造机会。家庭是贫困治理的社会基础，在推进贫困治理乃至经济社会发展进程中，需要支持家庭，激发家庭自我发展的内生动力。

◆ 非政府组织主导型社群经济的农村扶贫模式与效应研究——以海惠组织农村扶贫项目为例

本文以非政府组织"四川海惠助贫服务中心"主导实施的综合性农村扶贫项目为例，对非政府组织主导型社群经济的农村扶贫模式与效应进行了深入分析。分析表明，通过社群经济模式，海惠组织农村扶贫项目建立了从项目进入到退出全过程的有效运行机制，对鼓励类似非政府组织参与农村扶贫具有重要参考价值。从扶贫效果来看，这一模式不但显著提高了目标群体的收入水平和生产能力，还在提升基层民主治理水平、增加社会资本存量、提高女性在家庭和社会中的地位、食品安全和营养改善以及加强环境保护等方面产生了显著作用。因此，非政府组织在参与农村扶贫时，可以通过社群经济模式来促进目标贫困区的整体发展和可持续发展。

◆ 贫困地理视角下的中国反贫困实践与社会政策设计：理论脉络与经验启示

近几年来，中国政府的精准扶贫战略取得了重大成就，也为世界反贫困事业提供了中国经验。然而，实践过程伴随着理论的困惑，例如反贫困的精准性、紧迫性与贫困的复杂性、持久性悖论。基于社会地理学与贫困理论交叉的贫困地理学研究来回应这一悖论，该理论研究起源于英国，旨在通过地理视角发现贫困的空间与地方特征，重点探讨"贫困、住地与空间"的关系，进而以微观的穷人社区为支持单位来开展反贫困方案。主要启发在于：（1）精准扶贫的分类迷思，过分强调技术瞄准而忽视了贫困的空间特性和地方性；（2）构建社会福利公正意义上的"社会中国"，或许能够回应中国社会政策设计的空间不正义与身份差别困境；（3）重视社区发展，贫困不可见而穷人生存的社区是可见的，针对可见的穷人社区的帮扶比不可见的贫困的帮扶更有可操作性。研究意义在于与国外的贫困地理学研究对话，为中国的贫困与反贫困研究提供了新的视角。

精准扶贫目标下村企共建
实践的个案分析*

王　婷　吴春梅

(华中农业大学经济管理学院/马克思主义学院　湖北武汉　430070)

内容提要：借助新制度主义的组织理论，聚焦组织合作的行动逻辑，以燕儿谷为例，从场域、主体、过程、结果四个方面形成村企共建的分析框架。村企共建的政策目标指向扶贫脱贫，组织合作目标在于互利共赢。在燕儿谷个案中，村企共建双方为了达到这双重目标，先后经过了共建条件分析、共建共识达成、共建承诺兑现、共建方案实施四个阶段，折射出共建共商、共建共享、共建共富的实践逻辑，成效明显。村企共建是经由精准扶贫通往乡村振兴的一条新路，燕儿谷"七联合"模式积累了利益与情感共同体建设经验，是企业承担社会责任以助力精准脱贫的中国式方略。

关键词：村企共建；燕儿谷；精准扶贫；乡村振兴

2007年12月印发的《国务院扶贫办、全国工商联关于联合开展"村企共建扶贫工程"的指导意见》（以下简称意见），旨在探索企业参与扶贫开发的新途径和新机制，在中西部省份试点推广。意见明确指出，村企共建是一种企业扶贫模式，目的是引导和动员民营企业通过与贫困村结对

---

* 基金项目：国家社会科学基金重点项目"马克思主义视野下农民互助新论的中国式建构研究"（19AKS024）。

作者简介：王婷（1994— ），女，湖北罗田人，华中农业大学经济管理学院博士生，主要研究农村区域发展。吴春梅（1966— ），女，湖北麻城人，华中农业大学马克思主义学院学科首席教授，博士，博士生导师，教育部高校思想政治理论课"概论"分教学指导委员会委员，教育部高校马克思主义理论类专业教学指导委员会委员，主要研究中国特色的乡村建设，通讯作者。

共建形式积极参与扶贫开发,是精准扶贫的具体实践。从十多年的实践结果看,村企共建成效与问题并存。学界着重围绕村企共建与精准扶贫[1]、村企共建与乡村治理[2]、村企共建与农民权益保障[3]、村企关系[4]等问题进行研究,成果多集中于农民或村庄视角下村企共建扶贫目标的实现。已有研究显示,村企共建主要靠政府劝导、民营企业并不青睐与贫困村共建[5]以及村企共建中企业处于强势地位[3-4]等问题值得重视,这种兼顾政府、企业、村庄诉求的立场对于优化村企共建模式至关重要。鉴于此,本文以成功试点 7 年的燕儿谷个案为例,运用正式与非正式文献收集、事件跟踪与典型个案访谈等方法收集一手二手资料,借助新制度主义的组织理论,聚焦组织合作的行动逻辑,从场域、主体、过程、结果四个方面形成村企共建的分析框架,探寻参与各方是如何通过互利共赢来实现精准扶贫到村、精准脱贫到户的目标,揭示村企共建中的村企关系和经验背后的实践逻辑。这是借助村企共建以盘活公益事业的有益尝试。

一　村企共建的场域特征

作为政策实践的个案分析,首先要确定个案的场域特征。意见明确指出,村企共建中的"村"为亟待整村脱贫的村庄,村企共建中的"企"为有实力且扶贫责任意识强的民营企业。本文选取的典型个案是湖北省燕儿谷生态观光有限公司(以下简称公司)与罗田县燕窝垸村合作进行的村企共建扶贫工程。2016 年汪洋副总理来燕窝垸村调研,对燕儿谷"村企共建、精准扶贫"、先富帮后富、实现共富的做法给予了极大肯定。燕窝垸村村民徐志新 2013 年创立的公司设在燕窝垸村,下设湖北燕儿谷新农业有限公司、湖北燕儿谷生态养生园有限公司、湖北燕儿谷园林工程有限公司三个子公司,主营乡村旅游、有机农业和养老产业。在村企共建扶贫工程的帮扶下,燕窝垸村实现了从贫困村到全村脱贫的蜕变。

村企共建工程启动前的燕窝垸村是一个落后的集人口外流、土地抛荒、人口老龄化等诸问题于一身的典型贫困村。(1)气候地形区位条件优劣并存。燕窝垸村是典型的亚热带季风气候,四季分明,光热水条件良好。地处一河两岸的山梁靠下的位置,人均耕地 0.5 亩,丘陵地形不利于大面积农作物种植,山上植被不是高产品种。交通便利,位于湖北省罗田县骆驼坳镇,大别山南麓,是罗田县的南大门。距武英高速公路罗田出口7公里,距离罗田县城8公里,距武汉天河机场及武汉高铁站110公里,毗邻318国道。(2)典型的贫困村、空心村、原子化村。村企共建前村级负债近百万元,2010年人均纯收入不足1000元,脱贫任务十分艰巨。村里大多数青壮年外出打工,留守的多为老人妇女儿童。村民主要由一河两岸山梁几姓搬迁至山下杂居后的后代构成,以郭姓为主,但宗族氛围并不浓厚,村中有一郭氏宗族祠堂陈旧,只在年节祭祀时使用,村庄内部分化严重。(3)村治近乎停滞或瘫痪。村民愿意选年富力强的有能力、能管事的人,但受制于没有好的出路,村干部很难将主要精力放在村庄治理和带领大家致富上。村庄公共事务虚化,似乎无事可治。由于青壮年大多外出打工,村里道路维修和沟渠治理基本停滞,村民似乎也并不愿意出钱出工整治。

二 村企共建的主体诉求

新制度主义的组织理论认为,组织不是一个封闭的系统,它的行为受到所处的技术环境和制度环境的影响。技术环境要求组织有效率,能够按利益最大化原则进行生产活动。制度环境要求组织行为具有合法性,符合社会预期和制度约束。在两种要求相矛盾的情况下,组织会倾向于选择符合某种环境压力的行为[6]。村企共建的政策目标指向扶贫脱贫,即精准扶贫到村,精准脱贫到户,这对村企双方均有约束力。在燕儿谷个案中,村企共建的主要参与主体是作为自治组织的燕窝垸村和作为市场组织的公司,虽然政策目标指向相同,但他们各自的具体诉求却有明显差异,忽略任意一方的诉求,村企共建效果都会大打折扣。

(一)燕窝垸村:获取和维持村民自治组织合法性

新制度主义理论关于组织合法性解释与传统组织理论的不同在于打破理性行动者模型,建立异于效率机制的合法性机制,强调规则、规范以及认知要素[7]。对村民自治组织的理解要结合其所处的法律制度、文明公约、乡规民约等制度环境来考量。村企共建前的燕窝垸村面临组织纪律松散、优秀人才缺乏、组织绩效低下、组织负债较多等问题,而且没有其他联结农户与政府的农民认同与行动单位。村里没有能盈利的集体经济项目,人口外流严重。因此,燕窝垸村的利益诉求并不局限于脱贫:对上,要按政府要求，完成贫困村摘帽任务，打造社会主义新农村形象，达到绩效考核要求；对下，要成为一个村民认同的、具有权威的村民自治组织，实现村庄有效治理，同时在村企共建实践中成为处理村民与企业、政府间的利益代表。这个过程客观上是燕窝垸村获得和维持村民自治组织合法性的过程。

（二）公司：花费最小的成本实现利润最大化

公司投资要讲利润回报，同时也要遵守法律，承担自己应承担的社会责任。因此，要结合技术环境与制度环境来综合理解公司诉求。在外打拼多年且有故乡情怀的徐志新看到了农业观光旅游前景，于2011年返乡创业。从承包村里800亩耕地与林地改造开始，以燕窝垸村为基地向周边邻村辐射，打造燕儿谷品牌，使之成为一家集休闲旅游、有机农业、健康养老、研学教育等为一体的乡村旅游综合体。燕儿谷作为一个以农业为主的综合投资项目，建设周期长，投入大，收益慢，如果没有政策支持很难持续发展。因此，公司十分关注惠农政策，进行有政策扶持和补贴的投资经营项目。公司参与村企共建的出发点是基于良好利益预期的市场行为选择，主要目的是降低成本提高利润。

三　村企共建的实践逻辑

村企共建的政策目标指向扶贫脱贫，而组织合作目标在于互利共赢。鉴于燕窝垸村和公司都需要面对政策目标压力，都希望实现互利共赢，主动适宜的环境调适会导致基于组织绩效的相互合作。从综合理性出发，双方都会致力于实现互利共赢和扶贫脱贫双重目标，进而形成个性化村企共建实践。在燕儿谷个案中，村企共建双方为此先后经过了共建条件分析、共建共识达成、共建承诺兑现、共建方案实施四个阶段，优化了燕儿谷的组织场域[1]，折射出共建共商、共建共享、共建共富的实践逻辑。有学者将燕儿谷的村企共建初步总结为联合党建、联合决策、联合规划、联合投资、联合办公、联合生态保护与环境治理、联合

---

[1] 组织场域是企业战略管理的分析单位，组织场域由企业利益相关者及利益相关者的评判标准所组成，场域依据企业制定和维护环境规范的程度来对场域中的企业进行评判，场域中企业的生存依赖于其获取"合法性"程度的高低。

创造创业就业环境的"七联合"模式[8]，本研究在此基础上进一步分析其中的实践逻辑。

（一）共建条件分析：村企双方资源互补

燕窝垸村具备公司选择共建村的三个资源条件：（1）自然条件人文资源匹配。在初期选址阶段，由于燕窝垸村地处大别山南麓丘陵地区，有山有水有村庄，自然景观优越，符合公司依据政策制定"望得见山，看得见水，记得住乡愁，回得去故乡"的设想蓝图。燕窝垸村交通便利，气候条件优越，景观改造难度低，农业劳动者充足，合理规划后是乡村旅游的极佳地点。（2）交易成本较低。燕窝垸村是典型的贫困村、空心村，拥有大面积低效使用的水田山林资源，产出有限且不是青壮年村民的主要收入来源。这部分村民转出土地拿租金意愿强烈，土地流转成本较低。由于是公司董事长的老家，村里人直接商谈合作成本较低，改造阻碍小。（3）政策环境优越。国家惠农政策频出，加之燕窝垸村是贫困村，公司能享受多种政策支持，村民能享受由此带来的村治改进、道路维修、环境整治、本地就业等福利。

在燕儿谷村企共建实践中，企业处于主导地位，村庄只能依据绩效预期选择是否接受公司提出的村企共建条件。良好的绩效预期对村庄和村民都极具吸引力，这是村庄在不依靠土地生存的多数村民支持下愿意承担村企共建可能带来的各种风险的原因，也是公司最终度过创业之初很多留守老人不愿转出土地这一难关的原因。公司有志帮助贫困村脱贫，但共建村必须先满足公司发展的资源条件。村企资源互补是村企共建"七联合"模式形成的前提。

（二）共建共识达成：村企双方协商推进

为了与燕窝垸村达成共建燕儿谷的共识，公司董事长徐志新做了不少前期动员和铺垫工作。他亲自去拜访经常忙于在外做生意的村支书兼村主任叶某商议共建事宜，留住村中有志青年参与土地流转；将自己的党籍转回燕窝垸村，担任燕窝垸村名誉第一书记，激活村两委职能，带领一批老党员深入农户，一家一家做工作，协调各方利益关系，谋求村企共建共识。

村企协商平台和机制建设，有力推进了共建共识的达成。燕窝垸村村支书作为群众利益代表进入公司管理层担任副总经理，参与公司重大事项的决策。建立"燕儿谷论坛"微信群，有关村民切身利益的决策实时征求村民意见，决策过程和结果公开，既集思广益，亦接受村民监督。形成"公司＋村集体＋群众代表＋专家"多元主体参与的决策机制，重大事项决策采取现场会议、通讯会议等形式，组织群众代表和专家代表共同商讨决策。如通过村企联合决策，听取民声，成立了农家乐联盟，村企共同制定农家乐建设和服务标准，鼓励支持村民加盟，因此得到了村民的大力支持。共建共识达成是村企共建"七联合"模式形成的基础。

（三）共建承诺兑现：村企双方契约签订

为了兑现村企共建承诺，村企双方签订契约。契约内容主要集中在土地交易、就业安排、红利分配、福利享受等方面，确保村企双方的利益、贫困户脱贫和企业发展。（1）全村村民土地流转给公司，农业活动由家庭经营全部转为企业化经营。土地流转租用时间为20年或30年，稻田和山地每亩每年分别返还村民稻谷200公斤、125公斤，按当年粮价折算为租金每亩每年约500元。（2）公司承诺安排村民就业，优先安排贫困户。公司与贫困户都签订了帮扶承诺书，公司优先聘用贫困户，每人每天60到80元。同时公司鼓励在外务工人员返乡创业就业。公司对农家乐和农家旅馆实行统一联盟管理，集中分配旅游团需求，保证服务质量。（3）村集体以土地入股公司并享受股金分红。如养老公寓项目，村集体以土地入股养生园公司，占10%的股份。（4）公司捐资助学，政策福利惠及村民。教育扶贫、法律援助被纳入村企合作产业扶贫政策。

村企双方签订契约，是组织制度环境与技术环境面对政府特定目标需求所作出的理性选择，是将村企共建落到实处的关键环节。该方案出台后，村民自治组织有了良好的扶贫绩效预期；村民可以将闲置资源盘活成稳定收入，可以利用公司提供的不离土致富工作机会；而公司的经营绩效和政策支持力度就成为实现多方共赢的关键。共建承诺兑现，是村企共建"七联合"模式形成的关键。

（四）共建方案实施：村企双方携手治村

共建方案在制订实施过程中必须有多元价值整合的支持，方能实现村企双方携手治村的良好预期。燕儿谷的开发，面临"村企共建扶贫工程"必备的公共价值诉求、维护村庄利益的集体价值诉求与维护公司利益的市场价值诉求之间的整合，面临公益文化、公司文化和村庄习俗文化之间的契合。这是协调好政府、公司、村庄、村民之间关系，实现互信合作、互惠共赢目的的制胜法宝。共建方案实施，是村企共建"七联合"模式形成的标志。

1. 确定绿色发展方略

确定绿色发展方略，发展绿色产业，建设美丽村庄，是村企双方携手治村的共同目标。该目标的制订，从外部政策环境看，顺应了国家绿色发展的要求，契合了湖北省低丘岗地改造、低产林改造和罗田县"生态立县，旅游兴县"等战略需求；从村企双方需求看，公司需要改善景区环境并重新规划设计燕儿谷的园林景观，而燕窝垸村需要改善生态环境和村容村貌。借助罗田县政府帮扶的 20 万资金，对燕窝垸村茶梅园的基础设施和村容村貌进行了整治。以旅游景区标准改造燕窝垸村，发展旅游产业，建设美丽乡村。道路硬化，耕地开荒，治理沟渠河流污染，拆除 120 多间猪圈旱厕，投资建设 6 处旅游厕所，配套大型停车场，关停了 3 家石材开发场和 3 家养鸡场，村庄基础设施和环境治理成效显著。

2. 企业文化融入村庄习俗文化

乡村文化是乡村振兴的魂。燕儿谷着力打造乡情乡风乡愁的世外桃源，注定公司文化要融入村庄习俗文化。出色的规划设计之下，燕儿谷漫山茶梅，村民却并不需要拆迁，民居成为景区的一部分，做到了"村在景中，景在村中"。徐志新家的"徐家老屋"成为观赏景点。游客可以在村里体会扯油面、磨豆腐、打糍粑的乐趣。燕窝垸村里的郭氏祠堂建筑整修后保留，年节时依旧发挥作用，平日则是游客参观景点和乡风文明宣传基地。村委会与公司共同出资建设村委办公大楼，产权归村委会，村企共同使用，合署办公。公司给员工提供五险一金、教育扶贫、法律援助等，惠及了村里留守村民，村民有事公司会尽量帮忙。根据上级要求，成立了村乡风文明理事会和红白喜事理事分会办公室。理事会 20 多名老党员、老干部、老战士、老教师、老同志等德高望重的"五老"都是各组群众推选出来的，是燕儿谷生态旅游服务的志愿者和制止村民红白喜事大操大办的义务监管者。

3. 共同打造燕儿谷品牌

村企共建实践打造了燕儿谷品牌。燕儿谷的核心产业是乡村旅游、有机农业和养老产业，都与农业政策导向和民众休闲娱乐需求密不可分。燕儿谷的发展，对内需要村两委和村民支持，对外需要塑造良好的品牌形象。

塑造燕儿谷精准扶贫形象。为了实现整村脱贫目标，燕儿谷景区工作人员绝大部分从村民中选聘，优先贫困户。燕窝垸村及周边村民可以进入"工匠学校"担任师傅或学徒，学手艺赚钱。村民可以借助电商平台，经营农家乐和燕儿谷特色农副产品脱贫致富。2016年燕儿谷被国家旅游局评为"全国旅游扶贫示范项目"，同年燕窝垸村被国务院扶贫办和国家旅游局确定为"全国旅游扶贫重点村"。2018年燕儿谷入选全国金融支持旅游扶贫重点项目。

塑造燕儿谷现代观光农业形象。面向游客，打造燕儿谷作为乡村旅游综合体的特色旅游品牌。在低丘岗地和低产林改造后，燕儿谷大面积种植茶树、梅树、罗田玉兰等特色品种景观树。花期从当年十月到次年四月，填补了大别山地区冬季赏花空白，已形成中国最大的茶梅基地。景区内，游客可住农家，感受农家景观和农家文化，体验干农家活的乐趣，品尝农家特色美食；春节期间，还有特别活动，适合全家出行，感受浓浓乡情年味。村企共建的"燕儿谷"农庄是黄冈市农业产业化龙头企业、湖北省示范农庄、湖北省十佳农庄。

塑造燕儿谷现代公益事业形象。享受政府政策支持和补贴奖励的公益项目主要有：村庄危房改造、村容乡风整治等新农村建设项目，农家乐特色种养、光伏发电、林下经济、燕儿谷乡村旅游基础设施配套建设、三大产业融合发展等产业扶贫项目，康养中心的"阳光养老工程"项目，最新修建的工匠学校（招聘湖北"九佬十八匠"，培养传统手艺人，出售传统手工艺品）等。徐志新当选湖北省人大代表后，借助罗田县、黄冈市、湖北省的官方媒体对燕儿谷进行广泛报道，宣传燕儿谷的现代公益精神。

四 村企共建的目标检验与前景分析

从"村企共建扶贫工程"实践视角看，燕儿谷精准扶贫的政策目标顺利实现，形成了村企共建"七联合"模式。从两类不同性质的组织合作视角看，燕儿谷村企共建双方互利共赢的目标基本实现，积累了利益与情感共同体建设的经验。从价值重塑下的乡村重建视角看，村企共建是经由精准扶贫通往乡村振兴的一条新路。与发展集体经济的传统村庄共建模式不同，燕儿谷探索了全程联合的新型村企共建模式，以信任为纽带的共商促共建、共享促共建、共富促共建可以凝聚村企联合行动的强大动力，彰显共建共商、共建共享、共建共富的实践逻辑。村企共建是市场与社会对接、公域与私域联结、情理与法理契合的交集，需要社会主义核心价值观引领下的多元价值整合支持，需要引导民营企业化私为公和村庄共同体公私协力的价值追求，是企业承担社会责任以助力精准脱贫的中国式方略。

（一）村企共建顺利实现整村脱贫的政策目标

燕儿谷精准扶贫效果显著，得益于体系化推进。通过旅游精准扶贫，公司优先安置100多个贫困人口在农庄就业，年均增收50多万元。公司主动与本村30户建档立卡贫困户签订帮扶合同，落实了土地租赁、择岗就业、产业帮扶等脱贫措施。2015年公司支付村民土地租金120万元，发放37名固定员工工资130多万元，发放100多位季节性临时工工资153万元。几年来，周边群众仅土地租金和工资两项收益就达800多万元。2016年年底，燕窝垱村通过了"户脱贫，村出列"的验收。

（二）村企共建基本实现互利共赢的组织合作目标

村庄治理面貌一新。集中体现在创新村庄管理、加快村庄改造和实现村民致富等方面。一是形成了同心共促村庄建设的合力。村企共建为村庄治理创新拓展了新的空间和平台，提高了村民自治组织的威信，夯实了村集体经济基础，增进了村庄治理的活力。二是开创了美丽乡村建设的新局面。以旅游景区标准建设燕窝垱村基础设施，使村庄生产生活条件不断改善，村内道路、文化广场等生活娱乐设施配套齐全，生态环境不断改善。三是推动了村民脱贫致富渠道的多元化。景区带动村民创业就业，提高村民收入有新招、实招。

公司经营上新台阶。成功打造燕儿谷品牌，乡村旅游综合体建设成效显著。休闲旅游和有机农业方面，茶梅种植已成规模，形成配套设施齐全的茶梅小镇和梅岭两个核心景点，景区是国家3A景区和婚纱摄影基地、湖北美术学院采风基地，积累了打造美丽乡村经验。健康养老方面，已建成养老公寓一期，占地面积约9000平米，包括休闲住宿和养老公寓。休闲住宿共210间房间，4星级标准装修。养老公寓配备有大型会议室、休闲室、理疗室、养老餐厅等。研学教育方面，工匠学校教学体验场地和师生配备齐全，近两年开发了法律知识讲解、职业生涯规划、稻田摸鱼、工匠活动体验等新业务。公司 2017 年实现当年年内收支平衡，2018 年年内净盈利 200 多万元，初步显示出良好的自我发展前景和盈利预期。

（三）村企共建是经由精准扶贫通往乡村振兴的一条新路

燕儿谷村企共建的成功实践，既显示出其在公益事业发展中的活力，亦预示着其在乡村振兴中的良好前景。一是得益于村企双方的互利共赢。基于利益最大化和成本最小化的市场化选择，是能够解释公司积极主动推进燕儿谷村企共建的原因，互利共赢是实现村企共建可持续的关键。二是得益于村企共建预设的精准扶贫政策目标的实现。共同的目标选择，促成了村企共建，形成了扶贫合力。村民自治组织要摘"贫困村"帽子，要树立组织权威，而企业要塑造公益形象以获取政府支持，双方合作可以促成各自目标的实现。可见，村企共建从本质上看仍是双方理性选择的结果，表明村企共建的可持续具有现实可能性和可行性。

成功实现整村脱贫后，燕儿谷村企共建目标适时调整为乡村振兴。"村企共建扶贫工程"所指向的共建村是贫困村，政策支持下的企业扶贫特征突出。乡村振兴目标下的共建村是资源禀赋型村庄，这意味着村企关系有可能朝自愿参与、权力分享、平等合作、制度优化、价值重塑意义上的信任合作发展。燕儿谷现有的基层组织建设、产业发展规划与实施、政策资源支持、村庄治理以及基于土地流转、景区迁坟、环境保护、厕所革命等问题的村民思想政治教育，是村企共建经由精准扶贫通往乡村振兴的基础，是更高起点上的新征途。

村企共建要走好经由精准扶贫通往乡村振兴的新路，尽快实现可持续发展是关键。实现可持续发展的重点是下大力气培育燕儿谷的核心竞争能力以提升盈利水平。总体而言，燕儿谷的经营项目与其它同类产业的区别度尚不明显，燕儿谷品牌认可度尚待提高，农家乐客源保障水平不太高，农民依托电商出售农副产品收入不太稳定，公司盈利尚不充分，亟需有新的人才技术等优质资源注入，推动产业升级，稳步提升燕儿谷竞争能力。实现可持续发展的难点是村企深度价值整合以确保新的共同目标实现、市场效率与非市场效率同步优化。这需要强化利益与情感共同体的组织文化建设，增进村企共建的凝聚力和向心力。这需要优化村企联合行动机制以确保村企共建的有序有效。燕儿谷联合党总支是全县第一个村级组织和非公有制企业联合党总支，是村企交叉任职构成的领导班子组成的集体决策组织。该联合建党模式在一定程度上激发了基层组织活力，优化了村企联合行动机制，确保了联合行动的有序有效。但是，这种适应特定村企共建情境需要的联合建党模式的推广应用条件和价值都有待进一步检验。

参考文献：

［1］罗兰、乔圣茹、王东阳."村企共建"与精准扶贫［J］．中国行政管理，2017（7）：156 – 158．

［2］李景园．村企共建下的乡村治理研究［D］．山西大学博士学位论文，2012．

［3］葛靖．村企共建下的农民权益保障政策研究［D］．华中师范大学博士学位论文，2014．

［4］吴亮．冲突与融合：涉农公司下乡后的村企关系［D］．华中师范大学博士学位论文，2013．

［5］张永山、霍伟东．民间资金参与精准扶贫研究——以四川为例［J］．西南金融，2017（2）：29 – 36．

［6］娄成武、甘海威．新制度主义视角下政府购买公共服务内部化问题治理研究［J］．学术论坛，2017（2）：121 – 127．

［7］尚航标、黄培伦．新制度主义对战略管理的理论意义［J］．管理学报，2011（3）：396 – 402．

［8］湖北省乡村振兴研究院主编．乡村振兴之路：实施乡村振兴战略建设现代美好家园［M］．武汉：湖北科学技术出版社，2018：155 – 161．

A Case Study of Village-Enterprise Co-construction under the Goal of Targeted Poverty Alleviation

Wang Ting   Wu Chunmei

(College of Economics and Management, College of Marxism, Huazhong Agricultural University, Wuhan, 430070, China)

Abstract：Based on the organization theory of new institutionalism, this paper focuses on the action logic of organizational cooperation, and sets an analytical framework of village-enterprise co-construction from dimensions of field, subject, process and result. Village-enterprise co-construction is aim for poverty alleviation, while the goal of organizational cooperation is achieving an all-win result. To achieve this dual goal, in the case of "Yaner Gu", village-enterprise co-construction has been built through conditions analyzing, consensus building, commitment fulfilling and plan executing, which reflect the logic "Jointly build for mutual consultation, sharing and common prosperity". Village-enterprise co-construction is a new way to promote rural vitalization from poverty alleviation, and "7 - Co" form of village-enterprise co-construction in Yaner Gu provides plenty experience in constructing interests-affection community, that is a Chinese-style strategy for enterprises taking social responsibility to promote the Accuracy out of Poverty.

Keywords: Village-enterprise co-construction; "Yaner Gu"; Targeted Poverty Alleviation; Rural Vitalization

角色、诉求与规制：西南边疆地区扶贫经验探析[*]

——以 N 村调查为例

陈 鹏 高 旸

（吉林大学哲学社会学院　吉林长春　130012）

内容提要：精准扶贫是当前中国乡村社会建设的战略实践，是农村居民社会生活水平提升的重要推力。现有经验表明，民族地区精准扶贫工作在实践层面存在一定特殊性。对民族地区精准扶贫问题加以研究，可产生积极的案例分析价值。文章以西南边疆地区 N 村为田野点，在对村民生产生活进行参与式观察中，展开问题研究和分析。研究发现，N 村精准扶贫工作在各参与主体围绕自身利益诉求的相互博弈中逐步推进。精准扶贫推动了当地社会经济发展，强化了村民的集体归属感和国家认同感。区域内不同行动主体围绕着各自角色位置的选择及资源互动，构建起 N 村特有的扶贫实践场域，采取将扶贫工作与边贸经济相结合的独特发展模式，形成推动边疆民族地区社会经济建设的基层经验。

关键词：精准扶贫；跨境民族；边贸经济；利益诉求

2017 年 10 月 18 日，习近平总书记在中国共产党第十九次全国代表大会报告中提出："要动员全党全国全社会力量，坚持精准扶贫、精准脱贫……坚持大扶贫格局，注重扶贫同扶志、扶智相结合，深入实施东西部

---

[*] 基金项目：本文系国家社科基金重大项目"东亚乡村振兴的社会政策比较研究"（项目号：18ZDA119）阶段性成果。

作者简介：陈鹏（1976— ），男，黑龙江牡丹江人，吉林大学哲学社会学院教授、博士生导师，主要研究发展社会学、文化人类学。高旸（1992— ），男，内蒙古呼伦贝尔人，吉林大学哲学社会学院博士生，主要研究发展社会学。

扶贫协作，重点攻克深度贫困地区脱贫任务。"以及"优化区域开放布局，加大西部开放力度。"[1]因此，西南边疆地区精准扶贫工作开展与边贸经济发展存在着共时性，"一带一路"战略制定和实施，为边疆民族地区社会经济发展创造了新契机。面对"一带一路"战略为边疆地区经济发展带来的政策性机遇，能否把握机遇攻坚扶贫已成为边疆地区经济发展亟需思考的问题。

基于中国知网数据可视化检索功能，分别以"民族地区"并含"精准扶贫"和"广西"并含"精准扶贫"为关键词，开展现有研究成果的数据检索分析。（见图1、2）通过分析发现，当前国内关于民族地区精准扶贫问题的研究成果如下：国内学界关于民族地区精准扶贫问题研究始于2014年，时间点与我国政府精准扶贫政策推出时间相一致。早期学界对精准扶贫问题的研究主要以政策解读分析为主，精准扶贫实践案例研究相对较少。如董家丰（2014）对精准扶贫理念进行解读，认为精准扶贫内涵包括对象精准和措施精准。[2]万良杰（2016）从供给侧结构性改革层面，思考民族地区精准扶贫问题，提出民族地区存在贫困原因复杂、减贫难度大等问题。[3]2017年至今，民族地区精准扶贫的研究关注度明显提升，形成了较为丰富的成果体系。研究者多以实证案例为切入点，对精准扶贫问题展开思考。王春林[4]、游国斌[5]、赵菊茹[6]、赵和楠[7]分别对内蒙古自治区、福建省、黑龙江省等地区的精准扶贫问题进行研究。学界关于广西地区精准扶贫问题研究也取得了进展，王瑄[8]、苟利武[9]、王

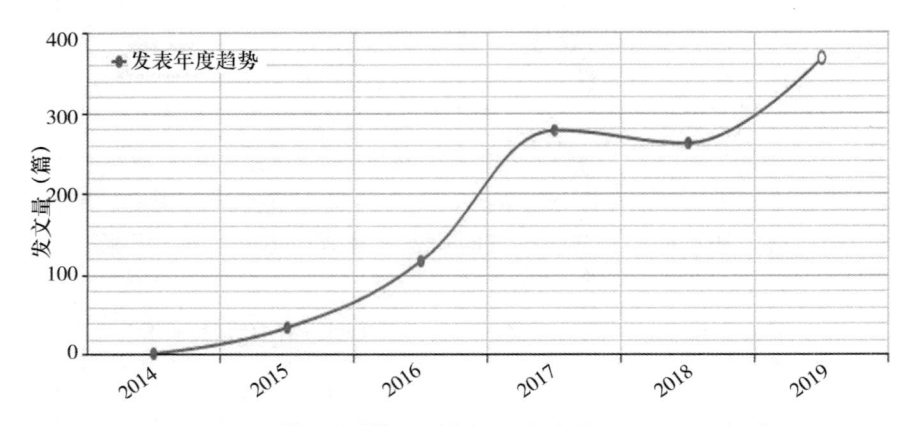

图1 民族地区精准扶贫研究数据可视化计量（2014至2019年）

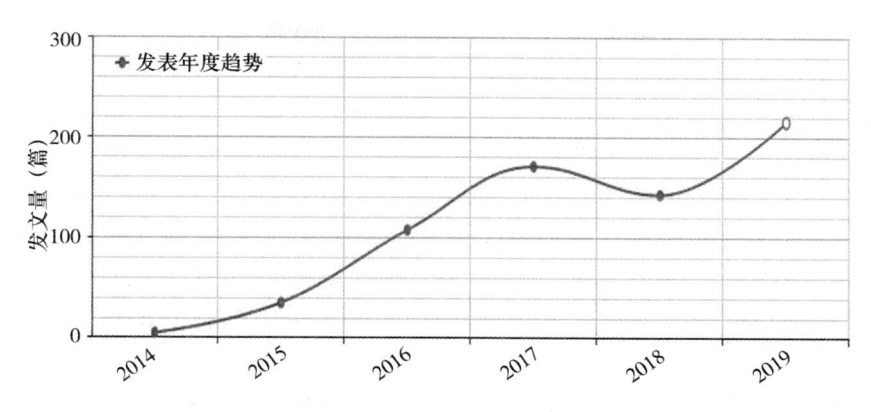

图2　广西民族地区精准扶贫研究数据可视化计量（2014至2019年）

造兰[10]分别从经济学、政治学、管理学等学科视角，对广西地区精准扶贫问题展开研究。但在文献梳理中发现，现有研究成果中，有关广西民族地区精准扶贫的个案研究尚存可补充空间，需对广西民族地区精准扶贫实际情况开展深入的田野调查。因此，本文对广西壮族自治区边境地区的N村精准扶贫问题展开研究分析，具有一定的理论与现实意义。

一　研究理论基础

个体社会行动是社会学研究经典话题之一，形成了较为丰富的理论成果体系，可为后续研究提供理论支撑与借鉴。西方学者布迪厄在研究中提出经典的场域理论，为后人进行社会研究分析提供了重要的方法论借鉴。布迪厄认为，"从分析的角度来看，一个场域可以被定义为在各种位置之间存在的客观关系的一个网络或一个构型"。[11]由此可见，在场域理论中个体凭借自身所持有的资源占据相应位置，并在资源交换过程中形成一系列关系网格，不同网格联结形成了一个个大小不一的场域结构。

虽然布迪厄在研究中强调："场域才是基本性的，必须作为研究操作的焦点"。[12]但对布迪厄的场域理论进行梳理可发现，该理论既强调场域中各类规制对个体的形塑作用，同时又充分肯定个体在场域中的能动性。也正是因为个体具有不可忽视的能动性，使得社会研究中的"场域"成为一个充满张力的概念。正如布迪厄在研究中所提出，"如果我们不对场域的结构进行共识性的分析，就不能把握该场域的动力机制。同时，如果我们不对结构的构成、不对结构中各种位置间的张力、以及这个场域和其他场域、尤其是权力场域间的张力进行一种历史分析，也就是生成性分析，我们也不能把握这种结构。"[13]

外部社会结构对个体产生客观性影响，在特定环境、事件中为个体行动实践构建了规则框架。而行动者则在特定规则中开展个体社会实践活动，与所处社会结构发生作用与反作用、互动与博弈的关系。结合田野调查点 N 村的现实情况来看，N 村的民族村、边境村特征使其村社内部社会结构存在着一定特殊性。在精准扶贫政策框架下，传统村社宗法观念和地区边贸经济制度，同样对扶贫参与者的日常实践产生着规制性影响。当前 N 村已围绕扶贫实践活动建构形成当地特有的扶贫场域结构，并在精准扶贫政策框架下开展乡村社会改造。因此，本文选择"场域理论"作为理论模型，尝试构建 N 村精准扶贫实践分析框架，思考参与者在扶贫工作中的角色、博弈与诉求问题，形成有关农村精准扶贫工作的基层经验。

二　田野点基本情况

当前，我国乡村地区精准扶贫工作已迈向新台阶，需对已积累的扶贫工作经验进行梳理和反思，以便于进一步提升精准扶贫工作的现实成效。经过对 N 村进行走访调研，发现当地精准扶贫工作不仅涉及到乡村经济文化建设问题，也与当地边境贸易存在密切关联。政府政策、宗族村社文化以及跨境民族交流均在 N 村扶贫工作中发挥着重要作用。因此，当地精准扶贫工作开展具有一定典型性，故选择以 N 村为田野点进行边境乡村地区精准扶贫的案例分析和研究。笔者以广西民族大学跨境民族研习营成员身份进入该村，在进驻该村之前经由当地各级政府部门向 N 村传递了配合工作通知。当通知传递到 N 村时，调研小组已具有了扶贫攻坚工作队的新标签。这种标签为笔者开展调查工作提供了便利条件，但也使笔者始终以一种"他者"的身份展开调研活动，与当地村民自始至终存在着身份区隔。

（一）田野点基本情况简介

广西壮族自治区宁明县爱店镇设立于 1992 年 3 月，其下辖的 N 村有

7个自然屯，其中旺英、那何、那党和馗演为边境屯。N村距南宁市约226公里，离爱店镇约10公里。该村南部与越南禄平县接壤，边境线总长为12公里，是我国广西壮族自治区内较为典型的边境村。统计资料显示，N村现有林地面积18000亩，用于种植松树。耕地面积1316亩，其中粮食作物种植面积1100亩，中草药等其他作物种植面积216亩。N村居民以壮族和汉族为主，现有居民745户，共2838人。由于土地以山地居多，粮食作物种植面积相对较少。因此，该村主要经济收入来源为种植甘蔗、松脂、八角、中草药等①。

田野调查发现，N村居民以何、黄两个姓氏为主，居住经历多为三代及以上，形成了以血缘为纽带的乡土熟人社会结构。宗族文化在当地村社生活中仍发挥着强有力的社会黏合作用，并与村委会等现代乡村行政体系共同构成乡村管理和社会治理的重要力量。据村志记载和村民口述，N村是红色革命村寨。该村的拥党拥军传统诞生于国民大革命时期，并在解放战争和对越自卫反击战争时期得到进一步强化。对越自卫反击战时期，该村大多数男性村民有参军或支前经历，这种经历被视作独特的社会身份标签，在N村村民生活中成为集体认同不断强化的一种推动力。

（二）N村精准扶贫工作现状

N村精准扶贫工作始于2014年，目前已形成镇级主管部门领导、村委会配合以及村民自我管理、自我发展的三级治理体系。据《爱店镇N村工作队、第一书记村委主任熟悉情况调查表》显示，2014年至2019年间，N村共认定贫困户178户，其中与边境最近的板包屯所占比重最大，共有82户被认定为贫困户，占贫困户总户数的46.06%。呼叫、馗演和那党三个自然屯的贫困户数基本相当，旺英和吞岩两个自然屯贫困户较少。

截止至2019年7月，N村下辖的7个自然屯、9个村民小组中共有建档立卡贫困户142户，总计554人（不包含2014年、2015年数据）。其中，2016年脱贫户为31户132人，2017年脱贫户31户131人，2018年脱贫户为63户240人，2019年脱贫户为11户36人。当前尚有贫困户6户15人。（见图3）

N村产业扶贫政策主要包括采集松脂、种植中药材及猪牛养殖等内容，统称为"3+1"扶贫产业。N村精准扶贫补贴按照国家规定标准设

---

① 数据来源：N村社会经济统计数据报告。

146　　精准扶贫研究

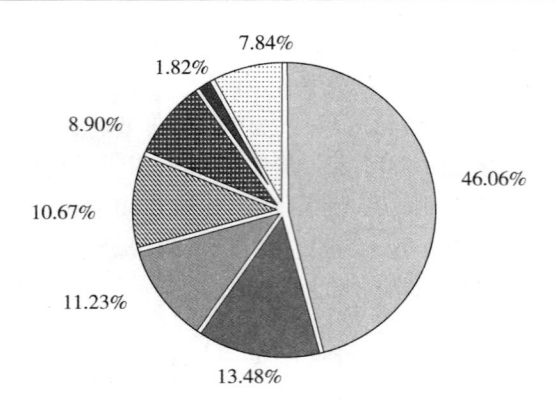

　　　　　　　　　　　　　　　　　　　　　7.84%
　　　　　　　　　　　　　　　　1.82%
　　　　　　　　　　　　8.90%
　　　　　　　　　　　　　　　　　　　　　　　　46.06%
　　　　　　　　　　10.67%

　　　　　　　　11.23%

　　　　　　　　　　　13.48%

□板包屯　■馗演屯　■呼叫屯　▨那党屯　▩那何屯　■旺英屯　□吞岩屯

图 3　2014 至 2019 年 N 村贫困户分布图

立，包括贫困补贴 A、B、C 三类，补助涵盖住房补贴、教育补助和边境居民补贴。在住房保障方面，主要采取政府出资帮扶、村民部分筹资的方式开展。全村共有 13 户村民的住房条件在帮扶前未达到国家标准，包含需新建住宅 12 户，扩建住宅 1 户。在医疗保障方面，全村共有 2813 人参加居民医疗保险，其中 1421 人参加城乡居民基本养老保险，60 周岁以上（含 60 周岁）参保老年人享受养老保险待遇的有 307 人，已实现村民基本医疗保障全覆盖目标。在"控辍保学"方面，全村共有适龄辍学儿童 11 人，其中含残疾儿童 1 人，主要采取劝返回校和送教上学的方式开展

表 1　　　　　　　　　　N 村精准扶贫各项补贴明细

事项	标准
贫困补贴	A 类：250 元/月；B 类：230 元/月；C 类：190 元/月
住房补贴	1—2 万元/层
教育补助	1500 元/学期
边境三公里补贴①	167 元/人

资料来源：N 村精准扶贫工作清单。

---

①　边境三公里补贴：《广西壮族自治区边民生活补助暂行办法》规定，向居住于广西壮族自治区陆地边境三公里内的边民提供生活补助。

相关工作。除上述精准扶贫措施外，N村在上级政府部门指导下，结合自身实际情况，组建了扶贫边贸互助组，在同地区扶贫工作开展中形成了一定的示范效应。参与边贸互助组的村民共有196人，其中包含贫困户81人。据N村统计数据显示，当前N村的贫困发生率为1.69%，已满足国家规定贫困发生率低于3%的标准。

三 N村精准扶贫工作中的参与者博弈分析

N村精准扶贫工作主要包括入户帮扶、住房改造、劝学返校及边贸互助组等内容，涉及乡村社会生产生活中的资源、资本、技术等多个方面。驻村扶贫干部、村委会成员及村民在精准扶贫政策体系框架内展开互动，建构形成N村精准扶贫实践的特殊场域。在场域中，行动主体围绕着特定的扶贫资源，在不同扶贫工作环节进行着身份转换和博弈。本文以扶贫工作中入户帮扶和边贸互助组为研究案例，分析N村扶贫工作开展过程中的参与者博弈现象。

（一）精准扶贫参与者的"主客位身份"转换与认同问题

如前文所述，N村精准扶贫工作的参与人员主要有上级政府派驻帮扶人员、N村村委会成员及受帮扶村民。但在扶贫工作开展过程中，上级政府派驻帮扶人员并非长期进驻N村，大多是当天进村当天返回或是当天进村次日返回，对N村精准扶贫工作只是浅层次参与。相对于N村村委成员以及受帮扶村民而言，上级政府及其派驻帮扶人员在精准扶贫实践场域中的识别，多定义为"客位"身份。驻村干部的身份，对村委会工作人员来说，是上级政府对其工作的引导和监督人员。对受帮扶村民来说，则是可以增加家庭经济收入的客人。这种身份识别长期存在并不断强化，使上级政府帮扶人员在与N村本地工作人员及村民互动中，出现了围绕着扶贫权力的博弈问题。

1. 上级政府权力在场与扶贫攻坚小组的主体权力自我认同

开展各类扶贫工作是各级政府贯彻精准扶贫理念的具体实践，与其他政府行政工作一样，以层级管理、层级负责的方式由各级政府主管部门组织进行。爱店镇政府负责指导N村开展精准扶贫工作，除派遣扶贫驻村专员外，还抽调各部门公职人员组建进户帮扶小组。进户帮扶人员履行岗位职责的方式，是定期或不定期进入N村开展相关扶贫指导工作。因此，当其作为上级政府部门派驻人员进入N村参与扶贫工作时，代表着N村精准扶贫工作场域中的上级政府"权力在场"。在扶贫工作中，由N村第一书记牵头形成了扶贫攻坚小组，负责具体工作落实。从贫困户选择评定、具体开展帮扶工作，再到贫困户脱贫认定的整个工作流程，都由N村扶贫攻坚小组负责执行。因此，在扶贫工作开展中，N村扶贫攻坚小组成员自然形成了自身是精准扶贫工作参与主体的自我身份认同。

随着扶贫攻坚小组成员这种主体身份自我认同不断强化，扶贫攻坚小组成员在扶贫工作开展过程中，为获取更大自主权与上级政府形成了一种权力博弈现象。这主要是因为N村扶贫攻坚小组成员认为上级政府并不了解N村实际情况，一些扶贫工作的指导性建议并不利于N村社会经济发展，甚至会造成资金和劳动力资源浪费。其中被扶贫攻坚小组成员提及频率最高的"草场事件"，至调研结束时仍处于一种博弈状态。2017年爱店镇政府相关部门提出种植牧草发展当地经济的扶贫方案，并指导下辖各村屯种植相应规模牧草以提升村民经济收入。但N村扶贫攻坚小组认为N村以山林地形为主，长期种植松木，并不适宜种植牧草，且牧草收益远低于当地村民割松脂和开展边贸所能获取收益。种植牧草会分担村民的日常生产精力，增加村民的生产时间成本，拉长经济收入周期。N村扶贫攻坚小组成员就这一问题曾在镇级会议中提出过异议，牧草种植工作推进速度相对缓慢，最终得到了被视为"扶贫工作不达标"的流动黄旗。在接到黄旗时，扶贫攻坚小组成员与黄旗共同合影留念，并将其挂在村委办公室内。这面本代表着"扶贫工作不达标"的黄旗，同时也被一些扶贫攻坚小组成员视作其与上级政府博弈的"战利品"。

我们这里一直是种松树的，每家每户都是去山上割松脂赚钱。一般一个人一天割松脂能赚200元左右，谁愿意去种牧草割牧草啊。再说这林子也不适合种牧草，他们（指上级政府）不了解这些，下达了种牧草的任务。我在参加会议的时候公开提出了反对意见，我说我不能成为降低村民收入的罪人。然后他们就给我们这个流动黄旗，那天我们还和这个旗子一起合了个影，发在朋友圈里。现在要割牧草了，让村民们上山去割林子里的野草，我就算是自己掏腰包倒贴钱，他们都不愿意去，我也没有办法。

（访谈地点：N村村委会 受访人员：HYG 访谈时间：2018年7月20日）

在N村精准扶贫工作开展中存在着不同程度的博弈现象，"草场事件"是N村扶贫攻坚小组成员与上级政府部门就精准扶贫工作进行权力博弈最为突出的一个事件。上级政府虽代表着更高层级的行政权力，但在N村扶贫工作中却并未得到相应的权力认同。不同层级工作人员在扶贫工作中因各自角色和利益诉求不同而出现博弈现象，在农村精准扶贫工作实践开展中并不少见。乡镇级政府部门与扶贫攻坚小组在制定和执行基层精准扶贫政策时有着不同的工作视野，因此两者虽然出发点相同，但也存在着工作分歧，故不同层级的工作人员需围绕精准扶贫工作框架构建畅通的协商沟通渠道。上级政府部门在制定和执行相关政策时，需注意政策宣传解读以及后续工作执行效果跟进和反馈。扶贫攻坚小组成员也不可仅以自身的"本土"身份去过度追求扶贫工作中行政职权扩大化，过分凸显自身的主管者角色。上级政府与扶贫攻坚小组就扶贫工作的具体开展进行灵活协商，才能进一步提升扶贫工作的针对性和有效性。

2. 帮扶人员与受帮村民之间的"客人角色"现象

从政府角度来看，帮扶人员在N村扶贫工作中扮演着"媒介"角色。而从村民层面来看，帮扶人员则成为家庭日常生活中的一位"客人"。两者不仅各自社会生活环境、社会角色以及文化模式存在差异，而且N村以亲族血缘纽带形成的紧密村社结构，上级政府派驻的入户帮扶人员并未长期与村民进行接触和共同生产生活，也使帮扶人员难以深度融入村民社会关系网络。对部分村民而言，帮扶人员始终是来家里做客的"客人"。在对村民进行访谈过程中，笔者发现部分村民将帮扶人员视作偶尔来家中做客，并且带着慰问品和礼品的城里"客人"。在受帮扶对象的认知中，入户帮扶人员与精准扶贫的关联性并不是很大，帮扶人员与受帮村民之间出现了"扶贫色彩"淡化与"客人角色"强化现象。

她（指帮扶人员）每个月左右会来我家坐一会，了解我们最近的生活状态。问问我们有没有什么特别需要解决的困难，有时还会检查一下我家娃的作业。第一次来的时候，她们是几个人一起来的。

"老总"① 把她们领进来,告诉我们,这是我家的帮扶人员。她们带了油和米什么的。后来,每次都会带一些东西来。我们有时候会准备一些笋干,请她带回家尝尝鲜儿。对于我们来说,她就是家里的一个客人嘛。对于我家该如何脱贫,她倒是没有提什么建议。我们一般是按照村里的统一安排,种松树、参加边贸互助组来赚更多的钱。

(访谈地点:村民 HY 家中受访人员:HY 访谈时间:2018 年 7 月 21 日)

通过实地调查笔者发现,在帮扶人员与受帮村民互动关系中,造成这一"主客位关系"强化、"扶贫色彩"淡化现象的原因主要是帮扶人员按月入户帮扶时,多以相关政策宣传和了解贫困户家庭生活情况为主,很少提出具体的扶贫实践计划。以贫困户 HY 的 2017 年家庭帮扶记录为例,自 2017 年 1 月 22 日起至 2017 年 12 月 29 日止,帮扶人员共入户帮扶 14 次,具体帮扶记录如下:

表2　　　　　　　　2017 年贫困户 HY 家庭帮扶记录表

入户时间	帮扶联系内容(家庭帮扶记录)
2017. 1. 22	入户商量帮扶计划,春节慰问
2017. 2. 13	入户商量帮扶项目,填写收入登记
2017. 3. 10	跟踪服务小额信贷情况
2017. 4. 7	填写帮扶手册
2017. 5. 15	填写帮扶手册,宣传养牛政策
2017. 6. 3	宣传"以奖代补"政策②
2017. 7. 4	填写帮扶手册
2017. 8. 7	填写帮扶手册
2017. 9. 5	填写帮扶手册
2017. 10. 10	填写帮扶手册,动员报名腾宇公司③
2017. 11. 3	填写帮扶手册,宣传招工信息
2017. 11. 15	填写帮扶手册,扶贫工作信息核验

资料来源:N 村精准扶贫工作入户记录手册。

---

① "老总"是当地村民对村总支书记的称呼,老总有较高威望,属于乡贤群体中的一员。
② 根据《桂政办发〔2018〕28 号关于实施以奖代补推进特色产业扶贫的通知》文件执行。
③ 腾宇公司为与爱店镇政府合作的扶贫企业,向评定为贫困户的村民提供就业机会。

入户帮扶人员定期入户开展扶贫指导工作，多以政策信息宣传、扶贫信息核验等作为主要内容。对于受帮扶村民而言，入户帮扶人员并未直接参与到他们的脱贫实践中。因此，村民也就逐渐淡化了对入户人员的扶贫身份识别。除了进行扶贫政策宣传与指导村民学习相关政策外。在村民家中，帮扶人员多以"城里来客"的方式被接待，他们成为村民了解城镇社会生活信息以及与爱店镇乃至宁明县社会相联结的媒介。"客人"身份虽使帮扶人员无法真正成为N村社群集体中的一员，但主客位互动关系的不断建构，也可为帮扶人员融入村民日常生产生活提供便利条件。在入户帮扶过程中，扶贫者与村民经历了由陌生人到熟人的社会关系转化，围绕扶贫工作形成稳定的情感联结。这种情感联结使村民乐于听取帮扶人员意见，加深村民对帮扶人员的信任感。而农村精准扶贫工作有效开展，正是以贫困群众对政府和帮扶人员的信任为情感动力。N村扶贫工作中的"主客身份"互动现象显示，精准扶贫工作既需遵循扶贫政策的制度刚性，亦需在扶贫工作开展中融入情感柔性。因此，新时期巩固精准扶贫效果、实现乡村振兴，需形成一条以国家政策为宏观导向、以满足群众需求为内在核心、以密切干群关系为工作动力的乡村建设路径。

3. 扶贫攻坚小组成员与村民之间的"扶贫身份"区隔

相对于上级政府派驻的入村帮扶人员而言，N村扶贫攻坚小组成员与村民从户籍归属层面都具有"N村村民"的身份。但在精准扶贫这一场域结构中，扶贫攻坚小组成员与村民之间也形成了一种"扶贫身份"区隔状态，其产生原因在于可分配精准扶贫资源的相对有限性。扶贫攻坚小组成员是N村精准扶贫工作的直接组织者，不仅负责扶贫政策宣传，还主管贫困户认定、评级及扶贫资源分配等工作。对于村民而言，扶贫攻坚小组成员成为扶贫资源的掌控者和分配者，这就在两者原本的亲属或邻里关系上，附加了一层扶贫资源分配者与扶贫资源需求者的身份区分。即使在具有血缘关系的亲属之间，也因扶贫资源而产生了一种主动的身份区隔。如扶贫攻坚小组成员HZ所述：

我们这个屯还好一些，隔壁很多屯都存在着认定不均的情况，因为成了贫困户就可以拿到更多的补助资金。有的是村干部成了贫困户中的大多数，有的是村干部的亲属成了贫困户中的大多数。在贫困户的评定中，一些村民开始不信任村干部了。有的就算是兄弟，为了获得更多的贫困补助，也会相互隐瞒家里的情况。现在贫困户的认定越来越难办，主要就是因为村民相互之间都出现了不信任。有的村民一评了贫困户就买了个小车开，村委会也没有办法。

（访谈地点：N 村村委会受访人员：HZ 访谈时间：2018 年 7 月 21 日）

在 N 村精准扶贫工作中，每一户村民都是一个独立的利益主体。原本的亲属或邻里关系在扶贫资源争夺中被逐渐淡化，这是社会个体成员逐利性的一种表现。精准扶贫对贫困群众生活的改善效果，会随着扶贫工作逐步推进而日益突显。精准扶贫形成的社会资源倾斜，可从外力层面在短期内促进贫困群众生活水平提高。这种显著的生活水平变化，容易导致部分贫困群众滋生"等靠要"心理。卫小将（2019）曾指出在我国精准扶贫政策执行过程中，贫困群体的情感生活相应经历了羞惭内疚、自我排斥、自我接纳及合理化等阶段。[14]争夺资源利益使村民之间开始进行主动的扶贫身份区隔，隐瞒或部分隐瞒家庭经济信息现象不断出现，必然会对 N 村精准扶贫工作开展产生消极影响。因此，需要建立更为公正的精准扶贫评价体系，完善贫困户入选和退出机制，才能使精准扶贫工作取得更为显著的工作成效。

（二）精准扶贫中的跨境族群交流与边贸经济行为引导

N 村为我国西南边疆地区的一个边境村，该村与越南谅山省禄平县临界 Z 村庄接壤。由 N 村至越南村庄最短距离步行仅需十余分钟，双方居民持边民证可自由来往（对越自卫战争期间除外）。通过田野调查发现，N 村精准扶贫实践中的跨境民族交流现象具体表现为族群交流和边贸交易。

1. 跨境民族交流中的族群力量展示与国家认同强化

N 村的主要居住民族与相接壤越南 Z 村庄的主要居住民族属于同一民族，双方共同居住在交蛙山至丈石山一线。1949 年新中国成立后，居住于中国和越南边界两侧民众的国别身份逐渐强化，但二者之间仍保持着较为亲密的交往关系。据村民表述，新中国成立之后 N 村村民时常会接济越南一侧村民。二十世纪七八十年代的对越自卫反击战导致双方关系陷入僵局，不同国别立场以及惨烈战争，使双方村民矛盾不断激化，至今对双方交往还存在着影响。战争结束后，双方村民虽保持着往来，但始终无法恢复到战前水平。近年来,"一带一路"战略提出以及边境贸易规模不断扩大,成为双方关系改善的新推动力。

对越自卫反击战结束后,N村在上级政府领导下开始大力恢复社会经济。在"三农政策""新农村建设"以及"精准扶贫"等政策调控引导下,N村社会生产力水平实现了快速提升,村民社会生活质量远高于毗邻的越南边境Z村庄。自2005年以来,N村开始在村社庆典等活动中邀请越南方面派出代表前来观礼,以向越南方展示N村社会经济发展成绩。2007年左右,N村在距离中越边境最近的板包屯组织了"烤猪节",自此每年春节后举办的"烤猪节"成为N村与越南Z村村民交流的主要途径。

> 以前我们国家刚建国的时候,他们(指越南边民,下同)经常过来,我们都给他们吃的东西。那时候是兄弟般的社会主义国家友谊,两边关系很好,大家都是兄弟姐妹。后来打起仗了,我们就成了敌人,不过我们不后悔当初给过他们吃的东西。他们那边穷,去年有的家里才通电;家里没什么电器,也就有个录音机之类的;和咱们这边七八十年代一个水平。最近这些年,我们一有活动就会邀请他们,祭祀大榕树和组织烤猪节,我们都叫他们派代表,让他们在这边吃好喝好,也看看我们这边的发展。

(访谈地点:村民LF家中 受访人员:LF 访谈时间:2018年7月25日)

新中国成立以来,中国国家实力不断增强使N村村民的国民身份认同逐渐强化,在与越南边民交流互动中不断强化着自身的中国国民身份,从而与越南边民形成了一种国别身份区别。中国国民身份认同强化,使N村村民的跨境族群交流实践不再停留于族群文化层面,而是上升到国别层面的跨境交流,并以强大的国力、繁荣的经济、丰富的物质资源为基础,N村村民开始向居住于Z村的越南边民彰显作为中国人的自豪感和优越感。从民族认同上升到国家认同,从经济自信发展为文化自信,在跨境交流过程中N村村民正进一步强化着自身的国家认同。强烈的国家认同感和归属感,可激发村民寻求脱贫致富的主观愿望,培育贫困地区社会经济发展内生动力。习近平总书记曾指出,"脱贫致富贵在立志,只要有志气、有信心,就没有迈不过去的坎。"[15]内生动力是贫困地区巩固精准扶贫成果的内在保障，可为贫困地区社会经济发展注入不竭动力。N 村经验显示，内生动力不仅源自于社会成员心理诉求，同时也产生于个体成员对所属社会和国家的认同与依赖。因此，强化边疆地区群众的国家认同感和民族自信心，是培育边疆地区社会发展内生动力的必由之路。

2. 精准扶贫工作对边境贸易的约束和引导

"一带一路"战略为我国边境地区发展外贸经济提供了更为优越的条件。2015 年 1 月 12 日 N 村所属爱店口岸，正式由公路二类口岸提升为一类口岸，使包括 N 村在内的爱店镇地区边贸经济进入了新的发展阶段。在边境贸易的利润刺激下，很多 N 村村民参与到边贸交易中。据 N 村村干部和村民描述，早期 N 村村民参与边贸以与内地老板合作为主，N 村村民每人享有 8000 元/天的免税额度，内地老板通过向村民支付一定费用的方式，获得或者借用村民身份证和指纹模具以换取在边贸交易中的减税优待。

> 前年就开始有村民和外面来的商人合作，这两年合作的村民越来越多。国家政策规定我们每个人每天都可以享受 8000 元货物的免税政策，商人们便来找我们，每次给一个人几十块钱吧，然后我们就骑着三轮车去口岸验指纹拉货进来再交给商人就可以了。这比上山割松脂更容易赚钱，前两年大部分人都会这么做。一些懒得天天去的人，就把旧的身份证和用胶带粘的指纹留给商人。商人到了口岸把胶带往手上一套，再拿着身份证就可以免税进货了。

（访谈地点：村民 HJW 家中 受访人员：HJW 访谈时间：2018 年 7 月 25 日）

这种参与方式虽然让村民收入有所增加，但其中存在着诸多问题与隐患。向商人有偿提供身份证和指纹，只能是村民在边贸经济中的低层次参与，这种参与方式不仅无法实现村民收入持续稳定增长。同时，也导致村民难以真正享受到"一带一路"战略政策所带来的边贸经济政策性利好。在有偿提供指纹和身份证时，一些村民会亲自前往口岸刷验，也存在个别村民将身份证和指纹模具长期寄存在商人处的情况。不论是亲自刷验，还是寄放身份证等私人物品，村民都很难对商人进出口商品的种类、性质进行甄别。由此滋生出外贸走私、违禁品售卖等问题，对当地边贸经济产生消极影响。

随着爱店口岸边贸规模不断扩大，N村一部分村民开始认识到边贸经济深度参与的积极意义。在村"老总"及村委会成员共同努力下，经过爱店镇政府、爱店口岸和N村村委会协商配合，N村基于精准扶贫工作框架于2017年组建村民边贸互助小组，共有191位村民参与，其中有贫困户81人。边贸互助小组由村委会出面与客商协商边贸合作，统一安排村民参与边贸经济。边贸互组小组以精准扶贫为主要任务，在一定程度上改善了以往N村村民边贸经济参与的无序状态，增加了村民参与边贸经济的收入，成为N村精准扶贫工作的一面旗帜。实践证明，将边贸经济置于农村精准扶贫工作框架中，利用精准扶贫的工作理念和原则，对村民边贸经济行为进行约束和引导，对临边村寨边贸经济发展有着明显推动作用。目前，边贸互助组案例经验已在爱店镇下辖的堪爱等村屯进行推广，为周边地区精准扶贫工作取得新成绩提供助力。

四 结论

N村精准扶贫工作开始于2014年，是我国较早一批开展精准扶贫工作的地区。经过近5年精准扶贫工作实践，N村贫困发生率已低于国家扶贫工作规定相关标准。将边贸经济纳入扶贫工作框架内，是N村依据本地社情、民情做出的一次积极扶贫路径探索。当前N村的扶贫成绩是值得肯定的，但在如何避免返贫现象出现，如何完善精准扶贫内容体系，如何在推动乡村经济发展同时，提高村民文化素养等方面还存在着一些问题，需要进一步思考。本文对N村精准扶贫工作中相关现象分析，基于实地走访及相关资料数据整理，尝试对N村精准扶贫现状及村民的社会生活进行"深度描述"，为我国边境民族地区精准扶贫工作开展，提供相关案例经验借鉴。

精准扶贫资源相对有限性是扶贫工作开展所必须面对的问题，如何在扶贫工作中实现资源有效配给，是开展精准扶贫工作所必须要解决的问题。原始耕作模式使农村地区形成了以大家族、小家庭为基础的乡土社会结构。在乡村社会生产生活中围绕着有限资源的整合与争夺，形成了一个又一个稳定的乡村聚落。政府开展精准扶贫工作，对于村民个体而言，同样能够带来其日常生产生活所需要的资源要素。村民外出务工群体规模扩大，使得N村社会结构出现一定程度的"离散"现象，这使当前村民个体在社会生活中的利益诉求变得更为多元化，也使精准扶贫工作所面临的社情、民情更为复杂化。N村精准扶贫工作经验表明，面对多元化的精准扶贫利益诉求，仅依靠"自上而下"的行政性管理很难达成预期目标。在开展乡村精准扶贫工作过程中，各级政府部门可尊重和发挥乡贤在乡村社会生活中的影响作用，政府工作人员与地方乡贤共同对围绕精准扶贫资源进行博弈的各利益相关群体进行积极调节。现实经验表明，乡村社会结构的"离散"现象不断放大，并不利于精准扶贫工作效能实现，乡村地区精准扶贫工作开展，需要更具向心力的乡土社会结构，诚如N村石碑所刻的："那党人民若不能团结起来，终将一事无成!"驻村干部、扶贫攻坚小组成员以及村民是基层扶贫工作开展的基石，三方以脱贫致富为核心目标通力合作，必然能够打赢这场精准扶贫攻坚战!

参考文献：

[1] 中国共产党第十九次全国代表大会报告全文.人民网：http://sh.people.com.cn/n2/2018/0313/c134768-31338145.html.

[2] 董家丰.少数民族地区信贷精准扶贫研究[J].贵州民族研究，2014（7）：154—157.

[3] 万良杰.供给侧结构性改革视阈下的民族地区"精准扶贫"[J].中南民族大学学报（人文社会科学版），2016（6）：149—153.

[4] 王春林.少数民族地区精准扶贫考核问题研究[D].吉林大学硕士论文，2017.

[5] 游国斌.职业教育服务民族地区精准扶贫的路径选择——以福建省宁德市为例[J].黔南民族师范学院学报，2017（6）：90—95.

[6] 赵菊茹.少数民族和民族地区精准扶贫研究——以黑龙江省为例[J].黑龙江民族丛刊，2017（6）：72—76.

[7] 赵和楠，侯石安，祁毓.民族地区"精准扶贫"的实施难点与改进建议——基于四省民族贫困区的调查[J].学习与实践，2017（2）：51—60.

[8] 王瑄.广西精准扶贫工作研究[J].合作经济与科技，2018（7）：99—101.

[9] 苟利武，胡莉.广西地区的精准扶贫研究[J].改革与开放，2016（16）：74—75.

[10] 王造兰.广西贫困地区精准扶贫实施过程成效评估问题研究[J].改革与战略，2018（6）：66—71+115.

[11] [法] 布迪厄等.实践与反思：反思社会学导引[M].李猛，李康译.北

京：中央编译出版社，1998：134.

［12］［法］布迪厄等. 实践与反思：反思社会学导引［M］. 李猛，李康译. 北京：中央编译出版社，1998：146.

［13］［法］布迪厄等. 实践与反思：反思社会学导引［M］. 李猛，李康译. 北京：中央编译出版社，1998：126—127.

［14］卫小将. 精准扶贫中群众的"求贫"心理与情感治理［J］. 中国行政管理，2019（7）：72—76.

［15］中共中央党史和文献研究院编. 习近平扶贫论述摘编［M］. 北京：中央文献出版社，2018：90.

Role, Appeal And Regulation: The Experience of Poverty Alleviation In The Southwest Frontier Region
——Taking N Village for Example

Chen Peng, Gao Yang

(School of Philosophy and Sociology, Jilin University, Changchun, Jilin, 130012, China)

Abstract: The precise poverty alleviation work in rural areas is an important practice in the current social construction in rural areas of China, and it has positive driving significance for improving the social living standards of rural residents. The existing experience shows that there is a certain peculiarity in the practice of rural poverty alleviation work in ethnic areas; therefore, the study of rural poverty alleviation in ethnic areas can form a positive case analysis value. This paper adopts the research method of field investigation, and conducts research and analysis on the problems in participating in the common production and life of villagers in N village. After investigation, it was found that the accurate poverty alleviation work in N village was promoted in the game of self-interest appeals among all participating subjects. Accurate poverty alleviation promoted the local social and economic development and strengthened the collective sense of belonging and national identity of the villagers. Different actors in the region revolve around their respective role location choices and resource interactions to build a unique poverty alleviation practice field in N village, forming a unique development model that combines poverty alleviation work with border trade economy, and strengthens the nationals in the border villagers social production and life. Identity, forming a grassroots experience in promoting social and economic construction in border ethnic areas.

Key words: Accurate poverty alleviation, Cross-border ethnic, Border trade economy, Interest appeal

从"家庭贫困"到"家庭减贫":家庭策略视角下的代际贫困治理研究[*]

何得桂[1]　徐榕[2]

(1. 西北农林科技大学人文社会发展学院　陕西杨凌　712100;
2. 西北农林科技大学陕西省乡村治理与社会建设协同创新研究中心
陕西杨凌　712100)

内容提要:既有家庭与贫困的研究中,较少关注于"家庭减贫"。本研究以贫困代际传递的家庭治理为例,基于家庭策略的视角,通过对两个不同贫困家庭减贫过程和方式的分析与比较,研究家庭策略如何被自主运用来解决贫困问题。研究发现"反馈模式"的代际关系下,多子女所带来的路径"可选择性"与关系灵活性,让家庭有更大空间运用家庭策略,以"代内合力"和"代际合力"为一部分子女的成长和发展提供更充分的资源和"资源变现"的空间与条件,从而为实现"家庭减贫"创造机会。家庭是贫困治理的社会基础,在推进贫困治理乃至经济社会发展进程中,需要支持家庭,激发家庭自我发展的内生动力。

关键词:家庭减贫;贫困代际传递;贫困治理;家庭策略

---

[*] 基金项目:国家社科基金重大招标项目"农业社会学的基本理论与前沿问题研究"(17ZDA113);陕西省社会科学基金项目"健康中国背景下陕西深度贫困县家庭医生签约服务可及性研究"(2019G015);中央高校基本科研业务费中央高校基本科研业务费人文社科项目"连片特困地区精准扶贫政策效果评价及实效性提升研究:以陕西秦巴山区为例"(2017RWYB14)。

作者简介:何得桂(1982—),男,福建尤溪人,西北农林科技大学人文社会发展学院副教授、管理学博士、硕士生导师,主要从事涉农公共政策与地方治理研究。徐榕(1995—),男,天津人,西北农林科技大学陕西省乡村治理与社会建设协同创新研究中心研究人员,主要从事社会发展研究。

一 研究背景与问题提出

相较于西方国家反贫困政策实践由纯粹个体向注重家庭结构的转变，我国则始终重视家庭因素在农村扶贫实践中的影响[1]。但是既有关于贫困家庭以及贫困与家庭之间关系的研究成果，大多关注贫困家庭的形成机理、贫困在家庭中的传递，以及贫困对家庭成员行为的影响，而较少研究"家庭减贫"，即家庭通过自身的力量摆脱贫困的现象。贫困会刺激个人的脱贫行为，而家庭成员个体的行为相互联结并嵌入于家庭关系与家庭结构之中，形成摆脱贫困的家庭观念、家庭策略与家庭共同行为。推进贫困治理，不仅要激发个体的脱贫志气与自我发展能力，还要激发家庭的自我发展能力，实现家庭作用的有效发挥。在认识并剖析"家庭贫困"的同时，同样应推进"家庭减贫"研究。本文以贫困家庭中的贫困代际传递为例，研究贫困家庭如何通过家庭策略的运用实现贫困代际传递的家庭治理。

家庭代际关系主要指上下代之间所形成的抚育、赡养、继承、交换和交往关系[2]。贫困代际传递理论认为，贫困以及导致贫困的相关条件和因素，在家庭内部由父母传递给子女，使子女在成年后重复或者延续父母的境遇——继承父母的贫困和不利因素并将贫困和不利因素传递给后代这样一种恶性遗传链；也是指在一定的社区或阶层范围内贫困以及导致贫困的相关条件和因素在代际之间延续，使后代重复前代的贫困境遇[3]。

国内关于贫困代际传递的研究主要开始于 2008 年前后，并且从 2015 年起，随着国家脱贫攻坚战的打响，相关研究越来越多。既有关于贫困代际传递研究集中于三个方面：一是人力资本与贫困代际传递。有学者指出人力资本是贫困代际传递的主要因素。受父辈的影响，子辈会因效率性人力资本、动力性人力资本和交易性人力资本的缺失而陷入贫困陷阱[4]。二是贫困文化与贫困代际传递。一些研究指出贫困文化所形成的价值取向、社会交往、社会参与等方面会被子辈所继承，从而导致贫困的代际传递[5]。三是综合性的贫困传递机制分析。这里的大多数研究成果是通过实证研究的方法，综合性的研究贫困传递是如何实现的。如有成果通过个案研究，指出教育程度、职业地位以及社会关系网等自致性因素；父亲的经济地位、社会关系网以及子代儿时的家庭结构等先赋性因素；社会支持与社会流动等社会性因素在贫困代际传递过程中发挥重要作用[6]。通过对既有研究的分析可以发现其共同之处：（1）既有研究基本都是在西方贫困代际传递的理论框架下展开，没有分析西方的贫困代际传递的理论框架于中国是否有不适用的地方。（2）这些研究还认为，贫困代际传递是发生在贫困家庭子女受到抚养、接受教育的这一生命阶段的一种现象。也就是默认贫困家庭子女如果在教育中获得了脱离贫困的知识与技能，在参加工作后，其父母与他们之间的贫困代际传递就自动被阻断。（3）它们都是将父母作为供养的一方，子女当做被供养的一方，代际的二分没有考虑子女之间的分工关系。（4）对于破解贫困代际传递的观点也较为一致的，认为通过教育扶贫，让贫困子女得到好的教育，是阻断贫困代际传递的根本之策[7][8]。

上述研究具有重要价值，但是既有关于贫困代际传递的研究忽视了以下问题：（1）就如费孝通先生指出在父辈与子辈的关系中，"西方的公式是 F1→F2→F3→Fn，中国的公式则是 F1⇌F2⇌F3⇌Fn，即中国是"反馈模式"，西方是"接力模式"，两种模式的差别就在前者不存在子女对父母赡养这一种义务[9]。"反馈模式"的代际关系更为复杂。那么这两种代际关系下的代际贫困是否是完全相同的模式？（2）一些贫困家庭的子女已经获得相对好的教育，具有了较好的参与社会生产劳动的能力和素质，但是他们仍然没能摆脱贫困。为何在一些情况下，对下一代的较好教育没有斩断贫困的代际传递？（3）我国有"寒门出贵子"的俗语，那么"寒门出贵子"这一现象出现的机制是什么？为何有的贫困家庭中，贫困在代际间传递，而有的贫困家庭能够依托家庭的力量摆脱贫困的代际传递，实现"家庭减贫"？（4）中国很多家庭为多子女家庭；多子女家庭并不只存在着代际的关系，子女间的关系，特别是子女间的分工对于整个家庭的发展具有着重要的影响，那么深入子代内部，多子女贫困家庭中子代内部的分工对应对代际贫困传递，实现"家庭减贫"会产生什么影响？

近年来有的研究关注到了贫困的代际逆传递问题[10]，代际逆传递体现了复杂的代际关系中贫困传递的复杂性特别是双向性，这对于推进代际关系中贫困的传递的研究是有启发意义的，但是还没有对前述的几个问题做出较好的解答。家庭是灵活而能动的，它在很多方面是作为"策略"的家庭而因应社会经济变动的格局[11]，会面对一些困难做出理性决策，形成一些解决困难的"家庭策略"。家庭策略强调家庭本身的主体性、能动性和其应对复杂多元化社会中的调整与适应，并对家庭的运行和发展，做出合理的安排[11]。诸多基于家庭策略视角的研究，也生动展现了家庭面对不同情况，所做出的积极主动合理和的调整和适应，从而实现家庭的利益和家庭的发展[12][13]。基于上述判断和实地调查的情况，笔者认为可以从家庭策略的视角，深入研究贫困家庭中的贫困在代际间的变化情况。下文将从家庭策略的视角进行两个案例的比较与分析，回答所提出的上述问题，展现贫困家庭中贫困在代际关系中的变化以及贫困家庭如何运用家庭策略，以家庭力量来实现"家庭减贫"。

二 贫困的传递与消减：两个案例的阐述

本部分2个案例是笔者在实地调研时获取的，案例中的家庭都是贫困家庭，但是在代际关系中贫困的传递有不同的表现和影响，第二个案例中的家庭通过自身力量摆脱了贫困。

（一）贫困传递的案例

甘肃省庆阳市H县N村刘恒（化名）家是全村特困户之一，目前户内只有体弱多病的老母亲和年近30岁的自己。刘恒家从小条件不好，长期处于贫困状态。虽然家庭条件不好，但父母还是供他读完了高中。高中的学历加上健康的身体，原本至少可以让刘恒在城市里有一个稳定且满足生活需求的工作，让他脱离贫困。但是几年前父亲去世后，作为独子的刘恒，承担起了照顾母亲的责任，母亲年老体衰，经常生病，需要刘恒时不时的回家照顾，也正是由于这一原因，导致他无法从事收入较为可观的、自己本能胜任的长期工作。刘恒没有选择，只能在兰州市的一些建筑工地打短工，并且频繁往返于N村和兰州市两地之间。家庭因素限制下的就业选择让刘恒所拥有的劳动能力并没有办法发挥出来，没有积蓄，自己和母亲的生活仍然贫困，没有起色，年近30的他目前也还未婚娶。可以发现，贫困在代际关系间的传递是持续存在的，由于子代"反馈"责任的存在，让刘恒"无可选择"的仍然处在贫困的境地之中。

（二）贫困消减的案例

李月（化名）家几代人都住在河北省衡水市A县D村。她的父母都是农民，在家种地为生。A县丝网产业较为发达，村中也有很多小型加工厂，农闲时母亲就到加工厂内打杂工补贴家用，李月父亲身体较差，经常吃药，没事的时候去加工厂打杂工，生病时则有李月母亲照顾。家庭生活条件较差。

　　李月父亲有两个孩子，大儿子李明（化名），二女儿李月。李明初中、小学的学习成绩不好，再加上家庭条件的原因，在初中毕业后父母没有坚持让李明继续读书而是允许其外出打工；而李月读书成绩一直较好，父母对李月的学习一直非常重视，要求严格。最终李月考上了省外的一所重点大学，2004年开始到外地读书，学费和生活费则一部分由父亲承担、一部分由哥哥承担。由于妹妹在外上学，考虑到父亲身体问题，为了能更好的帮衬家里，2006年时李明选择回到了县城附近打短工，没有活的话就回到村中，工友通知有活的时候就骑摩托去县城或县城周边地方干活。李明娶了其他村的人并在本村盖房居住，虽然赚钱不多，但是能满足生活，还能顾照应着父亲家里。李月大学快毕业时，父亲和哥哥均支持她选择外省更好的工作机会，李明表示妹妹不用挂记家里，家中的事情会由自己来承担，父亲也表示家里的事情她不用担心，于是李月在外地工作了几年。由于看到家乡丝网生意较好，在外地工作4年后，李月选择了回到村里开一家小型的加工厂，除了这几年工作攒的钱，她的父亲和哥哥也都拿出了自己的一部分积蓄，才把小厂子办起来。李月回到村里后也结婚定居，并且承担起更多的照顾父母的责任，分担哥哥的压力。厂子效益较好，规模有所扩大，还在村里雇佣了一些短工，嫂子也在厂里面打工赚钱。提到父亲和哥哥，李月非常感激，认为是父亲和哥哥的付出给了自己读书和创业的机会。在生活中，李月也承担起更多的责任，帮助父亲和哥哥改善生活，特别父亲生病时出钱买药看病，父亲哥哥的生活均有提升。

　　可以发现面对困难的家庭生活环境，李明李月一代两兄妹间有着理性的分工，在不同生命阶段进行着不同的活动，承担着不同的责任，而正是这种分工，让李月有了进一步发展所需要的资源和条件，让其有更好的发展机会。而李月自身的发展，也反过来为整个家庭生活的进一步改善创造了条件。

三　代际贫困与家庭减贫——两个案例的比较与分析

　　家庭策略的概念来自于西方家庭史的研究，是家庭及其成员的决策过程和时机[14]。通过这2个案例的比较可以发现,在我国"反馈模式"的代际关系下,贫困的代际传递有着不同的表现,而一些家庭会主动、理性的运用家庭策略实现"家庭减贫"。

(一) 反馈模式下的贫困传递及治理中的家庭策略运用

案例1所展现的是在"反馈模式"的代际关系下贫困代际传递不只是像经典理论与研究所认为的,只发生在贫困家庭子女接受培养教育这一阶段。在贫困家庭子女成年后,由于其承担的家庭责任,即使其获得较好的教育,具有一定的工作能力,也还是脱离不了贫困,因为他们会因供养父母而产生大量花销,甚至要放弃本可获得的生活工作机会。可以预见,子女向上对父母的"供给",将继续影响其自身向下一代"供给"的质量,也就加固了贫困传递的代际延续,贫困在代际间长期而复杂的传递。这也就是为什么一些贫困家庭子女具备一定劳动能力,但是仍然没能脱离贫困的重要原因。

家庭策略突出了家庭内部围绕资源配置效率的理性决策,而且服从于家庭再生产的实践逻辑[15]。面对贫困的代际传递,如案例2展现的,多子女的家庭会理性主动地运用家庭策略加以应对。具体来讲,根据子女的实际情况对子女进行不同的分工。年长的子女如果学习不好,就会较早终止学习,全面参与到生产劳动之中,并且承担起更多的家庭责任,一边顾父母,一边照顾弟妹,这也映照了"长兄如父、长嫂如母"的古话。而年纪较小子女的学习会得到父母更为严格的要求,也是家里的希望;他们读书深造的开支是父母难以承担的,则会由父母和年长子女共同承担,且由于年长子女承担了更多照顾父母的责任,年轻子女会有更自由的空间到远离家乡发展更好的地方读书工作。这样,一方面年长子女由于读书较少,在生产劳动时要更多考虑照顾父母的责任,同时还要为弟妹提供资源,一般也会处在较低的生活水平之中,即贫困"选择性"的传递给部分子女;另一方面另一部分子女获得来自父兄两方的更充足的资源,且获得更大的发展空间,也就在很大机率上能够摆脱贫困,拥有较高的劳动能力,过上较好的生活,进而实现"寒门出贵子"。而过上较好生活的子女,同样存在"反馈"的义务,会逐步开始更多的照应父母和兄辈的家庭,给他们生活上的帮助,特别是减轻兄辈所承担的供养责任,从而实现整个家庭的贫困消减与状况改善。

面对贫困的代际传递,运用家庭策略以家庭力量实现贫困消减的过程可用图 1 表示为如下三个阶段（I_{YX} 中 Y 表示代际，X 用以区别代内；→ 表示资源流向；表示可能同时存在的资源流向）：

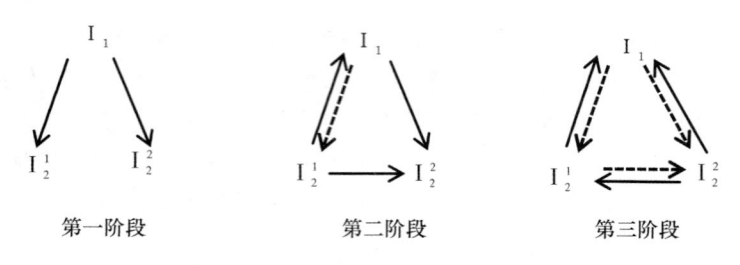

第一阶段　　　　　　第二阶段　　　　　　第三阶段

图 1　家庭策略下的家庭减贫过程

（二）对家庭减贫中家庭策略的进一步分析

综合有学者所提出的家庭策略分析框架[14]和调研发现，通过家庭策略的运用实现"家庭减贫"，要从以下方面进一步分析。

1. 家庭策略实施的基础：多子女带来的路径可选择性与关系灵活性

就如有学者指出的在家庭内部，经济困难迫使家庭通过增加或减少家庭成员等手段来改变家庭结构，以此增加家庭适应社会的能力，家庭适应性的增强又反过来改善了家庭应付暂时困难的能力[16]。家庭子女的数量对于家庭的行动产生重要影响。基于两个案例的比较可发现，多子女带来的路径"可选择性"与关系灵活性是减贫家庭策略实施的重要基础。家庭能够自主的、理性的选择合适的家庭策略应对困难与挑战，是以有一定的选择空间和运作条件为基础的，在案例 1 中，刘恒家无法应对贫困的代际传递的一部分原因就在于单子女家庭所带来的"无可选择"，只能由这个子女承担起"反馈"的责任。而多子女家庭，就可以根据不同子女的不同情况进行合理安排，适时调整不同家庭成员的角色以及家庭成员之间的供养关系。读书好的孩子继续读书谋求发展，读书不好的则尽早工作并照应家里。多子女让家庭有了根据实际情况采取不同策略的空间，路径"可选择性"与关系灵活性是家庭策略得以实施并发挥作用的重要条件。

2. 家庭策略实施的逻辑环节：资源集中与资源变现

（1）代际合力实现资源集中

贫困代际传递的重要原因之一是子代难以从父代获得足够的资源。运用家庭策略解决这一问题的方法就在于有学者所提出的"代际合力"[17]。

贫困家庭中，父母和先参加生产的子女共同承担对其他子女供养的责任，就如案例2中，李月的父母和哥哥共同承担李月读书深造所需要的开销，并且为李月创业提供所需资金。通过两代人共同承担所形成的"合力"实现资源的集中，从而为一部分子女的成长与发展提供更充足的资源供给。

（2）代内分工实现资源变现

"资本变现能力"的概念最初是由会计学科所提出的[18]。这里的"资源变现"指的是子代在积累一些成长发展所需资源之后，这些资源切实让子代获得了更强的劳动能力，找到了更好的工作，得到更高回报情况。在案例1中，刘恒实际上已经积累了一定资源，但由于"反馈模式"的代际关系下他所承担的对上一辈的照顾责任，让其不能用所积累的资源找较好的工作，其资源难以"变现"。案例2中，正是通过子代代内的分工，哥哥承担更多的照顾父母的责任，为妹妹提供了更大发展空间，让她可以到离家更远的地方读书，并且在发展条件较好的地方工作生活。通过代内分工，哥哥为妹妹所创造的更大空间，让父母、哥哥两代人合力为妹妹所积累的资源得以变现，拥有资源的妹妹获得更好发展。代内分工实现的资源变现，也是家庭策略实现的重要逻辑环节。

3. 家庭策略实施的目标："代际进步"与家庭减贫

家庭会运用家庭策略理性地决定每位成员的角色行为以及成员之间的相互作用，以求实现家庭整体利益的最大化[19]，通过家庭策略的理性运用实现贫困的代际选择性传递与消减，是解决家庭困难、实现家庭利益的重要途径。面对贫困问题，家庭策略的实施目标：一是摆脱贫困代际传递的恶性循环，实现"代际进步"。通过家庭策略的实施为下一代的有发展潜力的子女创造了发展条件，在一定程度上运用家庭力量解决了由于资源供给不足等因素所造成的子代同样陷入贫困的问题，让下一代有发展潜力的子女能够有所发展，从而使"一代比一代强"，从贫困的代际传递转向"代际进步"。二是实现家庭整体摆脱贫困。"代际进步"实现一部分子女"先富起来"，这部分子女会出于对其他家庭成员的感激，向其他家庭成员进行"反馈"，帮助他们改善生活，从而实现了家庭的整体减贫。

4. 家庭策略的运用阶段：扩张期结束后开始运用

案例2展现了多子女给贫困家庭带来的实现"代际进步"与家庭减贫的机会，但同时客观存在的现象是一些家庭的主要致贫原因就是子女较多，同时一些家庭的贫困问题是"竭全家之力"也难以应对的。这是由于家庭策略的运用要与家庭生命周期相配适。根据 Glick 的家庭生命周期理论模型[20]可以发现，多子女家庭的贫困程度在家庭的扩张期与扩张结束期两个阶段内不断加深，因为这一阶段家庭子女不断增多，且只存在父母单向对子女的供给。而通过案例2可以发现，决定第一个子女何时离家的"时机"，即在决定家庭扩张期何时结束这一节点上，家庭策略开始运用并发挥作用，而在扩张阶段结束后①，随着年长子女离家并开始向父母进行资源上的反馈、向弟妹进行资源上的供给，家庭策略运用的效果开始呈现。

5. 家庭策略的实现保障与失败风险

（1）家庭策略的实现保障

家庭策略的实现保障主要由两个方面组成。其一是持续存在的家庭凝聚力。案例2有效的家庭分工，不同家庭成员在不同阶段扮演不同角色，为家庭做出不同贡献，这体现出了和睦、紧密的家庭关系所带来的巨大家庭凝聚力。家庭凝聚力具有强大的抗逆力和适应性，在社会现代化进程中能够得以保持[21]。正是这种持续存在的家庭凝聚力，让不同的家庭成员之间的合力与分工成为可能，一些家庭成员愿意为家庭付出更多，承担更多的责任，为其他家庭成员创造更好的条件。其二是利益的反馈。"先富起来"的子女，同样承担着道义上的向其他家庭成员"反馈"的责任，这种利益反馈是滞后的，但是也确实为整个家庭的发展创造了更好的条件。

（2）家庭策略的失败风险

通过家庭策略实现贫困的选择性传递和消减同样存在着失败的风险。就如有学者所指出的，老年人仍用道德考量与子辈之间关系，但是子辈却逐渐用理性化方式考量代际关系[22]。这种家庭策略可能会演变成代际剥削。一些子女获得资源过上更好的生活后，却一直不承担反馈父母的责任，并且持续不断的向父母索取资源。同时还可能出现代际内剥削的问

---

① 需要说明的是：Glick 的家庭生命周期理论模型概念化了家庭扩张、萎缩等不同阶段，但是这一理论的分析基础仍然是"接力模式"。根据费孝通先生"反馈模式"的理论，子女离家并不等于家庭在扩张结束后进入萎缩阶段，分家后所持续存在的反馈关系，实现着家庭的延伸。也是因为这一原因，此处论述为"家庭扩张期结束后"，家庭策略开始运用。

题。有可能出现年纪小的子女不停向兄长一辈索取资源，但不承担家庭责任，兄长一辈被家庭策略长期捆绑，出现"扶弟魔"等现象。

四　结论与讨论：作为贫困治理之社会基础的家庭

本文以贫困代际传递的家庭治理为例，进行"家庭减贫"现象的研究，基于家庭策略的视角，通过对两个不同的贫困家庭发展过程的分析与比较，体现了贫困家庭通过家庭策略的运用，应对贫困的代际传递，以家庭力量实现贫困消减的过程。在"反馈模式"的代际关系中，面对复杂而持续的贫困代际传递，一些多子女的贫困家庭在拥有家庭策略选择与运作空间的条件下，会自主有效的运用家庭策略，一方面通过"代内合力"和"代际合力"为另一部分子女的成长与发展提供更充分的所需资源，另一方面也为这一部分子女所积累资源的"变现"提供了必要的空间与条件。在实现部分子女"先富起来"后，"反馈"的代际关系会为家庭的整体减贫创造条件，从而摆脱了贫困的代际传递。

重视家庭的主观性、能动性，关注家庭的理性活动，探究家庭面对贫困所运用的家庭策略是富有价值的，能深化对于"家庭—贫困"之间关系的认识，从而更丰满的认识贫困在家庭中的不同变化。家庭不仅仅是贫困的存在空间，也是消减贫困的重要依托。就如有学者所倡导的"我们需要重新为家庭的战略地位定位。在放任家庭能力削弱还是支持家庭的问题上，除去支持家庭，我们别无选择。"[23]通过本文研究可以发现，在贫困治理中，家庭是解决贫困问题的重要社会基础，推进贫困有效治理，就要提升家庭的活力，激发家庭自我发展的内生动力，实现家庭作用在摆脱贫困中的有效发挥。在深入剖析"家庭贫困"问题的基础上，探讨如何推进并保障"家庭减贫"的实现，对于减贫事业具有着重要意义。不仅在贫困治理中，在现代化不断推进，经济社会不断发展，人的独立性被强调并逐步凸显的情况下，我国家庭的意义与价值仍将持续存在，要"将支持家庭纳入中国作为大国崛起的战略框架之中，建立支持家庭的政策体系"[23]，保障家庭作用的有效发挥。另外值得指出的是，案例也体现了不同家庭面对困难有着不同的行动，解决问题时不同家庭所需要的外界支持亦是不同的，因此实现对家庭的分类治理，是激发家庭自我发展能力、保障家庭作用有效发挥的重要路径。当然，由于我国曾在很长一段时间严格实行独生子女政策，就如本文所指出的，多子女所带来的路径"可选择性"与关系灵活性是家庭策略有效发挥作用的重要基础，单子女家庭在家庭策略的选择与运用上没有很大的空间。随着全面二胎政策的实施，家庭行为也会出现一些新的特征，研究如何激发家庭活力，会逐渐焕发出更大的价值。

参考文献：

［1］徐小言．我国农村贫困成因动态认知的维度构建分析——基于家庭生命周期理论的结构性扩充［J］．理论学刊，2018（05）：135-140.

［2］王跃生．中国家庭代际关系的维系、变动和趋向［J］．江淮论坛，2011（02）：122-129.

［3］王瑾．破解中国贫困代际传递的路径探析［J］．社会主义研究，2008（01）：119-122.

［4］李楠．人力资本对贫困代际传递的影响研究［J］．当代经济，2018（07）：116-117.

［5］李晨，曾月．贫困文化在农民工及其子女群体中的代际传递及影响［J］．经济论坛，2013（07）：165-169.

［6］陈文江，杨延娜．西部农村地区贫困代际传递的社会学研究——以甘肃M县四个村为例［J］．甘肃社会科学，2010（04）：18-23.

［7］徐曼．教育精准扶贫：阻断贫困代际传递的核心举措［J］．人民论坛，2018（21）：46-47.

［8］张瑞．教育扶贫：阻断贫困代际传递的根本之策［J］．人民论坛，2018（04）：74-75.

［9］费孝通．家庭结构变动中的老年赡养问题——再论中国家庭结构的变动［J］．北京大学学报（哲学社会科学版），1983（03）：7-16.

［10］刘成良．贫困的代际逆传递——基于华北、中部农村贫困问题的研究［J］．社会保障研究（北京），2016（02）：180-190.

［11］麻国庆．家庭策略研究与社会转型［J］．思想战线，2016（03）：1-6.

［12］罗小锋．家庭策略视角下的香港—内地跨境家庭维系——基于香港内地移民的实证研究［J］．南方人口，2008（04）：21-29.

［13］王利兵．家庭策略视角下的农民分家方式探讨——基于闽南北山村的考察［J］．民俗研究，2013（05）：140-146.

［14］樊欢欢．家庭策略研究的方法论——中国城乡家庭的一个分析框架［J］．社会学研究，2000（05）：100-105.

[15] 李永萍. 家庭发展能力：农村家庭策略的比较分析 [J]. 华南农业大学学报（社会科学版），2019（01）：108－120.

[16] 李强，邓建伟，晓筝. 社会变迁与个人发展：生命历程研究的范式与方法 [J]. 社会学研究，1999（06）：1－18.

[17] 李永萍. 家庭发展能力：农村家庭策略的比较分析 [J]. 华南农业大学学报（社会科学版），2019（01）：108－120.

[18] 谢志华. 资产的本质是变现能力 [J]. 财务与会计，2006（20）：12－14.

[19] 杨静慧. 家庭结构调适：进城务工农民的家庭策略实践 [J]. 学术界，2017（09）：167－175＋328.

[20] Glick, Paul C.: The Family Cycle, American Sociological Review, 12: 164－174, 1947.

[21] 杨菊华，李路路. 代际互动与家庭凝聚力——东亚国家和地区比较研究 [J]. 社会学研究，2009（03）：26－53＋243.

[22] 朱战辉. 农村彩礼性质的区域比较研究 [J]. 当代青年研究，2017（04）：61－66.

[23] 孟宪范. 家庭：百年来的三次冲击及我们的选择 [J]. 清华大学学报（哲学社会科学版），2008（03）：133－145＋160.

From "Family Poverty" to "Family Poverty Reduction": A Study of Generational Poverty Governance From the Perspective of Family Strategy

He Degui[1] Xu Rong[2]

(1. College of Humanities and Social Development, Northwest Agriculture and Forestry University, 712100 Yangling Shanxi; 2. Research Center for Collaborative Innovation Between Rural Governance and Social Construction in Shanxi Province, Northwest Agriculture and Forestry University, 712100, Yangling Shanxi.)

Abstract: Previous studies of family and poverty focus less on "family poverty reduction". The study taking the family governance of poverty generational transmission as an example, through the analysis and comparison of the process and mode of poverty reduction between two different poor families, researches how family strategy can be used independently to solve the poverty problem from the perspective of family strategy. The study finds that under the generational relationship of "feedback mode", more children bring about more "selective" paths and more flexible relationships which giving families more space to use family strategy. Meanwhile, through "generational synergy" and "inter-generational synergy", the growth and development of children will be provided with more adequate resources and the space and conditions of "resource realization", thereby creating opportunities for the realization of "family poverty reduction". In the process of promoting poverty management and economic and social development, family is the social foundation of poverty management and it is necessary to support family and to stimulate the endogenous power of family self-development.

Keywords: family poverty reduction; poverty generational transmission; poverty governance; family strategy

非政府组织主导型社群经济的农村扶贫模式与效应研究[*]

——以海惠组织农村扶贫项目为例

路 征[1] 杨云鹏[2] 李 倩[3]

(1 四川大学经济学院 成都 610065；2 北京大学国际法学院 北京 100871；3 香港中文大学经管学院 深圳 518000)

内容提要：本文以非政府组织"四川海惠助贫服务中心"主导实施的综合性农村扶贫项目为例，对非政府组织主导型社群经济的农村扶贫模式与效应进行了深入分析。分析表明，通过社群经济模式，海惠组织农村扶贫项目建立了从项目进入到退出全过程的有效运行机制，对鼓励类似非政府组织参与农村扶贫具有重要参考价值。从扶贫效果来看，这一模式不但显著提高了目标群体的收入水平和生产能力，还在提升基层民主治理水平、增加社会资本存量、提高女性在家庭和社会中的地位、食品安全和营养改善以及加强环境保护等方面产生了显著作用。因此，非政府组织在参与农村扶贫时，可以通过社群经济模式来促进目标贫困区的整体发展和可持续发展。

关键词：扶贫；农村扶贫；非政府组织；社会组织；社群经济

---

[*] 基金项目：国家自然科学基金政策研究重点支持项目"'一带一路'与中国西部发展"阶段性成果（71742004）。

作者简介：路征（1982— ），男，四川绵阳人，四川大学经济学院副教授、硕士生导师，主要研究区域经济与农村经济；杨云鹏（1996— ），男，山东济南人，北京大学国际法学院硕士研究生，主要研究金融法与证券法；李倩（1996— ），女，四川成都人，香港中文大学（深圳）经管学院硕士研究生，主要研究制度与资本市场。

一 引言

为实现全面建成小康社会目标,我国实施了精准扶贫精准脱贫战略,以前所未有的力度和强度推进扶贫工作,使农村贫困人口和贫困发生率快速下降。在这场政府主导、社会参与的脱贫攻坚战中,社会力量作为重要补充,也发挥了突出作用。社会力量由民营企业、社会组织和个人三部分组成,其中社会组织得益于其覆盖面广、专业性强、针对性强等突出特点,在对口扶贫、产业扶贫、智力扶贫、教育扶贫、医疗扶贫等方面的成效显著。[1][2] 社会组织又被称为"民间组织"、"非政府组织"或"第三部门",具有非营利性、非政府性、社会性等特征。[3][4] 按受益对象不同,广义上的非政府组织还可进一步分为向组织外人员提供产品或服务的一般非政府组织(NGO)和向组织内成员提供产品或服务的社群组织(Community-based Organization, CBO;如农民专业合作社)。[5]

社会组织在参与扶贫时,需要采用某种方式来实现。据国务院扶贫开发领导小组发布的《关于广泛引导和动员社会组织参与脱贫攻坚的通知》,重点鼓励社会组织参与产业扶贫、教育扶贫、健康扶贫、易地扶贫搬迁、志愿扶贫等重点领域工作以及助推劳务输出就业扶贫、提出政策建议、参与第三方评估等其他工作。不难看出,在社会组织参与扶贫的方式上,主要强调社会组织的"专业性"①。实际上,从工作领域和受益对象来看,我国参与扶贫的社会组织的确体现出很强的"专业性"特征。据一项针对 799 个参与扶贫的社会组织的调查,专注于社区整体发展的组织只有 102 家,占 12.77%;而在列出最优先服务对象的 403 个组织中,服务于社区全体人口的组织只有 40 家,占 9.93%。[6] 这说明,90% 左右参与扶贫的社会组织都专注于教育、老人与儿童、助残、救灾等专项领域并优先服务于儿童、残障、老人、妇女等特殊群体,致力于扶贫对象"综合性"发展的社会组织相对较少。

事实上,从世界范围内的实践经验来看,有很多社会组织致力于促进服务对象的整体发展和福利提升。为实现这一目标,它们通常采用一种具

---

① 这里的"专业性"指专注于某个领域或服务于某类特殊群体。与之对应的是下文中的"综合性",即通过某种模式致力于扶贫对象(目标区域或目标群体)的整体发展。

有"多功能性"、"综合性"和"包容性"的发展策略——社群经济发展模式。社群是基于强烈的互动关系而形成的相互信任、互惠互利的群体，极高的社会资本积累水平为其通过自愿合作、共同努力来提高自身整体福利提供了条件。社群经济就是通过社群成员之间的自愿合作和共同努力来增进社群整体福利的资源配置方式和综合性经济发展策略，且由独立的、非盈利的、非政府的组织（一般为正式组织）来推动，在促进落后和偏于地区发展方面得到了广泛应用。[7]社群经济由合作经济演化而来，但与合作经济相比（表1），它具有社会资本水平更高、功能更全面（致力于社群整体发展和福利提升）、动力源泉更多样化等特征。其中，动力源泉多样化表现在，推动社群经济发展的组织既可以是内生的社群组织，也可以是外生的其他类型非政府组织甚至是政府组织，或多种组织的合作。[5][8]因此，按照推动社群经济发展的核心组织类型，社群经济可进一步被划分为社群组织主导型、非政府组织主导型（或社会组织主导型）、政府组织主导型和政府间组织主导型四种。在发展的起步和成长阶段，以非政府组织主导型、政府组织主导型或政府间组织主导型为主，待社群能够实现自我管理和可持续发展后，外部力量开始弱化直至退出，逐渐转由社群组织来主导运行和管理。[5]

表1　　　　　　　合作经济与社群经济的基本原则

合作经济的基本原则	社群经济的基本原则
1. 自愿与开放的社员制	1. 综合性发展战略
2. 民主治理	2. 多功能性，包括： —强调社群所有权和创造公平 —提供所需的信贷支持 —发展人力资源 —提升本地发展能力
3. 经济参与	3. 整合社会与经济目标
4. 自治与独立	4. 让社群成员广泛参与管理
5. 教育、培训与信息	5. 以合理的战略规划为指引
6. 社间合作	6. 健全有效的财务管理制度
7. 关心社群发展	7. 以独立的、非盈利的、非政府的组织为核心组织

资料来源：路征、邓翔、廖祖君（2017）。

综上所述，在扶贫脱贫事业中，非政府组织不仅能发挥其"专业性"作用，还可以通过社群经济模式来发挥"综合性"作用，从而促进扶贫对象可持续发展。本文以非政府组织"四川海惠助贫服务中心"主导实施的农村扶贫项目为例，结合实地问卷调查和走访，分析非政府组织主导型社群经济的农村扶贫模式与效应，对我国社会组织开展促进社群整体发展的"综合性"扶贫具有重要参考价值。

二 主导组织、理念模式与实施策略

（一）主导组织：四川海惠助贫服务中心

四川海惠助贫服务中心是一个专注于农村扶贫与社群发展的非营利、非政府组织，是国际知名非政府组织——国际小母牛组织（Heifer International）在中国的代理机构。国际小母牛组织于1944年在美国阿肯色州小石城创立，是一家致力于救助全球贫困与饥饿的非营利、非政府组织。1989年，在四川省畜牧局的支持下，国际小母牛组织在成都设立中国办事处，2008年正式注册成立四川海惠助贫服务中心（以下称海惠组织），作为国际小母牛组织在中国的全权代表。为整合和壮大自身资源，海惠组织与其他非政府组织、企业、学校等各类组织建立了合作伙伴关系。在项目开展过程中，与其他公益机构的合作也很多。例如，成都国际妇女会主要向社群提供教育培训，招商局慈善基金会则引导村民以参与公共管理的形式申请外部资源，并且自己配资、成为海惠项目的参与者。

（二）理念与模式

海惠组织的核心价值理念是国际小母牛组织提出的以价值为基础的社群综合发展模式（Values-Based Holistic Community Development，VBHCD）。VBHCD模式是建立在社会价值基础之上的一种发展理念，它鼓励人们利用其集体力量和集体价值观来摆脱贫困困扰。[9]该模式的价值基础为促进公平与可持续发展的"十二条基石（The 12 Cornerstones）"（表2），项目参与者必须高度认同这些核心价值理念，并以此来规范和指导自己的态度、行为和技能，从而共同努力去改善自己的生活以及促进群体整体发展。对比表1和表2可以发现，海惠组织所使用的VBHCD模式就是一种社群经济发展模式，只是处于具体实践中的VBHCD模式，其相关理念表达的更加具体。

表2 　　　　　海惠扶贫项目公正与可持续发展"十二条基石"

基石	基本含义	基石	基本含义
1. 礼品传递	每个接受家畜的家庭签订一份合同，同意传递第一只后代母畜给需要帮助的另一个家庭。同时还需答应把自己学到的知识和技能传授给别人。	7. 男女平等、家庭为本	鼓励男女共同参与项目决策，拥有项目牲畜，参加项目劳动并共同享受项目利益。对有全家人共同参与的项目予以优先资助。
2. 公信力	项目组根据自身需要和目标，自行制定计划和策略，并定期向海惠组织提供项目进度报告。（海惠组织提供指南）	8. 真诚需要、公平扶持	项目组成员自行决定牲畜和相关物资的分配权。任何家庭，无论民族和宗教信仰都平等地享有参与项目的机会。
3. 分享与关怀	项目组成员要具有主动关怀他人，并自愿与别人分享自己的各类成果的意识。	9. 改善环境	项目应对土壤侵蚀、土壤肥力、卫生、植被、生物种类、污染、野生动植物、水土保持等产生积极作用（改善环境），不得引起或加重任何环境问题。
4. 自力更生、可持续发展	各项目组必须制定最终能实现自力更生和可持续发展的计划。鼓励项目组开展多种活动，从多渠道得到资助（这样更容易实现自力更生）。	10. 充分参与	项目组成员共同拥有项目。项目组具备强有力的领导班子和踏实工作的机构，且能够让所有项目成员充分参与项目决策，能自主处理一切重大决议。
5. 改进畜牧管理	好的畜牧管理必须包括饲料、饮水、圈舍、牲畜繁殖和卫生保健等重要因素，项目必须保证对上述因素有所完善。	11. 培训和教育	项目组成员自己决定培训需要，项目区的群众都是培训对象。培训可以是正式的讲座，也可以是非正式的讲座。
6. 营养与收入	项目所选牲畜应有创收的潜力，以保证家庭在教育、保健、住房和其他各方面的急需。	12. 精神与风貌	所有项目成员都有共同的精神，包括相同的生活观和价值观、关心地球环境共识、对未来的共同憧憬等。

资料来源：国际小母牛组织（https：//www.heifer.org/ending-hunger/our-approach/values-based-development/index.html）和四川海惠助贫服务中心（http：//www.hpichina.org/）。

（三）主要策略

海惠扶贫项目以改善农户可持续生计为最终目标，即帮助贫困家庭脱贫并获得可持续的收入和生计。项目着重从增加收入和资产、保障食品安全和营养、促进环境友好发展、对女性进行赋权和提高社会资本存量等五个方面来改善农户生计。

根据各重点方面的基本要求，海惠组织实施的具体措施包括（图1）：

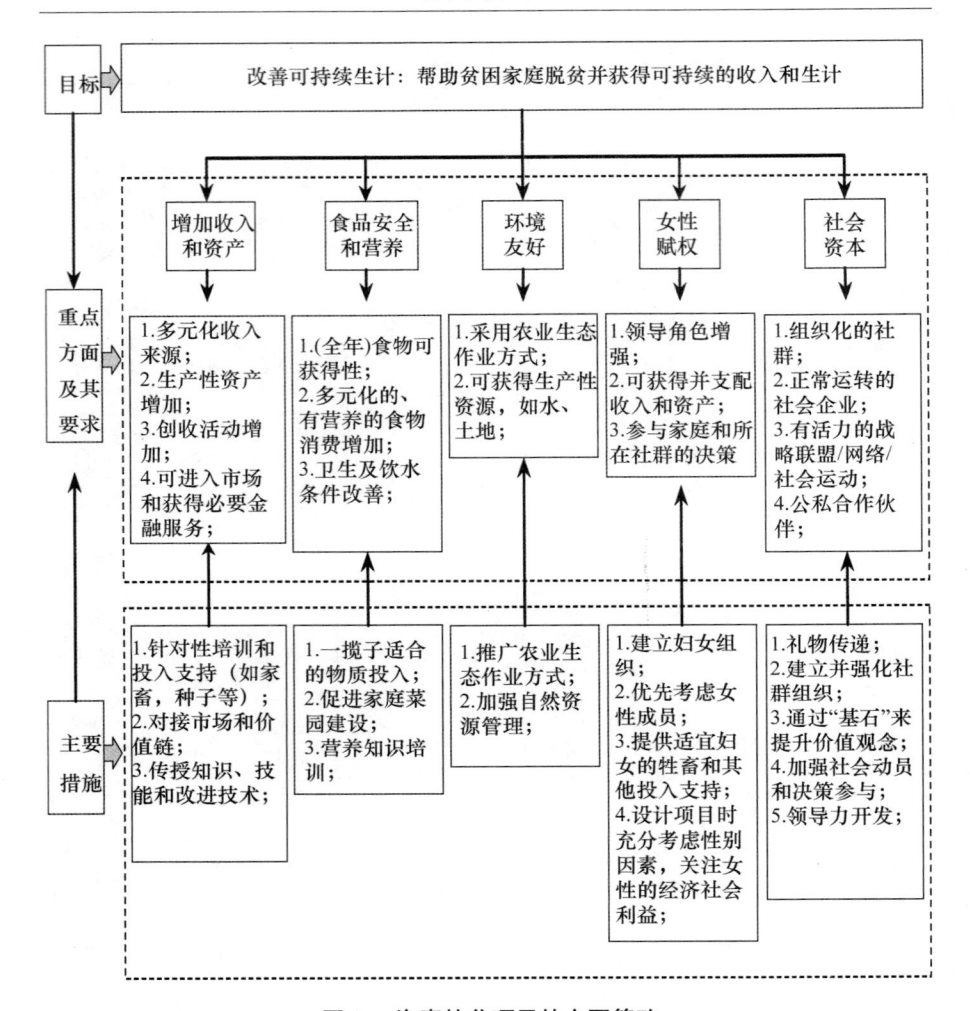

图 1　海惠扶贫项目的主要策略

注:"基石"(Cornerstones)是指海惠项目"公正与可持续发展"十二条基石(见表1);资料来源:四川海惠助贫服务中心(http://en.hpichina.org/project/pattern/)。

第一,增加收入和资产。一是通过向贫困家庭提供针对性培训、投入支持(包括提供家畜和种子等)以及传授知识、技能和改进技术等,来增加贫困家庭的生产性资产和促进收入来源多元化;二是促进贫困家庭的生产活动及其产品与市场对接,防止产品与市场脱节。事实上,有学者就认为，对接好市场正是产业扶贫的关键。[10]

第二，保障食品安全和营养。一是提供一揽子适合的物质性投入支持，即根据食品安全和营养状况，向贫困家庭提供合适的投入支持组合；二是促进家庭菜园（homestead gardens）建设。家庭菜园是指家庭建立在家附近、为自家供应食物的园子①，主要通过种植蔬菜、水果等作物来为家庭提供各种微量营养元素（如维生素 A、C、B 以及铁元素等），同时也具有改善粮食安全、女性地位和增加收入等功能；[11][12][13]此外，还通过开展针对性培训，来提高农户的营养知识。

第三，促进环境友好型发展。通过推广农业生态作业（Agro-ecological Farming Practices）和加强当地自然资源管理（如水土保持）等方式，来实现农业可持续发展和区域环境友好型发展。

第四，提升女性在家庭和社会中的地位。考虑到现阶段我国农村家庭中很多男性常年在外务工，海惠项目十分重视对妇女的赋权。主要通过推动建立妇女组织、优先考虑女性成为项目成员、提供适宜妇女的牲畜和其他投入支持、设计项目时充分考虑性别因素并关注女性的经济社会利益等措施，来提高女性在家庭以及经济社会中的地位。

第五，增进社会资本。一是在项目实施过程中，通过导入"公正与可持续发展"十二条基石，来强化项目受益社群的互惠、互助、分享、平等、民主参与等共同价值观念；二是支持建立社群组织，让成员更多地自主管理社群事务；三是努力提升成员尤其是社群组织管理人员的领导能力，提高组织管理能力和运行效果。

三 项目概况与分析方法

（一）项目实施概况

从 2008 年至 2017 年 6 月 30 日，海惠组织共实施了 135 个扶贫项目（以下简称海惠项目），累计扶持贫困农户 70417 户，援助动物 1269524 头（只），其中直接分配扶持 33618 户，分配动物 825333 头（只），发放香

---

① 即我国俗称的"菜园子"，在农村家庭中十分普遍，近年来部分城市家庭也乐于在阳台、屋顶等区域种植蔬菜、水果等。家庭菜园因具体特点不同，也常被称为 kitchen gardens、backyard gardens、compound gardens、rooftop gardens 等。

菇棒 10 万支；传递礼品畜禽共计 444191 头（只），受益农户 36699 户；共举办各类培训 21819 期，参训达 936984 人次，其中妇女 352066 人，占总参训人数的 37.57%[①]。

调研组与海惠组织相关人员沟通后，在其实施的众多扶贫项目中，筛选出在重庆江津市吴滩镇刑家村和四川青神县坝子镇黄莺岭村两个村落实施的扶贫项目及相关人员作为调研对象。课题组于 2016 年 8 月和 10 月分别对两个村落扶贫项目进行了实地调研。

邢家村属重庆市市级贫困村，地处偏远山区，农户收入低，且经常爆发洪水旱灾。为提高贫困山区农户收入、保护当地环境、建设可持续发展的农村综合社区，原江津区畜牧兽医局主动申请并配合海惠组织在该村实施扶贫项目。综合考虑当地环境和市场因素，海惠组织决定在该村开展"小群散养，生态环保"的林下蛋鸡生态养殖项目。基于扶贫对象的识别机制和农户自身意愿，全村共组建 7 个互助组，分组开展培训活动并实现自我管理。截止 2016 年 10 月，该村参与项目的农户 167 户，养殖蛋鸡 9000 余只，每天生产土鸡蛋 5000 余枚。

黄莺岭村原为四川省省级贫困村，2011 年人均纯收入低于当年贫困线标准 2300 元，有贫困户 160 户。结合当地客观条件，海惠组织主要在该村实施猪、兔、生态蛋肉鸡养殖项目，投入资金共 71 万元，其中首批提供给村民的牲畜价值 373740 元。项目实施 5 年间，共进行 2 次礼品传递，受援农户共计 204 户。该项目共建立了 7 个生产互助组，组员 204 人，其中女性组员 141 人，占总数的 69%。同时，通过与黄莺岭村乡村妇女儿童合作发展促进会合作，项目在互助组的基础上还成立了以资金互助为主业的合作社，共筹集资本金 182000 元，用于成员的小额信贷生产发展资金，调研时合作社资本金已全部借出。

（二）分析方法

调查采用访谈和问卷相结合的方式收集资料和数据。采访对象包括海惠组织相关负责人及员工、当地政府相关人员和项目所在村的农户，掌握项目的整体状况、基本模式、运行机制以及具体项目实施情况。采用半结构化问卷对项目区农户进行问卷调查，所收集数据用于评价项目扶贫效

---

① 四川海惠助贫服务中心. 海惠计划监测评估部发布的最新数据. ［2018 – 01 – 31］http://www.hpichina.org/project/data/.

果。调查共发放问卷 350 份，回收获得有效问卷 319 份，有效率为 91.14%。其中，参与项目样本 176 户，未参与项目样本 143 户。

受调查者的基本特征见表 3。在性别与年龄结构方面，参与调查的男性村民数量与女性基本相当，平均年龄 56.05 岁，调研村落劳动力主要为无法外出务工的留守老人；在学历方面，用 1—4 来表示村民的受教育程度，平均值仅 1.2，绝大多数村民只有初中及以下文化水平。

表 3　　　　　　　　　　受调查者的基本特征

指标	选项及赋值	比重（%）	均值	方差	最大值	最小值
性别	1 = 男	52.03	0.52	0.25	1	0
	0 = 女	47.97				
年龄	年龄（年）	—	56.05	163.34	93	25
学历	1 = 小学及以下	44.78	1.20	0.28	4	1
	2 = 初中	38.43				
	3 = 高中/技校/中专	9.85				
	4 = 大专及以上	6.94				
家庭规模	家庭成员数	—	3.88	3.99	10	1
是否参加海惠项目	1 = 已参加	54.85	0.55	0.25	1	0
	0 = 未参加	45.15				

四　海惠组织农村扶贫项目运作机制分析

（一）项目区识别与选择

精准扶贫的关键在于精准识别扶持对象，因而需要一套合理的识别和筛选方法。海惠组织项目区的识别和选择共分三步：

第一，筛选候选项目区。主要通过实地调研了解区域经济情况，并与当地政府及农户进行交流，分析其理念和态度，进而选择对其所倡导的"十二条基石"认同度相对较高的贫困区作为项目候选区。对于贫困区的识别，海惠组织也有一套指标评价体系，包括收入、外出务工人数、家庭状况、有无负债等指标。同时，还会了解候选项目区周围村庄对开展扶贫项目的意愿，以便将来能进一步推广。项目区一般以行政村为单位，但有时也跨多个行政村。

第二，候选项目区制定项目计划。经过第一轮识别选出候选项目区后，候选项目区的村民及村干部必须根据自身需要和目标，自行制定出项目计划和策略。海惠组织提供项目计划（含传递程序）制定、筛选受援户、监督农户项目进展情况和进行自我评价等工作的指南。为制定项目计划，候选项目区相关人员必须周密思考并借鉴其他脱贫地区的经验，还需了解各户的家庭经济情况。

第三，确定扶贫项目区。海惠组织根据候选项目区制定出的项目计划进行再次评估，筛选出适宜并有能力开展扶贫项目的地区，识别出真正需要帮助并且愿意配合的农户，最终结合项目计划实施扶贫项目。

（二）赋权与组织机构建设

如前所述，海惠项目基于 VBHCD 模式对村民进行赋权，反映在组织结构上，包括互助组、合作社、项目组三个层次（图2）。

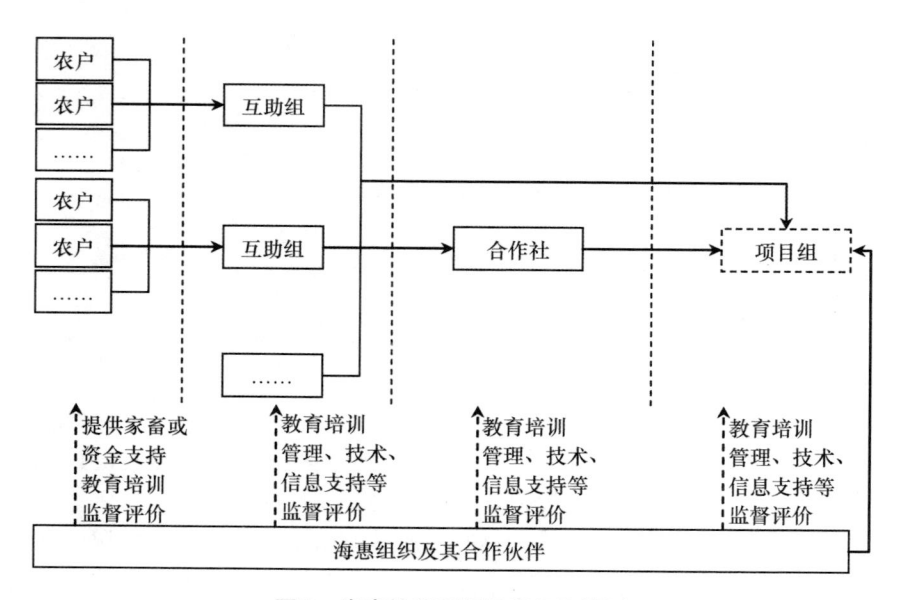

图2　海惠扶贫项目组织机构模型

第一层为互助组。在项目正式实施前，接受家畜捐赠的农户需提前组建互助组。互助组一般由 15—25 户贫困家庭组成，基于农户之间的相互帮助而自愿组建。互助组通过民主选举产生组长、副组长和出纳各 1 名，构成互助组的管理团队，负责制定本组的规章制度和发展规划。成员每月向互助组缴纳互助金，作为共同发展资金。互助组成立伊始，每位成员都需要阐述个人价值观，以此构建集体共同价值观，找到自我发展的内在动力。通过实施个人领导力培训、肯定式探询和以价值为基础的项目计划管理模式等方式来发现社群需求和进行社群规划，以三个月为周期进行总结并制定下阶段发展计划。通过实践、总结和再实践，能有效提升成员发展能力，完善社群综合发展规划，多途径寻找资源满足社群成员的发展需求。互助组由农户自发组建产生，同时采取民主选举、民主决策的管理方式，这使互助组决策能很好的反映成员的利益。

第二层为合作社。在项目实施到一定时期后，海惠组织将帮助条件成熟的项目区建立合作社，通过集体的力量来对抗市场风险，通过规模化的生产和规范化的管理来降低生产成本。在合作社内建立市场信息、市场销售、资金募集等部门，将产品有效链接到市场，充分培养合作社成员的市场意识。合作社由多个互助组组成，并成立成员代表大会，社长由大会民主选举产生，一般由生产"能人"担任。成员代表大会下设理事会与监事会，对合作社的日常运营进行监管（图3）。合作社是海惠组织推动成立的正式社群组织。

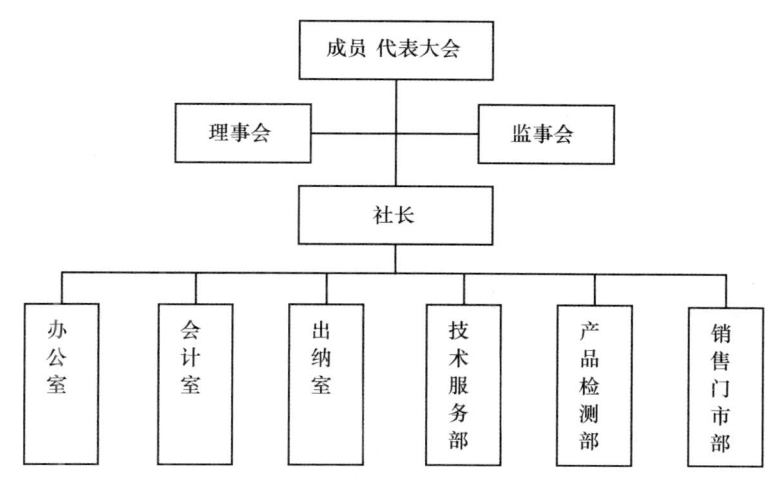

图 3　合作社组织结构

第三层为项目组。项目组是一个动态的非正式组织，随着项目进展进行动态调整，待项目区发展成熟后，项目组将逐渐弱化直至解散。在筛选项目区阶段，项目组管理团队由海惠组织和合作伙伴（当地政府）相关工作人员组成。在确定项目区后，互助组组长将加入项目组管理团队，代表各互助组组员参与制定项目相关决策。合作社正式成立之后，合作社社长也进入项目组管理团队。项目结束后，项目组解散，项目区交由正式的合作社和互助组共同进行管理，但海惠组织会连同合作伙伴做定期回访和指导。

（三）礼品传递机制

礼品传递是海惠扶贫项目的第一条理念基石，也是海惠组织支持和实施项目的基本要求，它通过契约来强化项目成员的互惠互利意识。项目实施后，首先由海惠组织向贫困农户提供牛、羊等母畜，当母畜成熟之后，所产幼崽由农户以礼品方式赠送给其他贫困户，并这样一直传递下去。礼品传递以签订合约的方式进行约束，每个接受母畜农户都需签订一份合同，同意传递第一只后代母畜给需要帮助的另一个农户，同时还需承诺把自己学到的知识和技能传授给别人。在实践中，许多项目组还采取多"回传"一头母畜或部分销售收入的办法来表达感恩。

"礼品传递"将在农户接受母畜或等值现金后 2—2.5 年进行（根据畜种确定），所有项目农户都将通过互助组传递的形式传递母畜或等值现金给其他需要帮助的农户。"礼品"在县域境内（本村未参加互助组农户优先，邻村农户次之，依次类推）滚动传递。礼品传递户在传递母畜或等值现金的同时，还需通过小组分享或单独合作，将自己学到的知识和技能一并传递给新的接受户。当地项目伙伴将组织并负责全程监测评估礼品传递活动，并努力争取、整合其他资源来保证礼品接受户获得与初始农户一样的支持。

（四）可持续的生产销售支持体系建设

海惠扶贫项目致力于建设一个完善的生产销售支持体系来促进项目及项目区的可持续发展（表4）。生产支持系统包括农业生产和兽医投入支持、服务中心建设、信贷支持等，同时还包括对牲畜合理实施人工授精、改善项目管理、提高医疗保健、提高饲料/饲草的生产和质量标准等。与生产和销售有关的重要措施还有建立商业中心、改进产品加工、促进产品多样化以及改善生计的其它活动。

表4　　　　　　　　　　　　海惠组织可持续生产销售体系

类别	具体措施	
提升牲畜生产能力	品种改良 改进项目管理	改善饲养管理和动物营养 改善兽医技术服务
生产营养多样化的食物	补充生产活动	增长知识，提高意识
建设环境友好型养殖企业	饲草种植 智能应对气候技术	圈养 生态养殖和其他水土保持措施
构建统一的销售渠道	组建合作社开展统一收购和销售 批量销售	建立市场信息体系 线下、线上销售渠道
增强商业合作关系	与市场销售相连接 技术研发与创新	与金融服务和项目投入相连接

资料来源：四川海惠助贫服务中心（http://www.hpichina.org/project/pattern/），有适当补充。

海惠组织对"选种—饲养—管理"全过程都进行必要的支持。首先，在互助组组建完成并达到选择标准后，受援农户会收到家畜或等值现金，无论何种方式，海惠组织都确保进入农户家庭饲养的牲畜品种优良，且经过合作伙伴的精心挑选与培育，拥有出色的市场竞争力与经济效益；其次，邀请合作伙伴对受援农户进行全方位养殖技术培训，采取圈养、饲草种植、生态养殖及其他水土保持措施、智能应对气候技术等先进的养殖方法，保证生产过程的科学性和产品质量；第三，改进项目管理，强调互助组内部的信息和资源共享，成员间定期交流经验，共享生产资料，降低生产成本并提升市场效率，形成规模效益，同时做到互助组日常事务民主决策，照顾到每一位成员的利益。

在销售体系建设方面，项目组中的所有互助组组成一个合作社，覆盖所有受援农户。合作社在海惠组织及其合作伙伴的帮助下建立完善的市场信息和销售体系，包括在附近城市建设线下销售门店和利用互联网建立线上销售渠道。农户生产的产品由合作社统一收购并进行销售，由于合作社相比于农户个体具有规模上的优势和更强的议价权，因而可以以更高的价格进行收购，有助于保障农户权益。同时，积极对接健康绿色食品消费趋势，采用生态养殖等先进养殖技术，鼓励合作社创立自己的品牌或与其他品牌合作，在销售推广中将健康绿色食品作为宣传亮点，并通过品牌效应来获得更高的收益。

此外，还通过增强商业合作关系、强化内部互助等方式，构建更加完善、全面的生产销售支持体系。例如：促进相关合作机构在技术研发与创新

(如针对性的新产品、新技术研发)、销售对接(如农超对接)、金融服务、生产投入等方面为项目户及合作社提供支持；采取"公司+合作社+农户"的"订单式"生产模式。农户根据与公司预先签订的产品收购协议来确定新一季的养殖规模，在牲畜出栏后，合作社以预先与农户协商的价格统一收购，并进行包装、质量检测等一系列工序确保产品质量，最终交由公司将产品推向市场。"订单式"生产模式将销售部分外包，克服了村民在市场推广、销售等方面经验不足的劣势，预先签订的收购协议保证了村民稳定的收入，使所饲养的每一只牲畜都可以带来经济效益；与合作伙伴合作，为项目区提供兽医技术支持，避免养殖中常见的疫情发生，提高牲畜质量；在互助组内部通过缴纳互助金的方式，建立一种微型"信用合作社"，以农户个人声誉和社会资本进行担保，使互助组成员在紧急时可以快速得到资金援助；等等。

(五) 评估与退出机制

海惠项目持续时间一般为3—5年，在项目实施的各个阶段均有针对性绩效考评机制，客观反映相应阶段项目运行情况和扶贫效果，并与预期目标进行对比，进而根据考评发现的问题来调整未来扶贫方案。除传统的绩效考评方法外，海惠组织运用国际小母牛组织独创的参与式总结与计划（Participatory Self-Review and Planning，PSRP）方法，让每一位项目成员自我评价项目实施效果，并为未来发展提出建议，切实让项目成员参与到项目的考评与决策之中（表5）。

表5　　　　　　　　海惠项目的评估工具与评估时间

项目阶段	评估工具	评估时间
开始阶段	基线调查	项目开始时
实施阶段	互助组层面的PSRP	2次/每年
	对项目伙伴的PSRP	2次/每年
	项目进展报告	半年一次
	财务审计	每财年一次
	互助组会议	每月一次
	项目访问报告	不定期
结束阶段	项目末期报告	项目结束时

资料来源：四川海惠助贫服务中心。

根据绩效考评结果，已经实现脱贫的农户需要按预先约定，捐赠出等额的牲畜来帮助一位仍处于贫困中的家庭。在所有农户完成礼物传递，且在确定项目区已达到项目初始时制定的扶贫目标，保证其有可持续发展能力后，海惠组织会逐步退出项目区，相关生产活动交由已建立起的社群组织（项目组、合作社以及互助组）管理。事实上，前文分析已表明，在项目实施的整个过程中，海惠组织都在努力培育目标社群的自我发展能力，通过对农户个人能力的培训、思想观念的改变，建立民主决策的基层组织架构，构建完善的生产销售体系，最终建立一个具有自主管理和可持续发展能力的社群经济组织，为海惠组织这一外部力量的顺利退出打下基础。

五 海惠组织农村扶贫项目扶贫效果分析

（一）经济效果

由于海惠扶贫项目的对象是贫困户，因而项目区农户的初始人均收入水平很低。从海惠扶贫项目实施前后农户关键经济指标的变化来看（表6），项目在实施3年后，参与项目农户的人均纯收入年均增长率达到了15.53%，而未参加项目农户的人均纯收入年均增长率仅有9.52%，低于参与项目农户6个百分点；项目实施3年后（2015年），按当年扶贫标准线人均纯收入3000元作为标准计算，参与项目农户脱贫率达到44.07%，是未参加项目农户脱贫率（20.41%）的两倍；此外，从洗衣机和冰箱拥有户数的变化来看，参与项目贫困农户增速也显著高于未参与项目贫困户。总之，农户关键经济指标的变化显示，参与项目农户的改善程度都较未参与项目农户好，说明海惠扶贫项目的扶贫效果明显。

表6　　　　　　　　海惠扶贫项目实施前后经济指标对比

类别	人均纯收入（元）			拥有洗衣机户数			拥有冰箱户数			脱贫率（%）
	项目实施前	项目实施3年后	名义年均增长率（%）	项目实施前	项目实施3年后	年均增长率（%）	项目实施前	项目实施3年后	年均增长率（%）	
参与项目贫困户	2294.9	3529.2	15.43	3	5	18.56	13	21	17.33	44.07
未参与项目贫困户	2175.1	2857.5	9.52	0	0	0	9	10	3.57	20.41

事实上，海惠扶贫项目还通过开展圈舍改造知识培训、饲养管理、疾病防疫、种草养畜等培训，帮助当地贫困农户实现畜种改良、改进畜牧管理，显著提升了农户的生产养殖水平，有助于社群及其成员的可持续发展。以邢家村项目为例，项目组统计资料显示，项目实施3年期间，共为参与农户提供科学饲养管理培训48次，为动物保健员提供牲畜饲养管理培训32次，参与项目农户中91.89%的人认为自己的养殖技术得到了提高，并有效降低了生产成本。截止2016年，邢家村开展的"小群散养，林下养殖"已发展项目农户167户，养殖蛋鸡9000余只，每天能生产土鸡蛋5000余枚。

调查结果显示（表7），项目得到了参与农户的积极评价和认可。所有农户都认为项目实施后整体生活水平有不同程度的改善，其中认为得到较明显改善和大幅改善的比重合计达到了89.09%。在产品销售方面，97.18%农户认为有不同程度的改善。

表7　　　　　　参与项目农户对项目实施后相关方面的评价

问题	没有改善=0	略有改善=1	较明显改善=2	大幅改善=3	均值
整体生活水平	0.00	10.91	54.87	34.22	2.23
其中：女性	0.00	8.58	55.73	35.69	2.27
男性	0.00	13.05	54.08	32.87	2.20
产品销售情况	2.82	37.31	21.31	38.56	1.96
公共基础设施	3.14	23.82	46.08	26.96	1.97
文化活动设施	3.45	12.23	38.87	45.45	2.26
村内环境卫生	3.45	9.09	47.96	39.50	2.24

注：等号后为赋值，用于计算均值。

尽管改善交通基础设施、村级公共服务和村内环境卫生等不是海惠扶贫项目的直接目标，但项目的实施还是产生了很强的连带效应。为支持项目实施，当地政府给予相关配套支持，主要是优先支持项目区村级公共基础和服务设施的建设。例如，项目实施后，政府通过优先提供资金支持的方式，在村内建立沼气池、太阳能等清洁能源设施，改善提升通村及村内道路，建立公共阅览室、活动室，建立卫生所并对卫生员进行定期培训，等等。调查结果显示（表7），参与项目农户对这类设施的改善情况评价也较高，认为公共基础设施、文化活动设施和村内环境卫生有不同程度改善的比重分别达到了 96.86%、96.55% 和 96.55%。

（二）社会效果

海惠扶贫项目的社会效果主要体现在提升民主治理水平、社群凝聚力（社会资本存量）和女性家庭和社会地位三个方面。

第一，在加强社群民主治理方面，项目运行机制分析已表明，项目管理主要由互助组和合作社负责（项目组主要起组织协调作用），而互助组和合作社管理团队的组建都采用民主选举方式产生，这在制度基础上确保了农户在社群事务管理中的参与性。同时，互助组和合作社管理团队在进行相关决策时，也会进行广泛的意见征求，并尽力将成员建议反映在最终决策中。调查结果显示（表8），认为管理团队决策从未或很少广泛征求意见和最终决策从未或很少反映自己相关建议的农户分别只占 10.25% 和 7.69%，表明项目农户能够较有效地参与社群事务管理和决策。

表8　管理团队决策时的意见征求情况

问题	选项及比重（%）				
	从未	很少	一般	较好	完全
管理团队决策时是否广泛征求了意见？	2.56	7.69	14.11	48.72	26.92
最终决策是否反映了自己的相关建议？	2.56	5.13	10.26	51.28	30.77

第二，为强化社群凝聚力，提高社会资本存量，一方面，海惠组织在推动实施项目过程中，一直强调"十二条基石"价值理念，并通过一系列培训来不断强化；另一方面，还组织开展文娱活动、节日庆典、大评比、外出交流、知识竞赛、亲子活动等各类社群活动，通过让农户参与社群活动的方式来提高社群凝聚力。调查结果显示（表9），参与过各类社群活动的农户占比达到了 88.46%。同时，有 75.9% 的农户认为参与项目后，邻里关系明显更加融洽，72.56% 的农户认为合作意识有明显提高。

表9　　　　　　　　　　　社群凝聚力增强情况

问题	选项及比重（%）		参与的社群活动类型（多选;%）		
	是	否			
合作意识是否明显得到提高	72.56	27.44		文娱活动	53.59
邻里关系是否明显更加融洽	75.90	24.10		节日庆典	65.38
社群活动参与情况	88.46	11.54		培训活动	96.15
其中：1—3次/月	75.64	—		大评比活动	93.59
≥4次/月	12.82	—		知识竞赛	56.41
				外出交流	60.26
				亲子活动	35.64

第三，强化对女性的赋权、提高女性在家庭和社会中的地位是海惠项目的重点目标之一。为此，项目通常会为在家妇女提供了额外支持，帮助妇女更多地参与生产活动并获得收入，从而提高妇女的经济地位。同时，通过鼓励一些妇女主动担任互助组组长职务，来增加妇女的话语权，推动其社会地位的提升。此外，海惠组织还与妇联、乡村妇女儿童联合会等妇女组织建立合作关系，让妇女在互助组、合作社或项目组的决策中有更多的发言权。调查结果显示（表7），女性认为生活水平有较明显和大幅改善的比重达到了91.42%，明显高于男性的86.95%。

六　结论与讨论

本文以非政府组织"四川海惠助贫服务中心"主导实施的综合性农村扶贫项目为例，对非政府组织主导型社群经济的农村扶贫模式与效应进行了深入分析。分析表明，通过社群经济模式，海惠组织农村扶贫项目建立了从项目进入到退出全过程的有效运行机制，对鼓励类似非政府组织参与农村扶贫具有重要参考价值。从扶贫效果来看，这一模式不但显著提高了目标群体的收入水平和生产能力，还在提升基层民主治理水平、增加社会资本存量、提高女性在家庭和社会中的地位、食品安全和营养改善以及加强环境保护等方面产生了显著作用。因此，非政府组织在参与农村扶贫时，可以通过社群经济模式来促进目标贫困区的整体发展和可持续发展。

但是，利用社群经济模式开展扶贫，对非政府组织的整体能力也要求较高。海惠组织依赖于大型、稳定的国际非政府组织建立，因而拥有稳定的专业人才队伍、资金来源和合作伙伴，并且与各级政府保持着长期合作关系。同时，国际小母牛组织长期探索而形成的成熟理念和运作机制，也为海惠扶贫项目的成功实施提供了机制保障。而大多数非政府组织，往往专注于诸如环境、儿童救助、教育等专业性领域，缺乏推进目标群体整体发展的经验和能力，同时很多非政府组织还面临人才队伍、资金来源不稳定等困难，因而这类非政府组织将难以运用社群经济模式来促进目标群体的整体发展。

参考文献：

［1］檀学文，李静. 习近平精准扶贫思想的实践深化研究［J］. 中国农村经济，2017（9）：2—16.

［2］张赛群，张俭松. 激活精准扶贫的社会力量［N］. 中国社会科学报，2018－05－03（001）.

［3］秦晖. "NGO 反对 WTO"的社会历史背景———全球化进程与入世后的中国第三部门［J］. 探索与争鸣，2007（5）：4—10.

［4］王名. 走向公民社会——我国社会组织发展的历史及趋势［J］. 吉林大学社会科学学报，2009（3）：5—12.

［5］路征，邓翔. 基于主导组织类型的社群经济类型划分研究［J］. 中国第三部门研究，2018（1）：64—81.

［6］李爱玲. 中国社会组织扶贫现状、类型及趋势［R/OL］. 中国发展简报，2015－08－26（2018－09－10）. http：//www.chinadevelopmentbrief.org.cn/news－17932.html.

［7］路征，邓翔，廖祖君. 社群经济：一个农村发展的新理念［J］. 四川大学学报（哲学社会科学版），2017（1）：120—126.

［8］路征，余子楠，万春林. 社群经济视角下我国农民专业合作社融资问题研究［J］. 农村经济，2018（7）：62—68.

［9］Heifer International. Value-based Development［EB/OL］.［2018－05－20］. https：//www.heifer.org/ending-hunger/our-approach/values-based-development/index.html.

［10］邹一南. 产业扶贫要对接好市场环节［N］. 学习时报，2017－04－21（002）.

［11］Talukder A, Kiess L, Huq N, de Pee S, Darnton-Hill I and Bloem M. Increasing the Production and Consumption of Vitamin A-rich Fruits and Vegetables: Lessons Learned in Taking the Bangladesh Homestead Gardening Programme to a National Scale. Food and Nutrition Bulletin, 2000, 21 (2): 165—172.

[12] Bushamuka V N, de Pee S, Talukder A, Kiess L, Panagides D, Taher A and Bloem M. Impact of a Homestead Gardening Program on Household Food Security and Empowermentof Women in Bangladesh. Food and Nutrition Bulletin, 2005, 26 (1): 17 – 25.

[13] Nwaneke P K and Chude V O. Are the Homestead Gardens a Possible Solution to Combating Malnutrition in Nigeria? . European Journal of Nutrition & Food Safety, 2017, 7 (4): 199—208.

The Rural Poverty Alleviation's Model and Effect of NGO-Led Community-based Economy: A Case Study on the Rural Poverty Alleviation Projects of Sichuan Haihui Poverty Alleviation Service Center

Zheng Lu[1] *Yunpeng Yang*[2] *Qian Li*[3]

(1. School of Economics, Sichuan University, Chengdu 610065, China;
2. School of Transnational Law, Peking University, Beijing 100871, China;
3. School of Management and Economics, The Chinese University of Hong Kong, Shenzhen, Shenzhen 518000, China)

Abstract: Taking the rural poverty alleviation project conducted by the NGO- "Sichuan Haihui Poverty Alleviation Service Center" as an example, this paper analyzes the rural poverty alleviation model and effects of NGO-led community-based economy. Conclusions show that: By using the community-based economy model, Haihui's projects established an effective operation mechanism running through the process from entry to exit, providing valuable experiences for other NGOs' rural poverty alleviation activities; project's results show that Haihui's approach not only significantly raised the income and production capacity of targeting poverty group, but also enhanced the level of grassroots democratic governance, increased the stock of social capital, improved the status of women in the family and society, enhanced food safety and nutrition, and played an active role in strengthening environmental protection as well; consequently, NGOs, when participating in rural poverty alleviation activities, can promote the overall development and sustainable development of targeting poverty region/communities by use of the community-based economy model.

Keywords: Poverty Alleviation, Rural Poverty Alleviation, NGO, Social Organization, Community-based Economy

贫困地理视角下的中国反贫困实践与社会政策设计：理论脉络与经验启示[*]

吴高辉　李雪姣

（中南大学公共管理学院　湖南长沙　410075；
北京航空航天大学马克思主义学院　北京　100191）

内容提要：近几年来，中国政府的精准扶贫战略取得了重大成就，也为世界反贫困事业提供了中国经验。然而，实践过程伴随着理论的困惑，例如反贫困的精准性、紧迫性与贫困的复杂性、持久性悖论。基于社会地理学与贫困理论交叉的贫困地理学研究来回应这一悖论，该理论研究起源于英国，旨在通过地理视角发现贫困的空间与地方特征，重点探讨"贫困、住地与空间"的关系，进而以微观的穷人社区为支持单位来开展反贫困方案。主要启发在于：（1）精准扶贫的分类迷思，过分强调技术瞄准而忽视了贫困的空间特性和地方性；（2）构建社会福利公正意义上的"社会中国"，或许能够回应中国社会政策设计的空间不正义与身份差别困境；（3）重视社区发展，贫困不可见而穷人生存的社区是可见的，针对可见的穷人社区的帮扶比不可见的贫困的帮扶更有可操作性。研究意义在于与国外的贫困地理学研究对话，为中国的贫困与反贫困研究提供了新的视角。

关键词：贫困；福利；空间；地方；社区

---

[*] 基金项目：2016年教育部人文社科重点研究基地重大项目《社会政策创新与共享发展》（16JJD630011）；国家留学基金（2018—2019）
作者简介：吴高辉，男，中南大学公共管理学院讲师；李雪姣，女，北京航空航天大学马克思主义学院讲师。

一 选题缘起：贫困的复杂性、持久性与反贫困的精准性、紧迫性悖论

无论从经验、方法论还是理论上讲，贫困都是复杂的问题。贫困概念源自一种基本观念：在不同阶段、出于各种原因而总有一部分人无法获得充足的资源来维持在特定历史或地理条件下的最低生活状态，进而造成一系列行为与社会关系上的后果[1]。即便如此，在不同的时、空条件与福利体制中，学术界、政策与大众话语中的贫困理解不尽相同[2]。然而，中国近年来以精准扶贫为核心的反贫困实践则基于另一种假设：可以通过技术手段或民主评议等方法确定贫困户，进而通过官僚组织精确的向他们输送扶贫资源、展开针对性帮扶来快速帮助他们摆脱贫困。问题是：一方面，贫困现象究竟是什么尚未定论，而反贫困政策又极度强调对贫困的精准性定义；另一方面，贫困现象如此复杂、历史悠久，而强调政治站位的反贫困政策又十分注重脱贫速度。我们认为这是贫困的复杂性、持久性与反贫困政策的精准性、紧迫性之间的悖论。

贫困并不是通过正确的方法就能加以定义清楚的简单现象，它既被视作细微现象也被视作宏大现象，既被视为不断消亡也被视为不断发展，既被看作个人问题也被视为社会问题；这些相互竞争的定义与复杂的争论相互重合，有时又相互冲突；因此，理解贫困重在弄清楚这些观点与视角间的重合、关联以及不同视角或途径的含义[3]。而从政策实践上看，不同的贫困理解思路或测量方式就会产生不同的反贫困政策[4]。基于此，我们的基本困惑是：是否可以比较具体的聚焦贫困现象以便消除其复杂性对反贫困政策的困扰？贫困地理研究者保罗·米尔本恩（Paul Milbourne）指出：尽管贫困的理解十分复杂、众说纷纭甚至相互冲突，但是从解决贫困的不可见性（invisibility）出发，英美的研究者在贫困的空间特性上基本达成了一致[5]。具体而言，一是贫困现象总是呈现显著的空间特点，例如贫民窟（slum）、内城区（inner-city）、聚居区（ghetto）、郊区（banlieue）等等；二是，穷人所在地内部呈现了一种与住地相关的邻里效应（neighborhood effect），而这种效应使得穷人所在地持续的重复着不利的社会、经济与文化环境进而难以摆脱贫困。那么，如何理解贫困与空间的关系？具体而言：贫困现象、穷人以及穷人所在地（poverty，poor people and poor places）呈现什么样的关系？会给中国反贫困政策悖论提供哪些启示？

二 贫困地理视角：基础研究、发展历程与基本关系

贫困既是宏观现象，也是微观现实；既是个人问题，也是社会问题；既是理论概念或话语，也是经验现象或社会观念。为了廓清贫困概念的演变脉络从而找到它在理论或经验中的位置，笔者将简要梳理世界贫困理论基础研究，进而介绍贫困地理视角下的研究进路。

（一）贫困复杂定义的演变历程：概念、测量与话语争论

尽管贫困历史学者认为贫困是历史悠久的世界现象[6]，社会学者认为只要存在社会分层贫困就会一直存在[7]，真正提出"谁是穷人"并把穷人以及贫困现象作为研究对象却是19世纪80年代、由英国学者查尔斯·布思（Charles Booth）开创的[8]。1887年，查尔斯·布思（Charles Booth）运用社会调查方法对伦敦贫民窟进行了为期五年的大范围调查，对贫困问题进行了测量；首次根据收入和生活水平对居民生活状态划分了层次（8个层次），并根据倒数三四五层次食品、衣服、房租、燃料、清洗和照明等生活必需品的消费支出水平来确定"贫困线"[9]。此后，聚焦于穷人或生存状态恶劣的社区的"贫困"研究才真正开始，并开启了英美等国家对贫困概念的长期争论；而其中最核心的论点就是绝对贫困和相对贫困[5]。

1. 绝对贫困与相对贫困：争论与测量

在布思的基础上，英国学者西塞博姆·朗特里（Rowntree Seebohm）开创性的提出了绝对贫困的概念，并从物质匮乏的角度进行了界定：家庭总收入不足以获取维持纯粹体能所需的最低数量的生活必需品[10]。根据彼得·阿尔科特（Peter Alcock）的说法，绝对贫困是基于维持人们生存的最低生活必需品（主要是缺乏食物、衣物和住房）的客观标准来界定的[11]。换言之，绝对贫困关注人的生理与物理需要，而没有涉及到更广阔的社会与文化需求[12]。在接下来的20世纪下半叶，英国的平均生活标准不断提升，因而绝对贫困存在的合理性受到政界和学界的质疑。1976年，时任英国内阁掌管社会服务的国务大臣（Secretary of State for Social

Services）基思·约瑟夫（Keith Joseph）声称"无论用什么绝对标准来衡量，英国几乎没有贫困"[13]。1986 年的时任英国内阁掌管社会服务的国务大臣约翰·摩尔（Moore John）提出"'终结（绝对）贫困线的时候到了'，不断积累的富足已经消除了绝对贫困"[14]。对此，以奥本海姆·凯莉（Oppenheim Carey）为代表的学者重点提出两点质疑[12]：第一，如果一般的生存标准（General Standards of Living）是穷人自己决定的且会变化的，而最低生存标准（Minimum Standard of Living）则取决于全社会可接受的状态，那么绝对贫困的最低标准是很难界定的；第二，绝对贫困概念几乎没有考虑穷人的社会与文化需求。在这样的争论中，相对意义上的贫困研究逐渐出现。根据阿尔科特的说法就是[11]：在一个逐渐富起来的国家也仍然和没富裕之前一样存在远低于平均水平的贫困，例如尽管英国福利体系能够最大限度的抵制物质缺乏的贫困，但是相对于平均社会水平而言生活在 1950 年代和 1960 年代的最贫困人群的生活状态并不比 1940年代的更好。

相对贫困真正成为一个学术概念离不开彼得·汤森（Townsend Peter）的研究，约在 1970 年代后期他提出了相对贫困的操作性定义（working definition）：对该社会中的个人、家庭或群体而言，当他们缺乏资源而无法维持正常饮食、无法参加社会活动，以及无法获得符合社会惯例的生活条件和设施、或者至少从广义来说不被鼓励拥有或允许享用时，那么就可以说他们处于贫困中[15]。汤森的定义对后来的贫困研究和政策讨论产生了极其重要的影响，并普遍确认了当代社会贫困研究的两大内容：物质匮乏（material privation）和限制穷人参与一般社会活动（prevent people from participating in customary activities）。同样，相对贫困概念也引起了广泛的讨论。尤其是右翼政治势力，他们认为相对贫困更适合被界定为一种不平等（inequality）以便确保贫困指的是"需要得不到满足"（prevent want）而不是"财富再分配"（redistribute wealth）[11]。

当然，自从相对贫困意味着物质和社会两方面缺乏之后，定义与测量（definition and measurement）又成了更有争议的问题，因为绝对贫困是基于客观的物质基础而相对贫困则纳入了社会规范以及主观判断。英美贫困研究中，比较有代表性的贫困测量路径有两种。第一种是绝对贫困途径，由朗特里在研究英国约克郡的贫困时开创的标准预算法（budget standards），他借鉴了最低膳食能量需求和基本营养标准参数将贫困界定为：

（缺乏）维持最低生存标准的一揽子物品[10]。后来这一路径被批评为标准太低，且没有考虑到穷人家庭的实际支出（actual expenditure），因而后来的研究者们基于社会的家庭平均支出对标准预算法进行了改进。例如，美国瓦茨委员会（Watts Commission）以社会家庭支出中位数的50%以下为"社会最低标准"，用这个数来界定贫困线[11]。第二种是相对贫困途径，基于剥夺指数（indicators of deprivation）的贫困线（poverty threshold）测量。具体而言，奥珊斯基（Orshansky）开创了美国的相对贫困测量，他测量了不同收入的家庭用于必需品的支出占家庭收入的比例，发现了低收入家庭的必需品支出占比更高并据此推算了基于支出水平的贫困线[16]。英国的相对贫困测量则主要受"汤森指数"（Townsend indicator）影响，他以人们的物质占有情况和参加公认的社会活动为基础，围绕低收入设计了由12项关键剥夺指标组成的量表，在调查了大约2000个家庭后推算出了"汤森指数"。之后的迈克·乔安娜（Mack Joanna）和兰斯利·斯图尔特（Lansley Stewart）进一步推进了汤森的研究，他们采用相似的途径但是略微不同的剥夺指标选择方法[17]。具体而言，被调查的应答者不仅要回答他们缺乏哪些指标，还要回答这些指标缺乏是否因为低收入造成，以及这些指标是否是生活所必须。基于此，他们的界定标准是：只要一个家庭缺乏三项被大多数家庭认为是因为缺钱造成的生活必需品，那么就是贫困家庭。

2. 超出贫困概念：剥夺、社会排斥、环境退化的恶性循环

相对贫困概念在逐步完善中与从更广阔的剥夺（deprivation）以及社会排斥（social exclusion）的视角来理解贫困的研究产生了联系。阿尔科特首先从剥夺的视角做了关联性解释：从穷人的经历来看，他们不只是简单的收入不足，而是包含着剥夺和需要无法满足等无法使他们像其他人一样参与社会活动的多层面因素[11]。

首先，剥夺概念并非用来推算与收入水平相关的特定贫困线，而是关注物质和社会参与的匮乏对贫困经历的影响。一般认为是汤森最早设计了一套相对剥夺的科学指标，包含两部分：一是饮食、衣物和生活设施的缺乏；二是生存标准低于社会可接受范围[15]。此后剥夺才与贫困联系起来，也用来指穷人生活与经历中的更广阔的社会、福利和物理环境。这一视角启发人们：特定的个人、家庭或群体生存在贫困中时，也同时在经历各种形式的剥夺。而多种形式的剥夺促使研究者特别关注空间和位置（space and place），因为大量的贫困研究文献都表明多重剥夺（multiple forms of deprivation）现象高度集中于特定的城市地点，尤其是内城区（inner city）。因此，地理学家们就试图从地图上标出不同城市中剥夺水平最高的位置，进而将资源集中在这些位置上开展反贫困工作[5]。这就是本文重点论述的贫困地理学研究的由来，在下一节将重点论述。

其次，继剥夺概念之后，欧美学界及政策部门曾一度从更宽广的社会排斥概念来理解贫困，先后影响了欧盟委员会、英国的社会政策和相应的学术研究，最终因为概念本身过于宽泛、复杂且难以操作而淡出。社会排斥起源于大陆欧盟社会和福利意义上的团结（solidarity）话语，表示个人和社会的关系断裂（rupture）[18]。具体而言，它是当时法国社会政策中用来指特定的个人和群体被国家社会救助体制排斥的现象。1993年欧盟委员会采用了这一概念，在随后的接近20年左右的社会政策项目中都沿用这一词，主要是试图在欧盟主要国家将结构基金（structural fund）的重点由反贫项目转向社会排斥问题[19]。随后，欧洲学术界也将社会排斥概念引入社会福利研究，主要关注：社会排斥的不同维度、排斥与贫困的具体联系。其中较为突破性的研究是戈登·大卫等（David Gordon et al.）学者的四维度划分：赤贫或收入排斥、劳动力市场排斥、服务排斥和社会关系排斥[20]。一般都认为社会排斥具有过程式、多维度和动态的特征。例如，艾伦·沃克和卡罗尔·沃克（Walker, Alan & Walker, Carol）将社会排斥定义为个人完全或部分地被社会、经济、政治或文化等决定个人社会融入的体制排除的动态过程[21]。此外，社会排斥还曾一度与社会中的两个群体（即"included"和"excluded"）的社会分裂（social cleavage）研究联系起来。例如安东尼·吉登斯（Giddens Anthony）曾将社会排斥与（不）平等联系起来，他指出不平等就是排斥，平等就是包容（inclusion）[22]；而且他不只局限于被排斥群体，还讨论了被包容群体或优势群体中的"精英退出（revolt of the elites）"（即部分精英从公共服务中撤退）现象[23]。最终，由于这一概念本身过于宽泛和复杂，更多指涉社会结构或社会关系，主流研究还是回到贫困研究上，社会排斥逐渐与贫困研究分离。

再次，还出现了一批学者将贫困与脆弱生态环境的关系进行联合考察，认为可以从脆弱的生态环境或生态环境的退化来理解贫困。戴维·皮尔斯和李瑞丰·沃福德于1987年在世界环境委员会对非洲撒哈拉地区的贫困现象进行了极具说服力的论述："没有比任何一个地区承受着这种'贫困——环境退化——进一步贫困'的恶性循环的痛苦更悲惨的了"[24]。美国经济学家迈克尔·P·托达罗在《经济发展与第三世界》中用地域差异理论来解释贫穷国家经济发展缓慢的原因，指出贫困与生态环境退化的恶性循环是造成贫困落后地区经济社会难以持续发展的重要原因[25]。按照他们的观点，贫困既是环境破坏的结果，又是环境破坏的原因，两者会循环往复并互相加重彼此的恶果。具体而言，欠发达地区由于缺乏相应高新技术、政策支持、人力资源等外在条件，往往在反贫困的过程中会更加依赖自然资源，采取粗放型发展模式和掠夺式资源开采模式，这在一定程度上会造成环境污染和生态危机。同时，作为经济发展基础的自然资源在遭遇生态危机后，又会反过来进一步加重当地甚至辐射周边地区的贫困程度。由此造成的贫困要比因为其他原因造成的贫困更加难以治理，最终会陷入生态—贫困恶性循环的陷阱，即会"呈现贫困与生态相互依赖与相互强化的螺旋下降过程"[26]。

3. 超出贫困理论：政策、媒体、大众以及穷人的理解

贫困理论在争论中演进，贫困的话语却广泛、散乱的分布在政治、政策、媒体以及普通大众构成的复杂网络之中，而且呈现重要的关联。戴利·杰拉尔德（Daly Gerald）称之为"贫困行业"（poverty industry）：由为穷人代言并设定贫困议程的政府官员、专家以及众多公共或私人机构组成的贫困问题活动者在生产、表述和消费贫困的含义中形成了复杂的联系[27]。贝雷斯福德·彼得等（Beresford Peter et al.）进一步细分为四大群体[28]。第一，学术界，重在发现、定义、测量和讨论当代社会的贫困；第二，游说团体，重在通过自上而下的游说方式影响政府、政治家以及官员等对贫困的重视，例如英国的儿童贫困行动小组（Child Poverty Action Group）；第三，政党及政治家，不同党派对贫困的理解差异集中在绝对贫困与相对贫困的争论上，例如英国左派认同相对贫困而右派则赞同绝对贫困；第四，媒体，不仅呈现其他三大主体的贫困议程而且还能通过自身资源塑造他们自己的贫困议程，例如英国 1960 年代的纪录片《凯西回家》（*Cathy Come Home*）引起了全社会对无家可归者的关注，直接催生了英国的住房游说组织"避难所"（Shelter），还改变了政治议程。当然，上述四大力量并非彼此孤立，而是相互关联，例如学者可以成为游说团体的顾问或政党的参事，游说团体有可能自己成为政治家或学者，而媒体从

业者也可以如此。他们在形塑公民的贫困认知中都扮演着重要作用,既有冲突也有合作。

实质上,正是上述行动者的互动塑造了大众的贫困认知,但是吊诡的是,似乎至始至终忽略了穷人自己的声音（the voice of the poor）。正如戴利所指出的"穷人一直处于被代言的状态,是政治家、专家等代他们发声"[27]。基于此,贝雷斯福德等人从穷人发声的角度研究了文献中的贫困理论与实际的贫困认识之间的差别,他们发现：与非穷人的公众更关注绝对贫困的严格定义与测量相比,穷人更关注相对贫困[28]。穷人对自身的生活状况有自己的认识,具体包括三大方面：一是物质与资金匮乏,主要表现为收入不足以购买生活必需品；二是强调行为方式或选择上的限制,主要是没有能力参与某些应当做的活动；三是一种与缺钱关系不大的"心理状态"（a state of mind）,主要是指即便是富人也会感到缺乏的那种状态,体现为思路贫穷、知识贫穷和精神贫穷。保罗·米尔本恩（Paul Milbourne）进一步认为,y 乡村的穷人几乎不认为自己穷,也不愿意被认为穷,总体上呈现一种"否认贫困"（self-denial of poverty）的状态[5]。他认为：一是,外来的贫困帽子的污名化（stigma）促使穷人拒绝它。二是,社会流动限制（restricted mobility）导致穷人产生了两种比较机制。一方面不与外界比而只与内部比从而不会产生太大的差距,另一方面他们倾向于与第三世界的发展中国家相比从而寻找慰藉。

总之,贫困从一种客观存在的现象演变为一个分析性概念和专门研究经历了诸多概念间的争论过程,并在此过程中形成了涵盖政策制定者、学者、媒体、社会组织以及穷人等主体组成的贫困行业。尽管尚未形成定论,但是在两大方面达成了基本共识：一是,在西方现代化社会的个人收入和生活水平不断提高的背景下相对贫困概念更符合实际,不仅包含了低收入群体的基本物质需要,还考虑到了基本社会需求和特定社会服务需要。二是,贫困的空间性与地方性,贫困现象虽然复杂、不可见,但是穷人的生活与行为总是与特定的社会空间与地理位置紧密联系。因此,贫困地理研究建立在相对贫困概念之上,且关注其空间性与地方性。

（二）贫困地理学的发展历程：理论缘起、视角变化与研究现状

贫困的地理学研究在英国有较长的历史,最早的开创性研究可以追溯到查尔斯·布斯（Charles Booth）和西博姆·朗特里（Seebohm Rowntree）。其中,查尔斯·布斯开创性地通过地理标注的方法将财富水平和贫困状况标注在以街道为基础的地图上,从而让贫困分布一目了然[9];而西博姆·朗特里对19世纪末期约克郡的贫困调查改变了当时人们对贫困的看法,并且产生了持续性影响:不仅在社会学领域首次使用贫困线,而且广泛引起了贫困相关的研究者对社区贫困状况的关注[10]。随后,汤森对二十世纪60年代英国的贫困研究具有重大影响,基于全国的调查和以地方为基础的案例研究(place-based case studies)不仅阐明了贫困发生的空间差别,而且挑战了当时传统意义上将空间性贫困理解为城市劣势社区中的社会现象的观点[15]。20世纪七八十年代,贫困的空间性引起了地理学研究者的系列争论,一批激进的人文地理学者将焦点转移到解决英国和美国不平等(Inequality)的空间表现上,并且批评人文地理学以空间分析的描述性研究占主流的研究取向。例如保罗·诺克斯(Paul Knox)认为人文地理学的基本目标是解决福利的空间差异,但是截至目前鲜有研究致力于此[29]。之后到20世纪90年代中期,研究焦点又开始回到人文地理学领域被边缘化的贫困研究。由克里斯·菲洛(Chris Philo)、儿童贫困行动小组(Child Poverty Action Group)和社会文化地理研究小组(Social and Cultural Geography Study Group)联合出版的专著首次全面介绍了英国贫困的空间维度,而且对空间—贫困—所在地间关系(Space-Poverty-Place Relations)进行了新的理论解释[30]。此后,贫困、空间与所在地间关系成为贫困地理研究的基本关系和主要问题,并逐步发展成为贫困、福利与空间或所在地间关系。具体而言,主要是三大基本问题:贫困的空间分布、以地方为基础的贫困研究、福利的地理特征。下面将一一论述。

首先,贫困的空间分布研究,主要讨论贫困的空间差异现象。在贫困地理研究者的视野中,贫困发生率的空间差异是基本主题,其分析思路是通过比较不同空间类型(如区域、地方行政区、城市与乡村等)中相对贫困发生率的比率[8]。这一主题可以进一步分为三个方向:第一,城市的集中贫困(concentrated urban poverty)。最高水平的相对贫困总是发生在各个国家的大城市中,由此强化了公共政策、媒体以及学者等主体将集中贫困建构为一种城市现象。但是,随着城乡贫困差异日趋显著,英美的贫困地理研究也将视野扩展到了城市边缘地带和乡村。有研究表明,非大都市空间的贫困发生率约为15.4%、中心城市的贫困发生率约为16.5%,但是大部分美国穷人生活在中心城市边界之外[31]。就英国而言,城乡贫困差异较为明显,截止2008年英格兰仍有五分之一家庭生活在低收入水平[32]。第二，贫困的区域性和区域内部差异。这一方向是在前一个方向中的城乡划分中产生的，学者们发现贫困不只是笼统的集中存在于城市或分散存在于乡村，而是有更加复杂的地区性。例如，美国的研究者发现高贫困发生率集中于密西西比三角洲、阿巴拉契亚、格兰德河下游以及西南部和大平原上的包含印第安保留区的县城[33]。这些地区的贫困十分顽固，往往持续数十年。贫困的区域划分也是英国研究人员长期关注的一个主题，他们对英国南北差距（North-South Divide）的持续存在进行了大量研究[34]，尽管近年来的研究表明贫困水平呈现更加复杂的区域内部差异，但是区域性差异仍然被认为是全英国过去数十年间的贫困特征。道灵·丹尼（Dorling, Daniel）等多位学者在受朗特利基金会资助而完成的著作《英国的贫困、财富和所在地》中指出"贫困和财富数据集地图表明，财富和贫困在每个时期都表现出相似的地理模式。最高的财富和最低的贫困率往往集中在英格兰的东南部（伦敦大部分内城区除外），而最低财富和最高贫困率集中在大城市和英国的工业化和去工业化地区。"[35]第三，贫困的微观地理特征（micro-geographies of poverty），主要是贫困的多标度（multiple scales）和复杂空间性动态（complex spatial dynamics of poverty）。这一主题是超出上述两个方向的结果，前面的城乡贫困划分或区域性贫困划分都显得比较宏观，但是忽略了特定城市空间或乡村空间中的多种劣势现象、不平等现象以及特定社区中的贫困现象的持续共存的特征，因而部分研究者们将视角转向贫困地理的微观层面[36][37]。但是这一研究方向也存在明显的不足：珍妮特·科得拉（Janet, Kodras）认为这些研究并没有解释贫困与特定的区域或所在地间关系的原因[38]。鲍威尔·马丁（Powell, Martin）和博恩·乔治（Boyne, George）则明确指出这些研究只是确定了贫困的空间模式，但是并没有进一步求证其背后的结构过程。更进一步来讲，只是根据收入水平定位了个体或家庭的空间（space），但是并没有考虑贫困与所在地（place）（诸如生活成本、福利背景等）间的关系。因此，马丁·鲍威尔等人后续进一步指出贫困的空间分布研究需要进一步求证：其他的福利或惩罚会因为特定群体居住的地方而使其优势或劣势加剧[39]。保罗·米尔本恩回顾了这一研究主题后认为存在明显的不足：一方面是根据官方数据来进行统计分析所获得的平均水平忽略了贫困所在地的内部差异，另一方面贫困地图是先入为主的根据穷人的空间集中来制作的，也就是根据特定空间内贫困线以下人群的比例，这样就忽略了穷人的绝对数量在空间上的分布。这种研究视角的不足所导致的问题是：形成了一种扭曲的贫困地理研究视角，夸大了城市贫困的空间性，而忽视或低估了乡村贫困的地理分布[8]。

其次，基于所在地的贫困研究，重点关注贫困、空间和所在地间的关系。贫困的地方向来被认为与物理的、经济的和社会的不利因素密切相关。这些问题的累积形成一种所谓的"邻里效应"（neighbourhood effects），恶化了贫困的不利影响，使得不少学者认为生活在贫困的地方就是比其他地方更加艰难[40][41]。有学者专门研究了这些地方的诸如无业、公共服务缺乏、恶劣的社会环境等等不利因素后认为它们形成了一种"下跌的螺旋"（spiral of decline）[42][43]。具体而言，贫困地方不仅表现出相对孤立的社会网络，而且生活在这些地方容易产生邻里信任腐蚀、衍生社会隔离并限制了与其他社区互动的机会[44]。另外，生活在这种受限的、隔离的空间中通常会被贴上"强烈的污名化"（powerful stigma）标签，而这又会削弱当地居民的身份认同感和福利，并对这些地方产生一种外来的、负面的建构[45]。美国学者威尔逊·威廉·朱利叶斯（Wilson, William Julius）对内城区贫民窟的研究对理解贫困所在地"下跌的螺旋"的产生过程意义重大，他认为包括失业、种族歧视和住房分配制度等在内的结构过程、以中产阶级迁出为主的社会过程以及内城区工作消失所形成的失业性文化惯例的文化过程一起造成了新的社会隔离空间和内城区下跌的螺旋[46]。随后，法国学者华康德（LoïcWacquant）对美国黑人贫困社区（ghetto）和法国工薪族郊区（working-class Banlieue）的城市贫困进行研究时发现了与威尔逊观察到的相似的边缘化过程，只不过他更强调国家行为在这一过程中的作用：正是由于国家放弃城市政策所形成的政府失灵，导致对黑人（次级）无产阶级的惩罚性遏制，这是美国大都市中根深蒂固的边缘群体最有力和最独特的原因[47]。这一主题下主要基于民族志方法的城市贫困研究进一步挑战了占主流话语的"集中贫困"话语。例如威尔逊的研究揭示了内城区生存环境下的生存机会存在的结构性堵塞所形成的文化适应，进而塑造了特定的行为模式[46]。也有研究指出城市中的贫困地方总是呈现较高的异质性，混合了工薪阶层、流动人口、福利领受者、流浪汉等各种贫困人群，从而形塑了特定地方的贫困经历[48]。另外，也有研究驳斥了将劣势内城区看成社会功能紊乱的空间的说法，他们认为这些地方可能表现了贫困和社会排斥的空间形式，但是它们也成为那些不被主流社会接受的贫困人群的藏身之地[47][49]。新近的研究认为这一主题忽视了乡村贫困问题，尤其是各种形式的不可见性贫困现象。保罗·米尔本恩指出，分散在英国乡村图景中的穷人，生活在更加混杂的社区、缺乏关键的福利供给，这些地理环境特征不仅长期被忽视、难以被发现，而且形塑了他们的贫困经历和基础[5]。一方面，这些物理层面或社会层面被忽视的因素不仅导致了政治、媒体和普通大众对乡村贫困的否认（denial of poverty），而且导致了更具挑战性的生存环境以及不利的贫困研究背景。例如城市中产阶级向乡村迁入就给乡村低收入人群带来了额外的问题：他们通过俘获基层的住房市场和社区资源来建构田园化的乡村生活环境，实则剥夺了社区资源、隐藏了乡村的贫困现象[50]。另一方面，英美的"乡村性"（rurality）道德话语强烈的影响着穷人的贫困体验和认知。乡村穷人认为生活在乡村可以享受到美丽的生活环境，从而在心理上有一种满足感并且降低了贫困的感知力。与城市相比，他们用来应对贫困的系列策略所受到的制约更大，因为基层文化和性别规范主宰了他们对非正式工作和自我效能的偏好[51]。尤其是在范围更小、关系更紧密的乡村社区，这些策略更加明显、在决定他们的生存状态上扮演着更加重要的角色。

再次，福利的地理特征，主要关注福利供给的空间不平等、福利供给和需要间的地理错位、央地福利关系等。福利分布不均占据了20世纪80年代和90年代的贫困与福利地理学者的研究视线，但是近年来不少学者开始意识到对福利政策和社会支出模式关注不足。克里斯·哈姆内特（Chris Hamnett）呼吁就福利供给的整体结构、资金和组织，公营或私营的程度，以及有关供给的历史和政治进行新的研究，以便厘清地理差异[52]。马丁·鲍威尔和乔治·伯恩（Martin, Powell; George, Boyne）则批判性指出先前的福利地理研究忽视了国家行动和个体的住地背景在形塑福利供给的地理特征上的作用，进而认为福利地理学需要超越关于福利支出中空间不平等的不可取性（undesirability）的简单化陈述，并对这种不平等的政治和政策原理以及福利影响进行更复杂的解释[53]。此后的研究可以分为三条进路。一是研究央地福利关系调整与福利供给空间不平等的关系。央地福利关系调整是福利地理领域的经典话题，发展到今天基本形成了共识：不同国家的福利制度都与复杂的标量交互（scalar interaction）和地理特征紧密相关。例如，艾伦·科克伦（Allan Cochrane）曾指出，19世纪末期和20世纪早期的地方福利供给制度就呈现出较强的空间不平等,并且取决于特定地方的政治团体的重视程度[54]。到二十世纪中期,这些地方计划的主要特点是建立国家福利制度,在一定程度上是为了消除这种空间上的不平等。实际上,这一国有化进程只是在中央和地方福利行动者之间引入了一系列新的标量相互作用,并在福利供给方面引入了新的空间不平等。二是福利改革中的国家作用及其对福利不平等的影响。杰索普·鲍勃(Jessop, Bob)指出只要新的福利安排仍然受限于科层制阴影(shadow of hierarchies),那么中央政府或国家就会在福利制度上扮演更重要的角色[55]。例如,福利责任向志愿部门转移的研究表明在这一过程中体现了国家对志愿部门的额外控制,不仅产生了变异的操作模式,而且志愿部门在逐步引导中转向了国家青睐的空间[56][57]。三是工作福利制度等福利项目与地方社会空间的冲突以及新的福利不平等的形成。工作福利制度(workfare regime)的空间基础和影响是贫困地理学者新近话题。这种制度则被视为新自由主义从退却到回归转型过程的一部分,它代表了福利原则从以需求为基础的、普遍性的权利向强制性、选择性以及积极的劳动力包容性转变[57]。美国大部分关于工作福利的地理研究都聚焦于1996年的《个人责任和工作调节法案》(Personal Responsibility and Work Reconciliation Act)。鉴于该法案中存在缩减福利支出、限制福利津贴、非工作制裁以及福利责任转移等内容,它成了新自由主义工作福利制度的缩影。尽管该法案的实施减少了福利方面的遗留案件,但是它造成了失业群体中新形式的脆弱性以及先前的福利接收者的工作不安全性[59]。工作福利制度还产生了一种由于国家经济变化与国家间福利设计差异的互动而造成的福利不平等分布[60]。工作福利制度增加了地方在设计福利计划上的灵活性,进而针对性的解决地方经济和福利状况。尽管地方的灵活性允许地方执行与国家福利制度限制相冲突的渐进福利项目,但是预算限制往往使得很多州和县不能或不愿分配更多的资源来填补联邦项目削减留下的鸿沟[61]。另外,分权产生了更多惩罚性的地方福利制度,有研究对单个州的研究指出新的福利制度正被用来惩罚穷人、加强既定的与种族和地区相关的偏见[62]。再者,工作福利制度被认为是以福利空间话语(spatialised discourse)为基础。正如柯普·梅根和吉尔伯特·梅丽莎(Cope, Meghan & Gilbert, Melissa)指出的,"《个人责任和工作调节法案》的语言和条款存在显著的城市偏见,而早期实施的项目基本都在城市"[63]。事实上,也有研究指出由于偏远农村的地方经济限制使得福利向工作的转型复杂化，农村工作福利的影响存在地域差异[64]。而且，农村的福利分权易于遭受地方精英的颠覆，他们向来对反贫困议程缺乏同理心[65]。最后，这些地方化的新自由主义项目与业已存在的社会空间分裂相冲突，进而造成了新的不平等、政治权利剥夺和经济贫困。为了取代穷人和无家可归者，内城的主要公共空间都被重新设计、私有化和重新调整，因为他们的存在威胁到了新自由主义的城市议程[66]。例如，针对城市无家可归者的城市清洗项目通过加大惩罚力度进行更加激进的干预从而明显地将无家可归者归入到城市公共空间的溃败中。

结合保罗·米尔本恩的梳理可知，已有研究存在三大不足和改进方向。第一，传统的关注贫困地区（places of poverty）的研究往往忽略了穷人所生活的贫困社区所在住地、空间对穷人发展机会、生活习惯以及信息来源等方面的限制以及由此所造成的贫困社区物理、社会与文化上的不利，因而需要将研究焦点转向空间贫困视角下的住地贫困（poverty of places）。第二，传统的研究更加注重定量的宏观测量与统计，忽视了穷人所在社区的生活环境、行为方式与制约因素等微观的定性研究，因而需要两者结合。第三，传统的研究习惯于比较贫困与非贫困人口的差别，忽视了空间因素对穷人的限制，因而需要更加细致的贫困地区与非贫困地区的比较研究。而这些为我们反思中国精准扶贫战略中的逐级分类瞄准所导致的地区间不平等、社区内部不平等以及政策执行的形式主义等问题提供了切入点，并且与中国社会政策或社会福利体系建设中的空间不平等联系起来。下面，我们将详细论述。

三 理论启示：精准扶贫的分类迷思、社会中国的空间正义与以社区为基础的发展

首先，精准扶贫的分类迷思，过分强调技术瞄准而忽视了贫困的空间特性。第一，逐级分类瞄准扩大了地区间不平等，尤其以贫困村与非贫困村的差距为甚。例如，《半月谈》曾发文指出"贫困村吃撑了，非贫困村却饿得不得了。"① 这比较直观地反映了当前脱贫攻坚中人、财、物都往

---

① 半月谈：贫困村吃撑了，非贫困村却饿得不得了！脱贫攻坚拉响新警报 https://www.guancha.cn/society/2018_01_25_444603.shtml

贫困村集中，非贫困村一定程度上受重视程度不够，从而造成新的发展不平衡。第二，逐级分类瞄准扩大了社区内部不平等，忽视了村庄社区的整体性。通过建档立卡专门识别村庄内部的贫困户并进行针对性帮扶，看似符合精准治贫的逻辑，技术上也可行，但是陷入了过度理想化的误区。即便是同一贫困村内部，也只有较小一部分是极端贫困户和较富裕户[67]，而处于中游的则是大部分的低收入户，很难精确的区分家庭困难程度。再考虑到同一村庄内部由于生产生活、风俗习惯、互助与合作等形成的社群伦理与村社理性[68]，当单独圈定少部分人享受大量扶贫资源时易于引起另一部分人的不满，且又会造成新的内部不平等。第三，逐级分类瞄准忽视了贫困现象的复杂性和不可见性，为衍生扶贫政策执行的形式主义提供了基础[69]。贫困现象十分复杂、且不可见、难以量化，而脱贫进度则呈现出高压力、高强度和高速度；当扶贫的压力不断加强且持续存在，而扶贫的业务又十分模糊、绩效难以测量时，政策执行者为了应对压力、完成任务就会产生大量的虚假应付、材料造假或空转重复等形式主义问题。2019年3月，中办印发《关于解决形式主义突出问题为基层减负的通知》，明确提出将2019年作为"基层减负年"，并就填表报数、层层报材料、文山会海、频繁检查等官僚主义、形式主义问题做了重要批评和指示，充分体现了对这一问题的重视和回应。

其次，社会政策设计的空间不正义与身份差别。岳经纶近年在借鉴欧洲社会政策研究者的"社会欧洲"（Social Europe）概念[70]、考察中国的社会政策内在冲突与碎片化实际后提出的"社会中国"（Social China）[71]。社会中国，就是中国的社会模式，特别是中国的社会政策与社会福利模式；其与经济中国、政治中国等概念一样，是对中国社会模式的历史、现状与未来的高度抽象；它是一个兼具历史/时间维度与地理/空间维度的概念，既指涉社会福利的提供，又涉及抽象的公民社会权利的建构。具体而言，一方面，从地域分布来看，由于中国地域辽阔，城乡和区域间发展不平衡，加上户籍制度的分割，我国的社会政策一直存在着地方化的特色，导致各地社会保障具体制度和实际福利水平存在明显的差异。另一方面，从社会政策对象的身份类别来看，城乡之间、地区之间、劳动力市场内部与外部之间存在显著的差异，而且这种差异在城市或区县层面也得到小规模的复制。因此，可以说在社会福利的意义上不存在一个统一的"中国"，也不存在无差别的"中国人"身份，而只有以城市或区县为单位的基于户籍制度的地域公民身份（如"广州人"、"武汉人"、"麻城人"以及广大的"乡下人"等）或以雇佣单位为基础的基于正式编制与否的单位公民身份（如"公务员编"、"事业编"、"国企正式编"、"合同编"、"农民工"等）。社会中国的提倡既是从当前的实践经验对这一悖论的回应，也是试图从长远出发推进这种地域公民身份在空间上不断扩张、单位公民身份在社会福利上的不断均衡，进而逐步实现全国意义上的以基本公共服务均等化为特征的福利公正社会。中国社会政策设计的空间不正义与身份差别，导致大量相对贫困人口无法纳入社会福利范围。因此，构建社会福利意义上的社会中国，从而在空间正义的意义上消除反贫困的精准性、紧迫性与贫困的不可见性、持续性的矛盾。

再次，重视社区发展和乡村生态，贫困不可见而穷人生存的社区是可见，针对可见的穷人社区的帮扶比不可见的贫困的帮扶更有可操作性。早先于中国的精准扶贫与乡村振兴提出数年的英美乡村未来计划（Rural Future）中，充分肯定并发挥了社区的重要性[1]。他们认为，每个社区成员都应有发展权利以成就家庭未来的能力与机会，而社区不仅仅是一个生活的地方，更应是包含每位社区成员的因为生产生活形成的、具有共同发展目标的网络。为了实现社区发展的目标，对内需要聚焦于社区所在地、培养具有领导力的社区领导人带动社区产生集体性、生产性、包容性的社区发展项目；对外需要在城乡之间实现有效的互动和连接，解决包括数据通信、交通、饮水、医疗卫生等在内的城乡基本公共服务。具体而言，他们认为乡村发展的机遇在于地方领导力、地方企业、多样性与包容性的社区文化、技术运用，而相应的挑战在于人口减少、医疗卫生服务匮乏、数据通信服务不强等。因此，这进一步启发我们：需要运用更加包容的、整体、多层级的社会地理学视角去观察农村贫困社区的贫困与反贫困问题，既要聚焦于贫困发生地的物质条件与生态环境对贫困人口的制约，也要看到贫困发生地的生产生活方式、经济发展模式以及社区文化对贫困的容纳与粘滞，还要看到贫困发生地与外部地理空间的互动性关系中的空间不平等问题。而这些都是回答本文提出的悖论的重要议题和方面。

---

[1] 详见：美国乡村未来计划 https://ruralfutures.nebraska.edu/why/

四 余 论

本文试图从地理空间的视角回应贫困的复杂性、持久性与中国反贫困的精准性、紧迫性间的悖论。为此,本文首先回顾了英美贫困理论研究的发展脉络、概念论争与现状,并据此引出了贫困地理研究的新视角;接着重点回顾了英美贫困地理研究的理论脉络、视角变化与研究现状;最后据此引发对中国的扶贫与福利建设的理论反思。具体而言,(1)包括学术界、政治家、政策界、媒体以及穷人自身等在内的多个主体形成了一种贫困行业,他们对于贫困的理解与方案各不相同但又彼此关联,且尚无定论,而这构成了贫困的复杂性与不可见性的理论困惑,贫困地理学视角正是发源于此。(2)贫困地理学研究者注意到了上述困惑后在贫困的空间与地方特性上达成了共识,因为无论贫困多么复杂、不可见,贫困人口的生活所在地具有显著的空间与地方特征。贫困地理学主要研究贫困、空间与地方或位置间的关系,目前而言主要集中于贫困的空间分布、以地方为基础的贫困研究、福利的地理特征与空间不平等等三大议题。(3)中国的精准扶贫的分类迷失,过分强调技术瞄准而忽视了贫困的空间特性;社会福利建设中的空间不正义与身份差别,需要构建社会福利公正意义上的社会中国;需要重视社区发展,运用更加包容、整体、多层级的社会地理学视角去观察农村贫困社区的贫困与反贫困问题,不仅仅关注贫困家庭的收入与生活,更要关注贫困社区的地理环境、生活方式、社区文化以及与外部社会的互动关系。

当然,在贫困理论研究上还有很多值得进一步比较对话的跨学科研究,可以为中国的贫困与反贫困研究提供更多新视角。第一,塞德希尔·穆来纳森(SendhilMullainathan)和埃尔德·沙菲尔(EldarShafir)等基于行为经济学的穷人行为研究。他们指出,"穷人和富人都陷入了'稀缺性'心态,不同的是穷人缺钱而富人缺时间;这种金钱的稀缺性限制了穷人的认知,导致短视,长期以往就形成了稀缺性心态,逐渐失去认知能力和执行控制力,并最终陷入金钱稀缺之中"[72]。第二,齐格蒙特·鲍曼(Zygmunt Bauman)基于消费社会学的穷人消费行为研究。他提出了"新穷人"(New Poor)的概念,指的是消费型社会中有缺陷的消费者(通俗地讲,就是缺钱而无法随心购买所需品的人)。他回顾了英国从生产型社会向消费型社会转型中穷人的生活方式变化及其原因：之前穷人来源于失业，而如今则来自于消费缺陷[73]。第三，从生态可持续性角度的反贫困研究。阿鲁卡（MAO Aluko）从环境恶化、可持续发展的角度研究了贫困陷阱，并提出了污染控制、环境修复和生态补偿是解决贫困的有利途径[74]。具体而言：（1）对一个生态系统严重失衡并阻碍了经济、社会发展的贫困地区，首先要做的是进行生态环境建设和保护，提高生态环境质量，为经济、社会发展创造条件，或者采取措施实施人类社会活动转移以恢复。（2）反贫困不仅是一种对人类需求的不断满足或相对单一的财富分配理念及单纯地对经济增长的需求，更是一种人类正常生存环境的改善与发展的诉求。第四，威廉·伊斯特利（William Easterly）基于生存权利与技术社会学的视角提出了"贫困的本质是穷人的权利缺失，是用技术解决社会问题从而忽视穷人权利的道德悲剧"[75]。第二，阿比吉特·班纳吉（Abhijit V. Banerjee）与埃斯特·迪弗洛（Esther Duflo）等运用社会实验来探讨并解决贫困问题，他们在探讨了五大洲多个国家的穷人世界后认为，"各国帮助穷人的援助政策之所以失败，在于人们对于贫穷的理解不够深刻，好钢没有用在刀刃上"[76]。

总之，本文是在拓展贫困与反贫困研究视野上尝试性、比较新对话。随着理论的精进和视野的开阔，将会逐步关注上述暂时未被深入拓展的研究视角之外的更多研究，以便为国内外的贫困与反贫困研究略尽绵薄之力。

参考文献：

[1] Mingione, E., (2008), *Urban poverty and the underclass: a reader*, John Wiley & Sons.

[2] Milbourne, P. (2004). *Rural poverty: marginalisation and exclusion in Britain and the United States*: Routledge.

[3] Alcock, P., 1997, *Understanding poverty*, 2nd edition, London: Macmillan. pp: 52.

[4] Bradshaw, J., & Finch, N. (2003). Overlaps in dimensions of poverty. *Journal of Social Policy*, 32 (4): 513–525.

[5] Milbourne, P. (2004). *Rural poverty: marginalisation and exclusion in Britain and the United States*: Routledge.

[6] Beaudoin, S. M., (2007), *Poverty in world history*, London: Routledge.

[7] 李小云：为什么扶贫几十年穷人反倒越来越多. [N] 凤凰网. 2016 年 06 月 17 日.

[8] Milbourne, P. (2010). *Putting poverty and welfare in place*. Policy & Politics, 38 (1): 153 – 169.

[9] Booth, C., (1903), *Life and Labour of the People in London* (Vol. 1), London: Macmillan.

[10] Rowntree, B. S., (1901), *Poverty: A study of town life*, Macmillan.

[11] Alcock, P., (1997), *Understanding poverty*, 2nd edition, London: Macmillan. pp: 79.

[12] Carey, O., (1993), *Poverty: the facts*, London: CPAG.

[13] Joseph, K., (1976), *Stranded on the middle ground: reflections on circumstances and policies*, Centre for Policy Studies.

[14] Moore, J., (1990), 'The end of the line for poverty', speech to the Greater London Area CPC, 11 May. Quoted in P. Alcock., (1997), *Understanding Poverty*, London: Macmillan.

[15] Townsend, P., (1979), *Poverty in the United Kingdom: a survey of household resources and standards of living*, Univ of California Press.

[16] Orshansky, M., (1969), "How poverty is measured", Monthly Lab Rev, 92: 37.

[17] Mack, J., Lansley, S., (1985), *Poor Britain*, London: Allen & Unwin.

[18] Silver, H., (1994), "Social exclusion and social solidarity: three paradigms", Int'l Lab Rev, 133: 531.

[19] Percy-Smith, J., (2000), *Policy responses to social exclusion: Towards inclusion?*, UK: McGraw-Hill Education.

[20] Gordon, D., Pantazis, C., Patsios, D., Payne, S., Townsend, P., Adelman, L., Ashworth, K., Middleton, S., Bradshaw, J., Williams, J., (2000), *Poverty and Social Exclusion in Britain*. York: Joseph Rowntree Foundation.

[21] Walker, A., Walker, C. (Eds.)., (1997), *Britain divided: The growth of social exclusion in the 1980s and 1990s*, London: Child Poverty Action Group.

[22] Giddens, A., (2007), *The third way: The renewal of social democracy*, London: Polity Press.

[23] Giddens, A., (2007), *The third way and its critics*, London: PolityPress.

[24] 戴维·皮尔斯、李瑞丰·沃福德. 世界无末日 [M]. 北京：中国环境出版社，1996：第 313 页.

[25] 迈克尔·P·托达罗. 经济发展与第三世界 [M]. 北京：中国经济出版社，

1992: 第 102~103 页.

[26] Bhattacharya, H. , & Innes, R. J. A. J. o. A. E. (2012). *Income and the environment in rural India: Is there a poverty trap?*, 95 (1), 42 - 69.

[27] Daly, G. , (2013), *Homeless: Policies, strategies and lives on the streets*, London: Routledge.

[28] Beresford, P. , Green, D. , Lister, R. , Woodard, K, . (1999), *Poverty first hand: Poor people speak for themselves*. London: Child Poverty Action Group.

[29] Knox, P. , (1975), *Social well-being: A spatial perspective*, Oxford: Oxford University Press.

[30] McCormick, J. , & Philo, C. (1995). *Where is poverty? The hidden geography of poverty in the United Kingdom*. Off the Map: The social geography of poverty in the UK, 1 - 22.

[31] Sherman, J. (2006). Coping with rural poverty: Economic survival and moral capital in rural America. *Social Forces*, 85 (2), 891 - 913.

[32] Palmer, G. (2009). *The poverty site*. Retrieved on 23 July 2009. from: http://www.poverty.org.uk/summary/key-facts/

[33] Weber, B. (2005) 'Poverty, policy and place: a symposium', *International Regional Science Review*, 28: 379 - 80

[34] Martin, R. (1988). *The political economy of Britain's north-south divide*. Transactions of the Institute of British Geographers, 389 - 418.

[35] Dorling, D. , Rigby, J. , Wheeler, B. , Ballas, D. , Thomas, B. , Fahmy, E. , ... Lupton, R. (2007). *Poverty, wealth and place in Britain*, 1968 to 2005: The Policy Press for the Joseph Rowntree Foundation.

[36] Glasmeier, A. , Martin, R. , Tyler, P. , & Dorling, D. (2008). Poverty and place in the UK and USA. Cambridge journal of regions, *economy and society*, 1 (1), 1 - 16.

[37] May, J. , Wills, J. , Datta, K. , Evans, Y. , Herbert, J. , & McIlwaine, C. (2007). Keeping London working: global cities, the British state and London's new migrant division of labour. *Transactions of the Institute of British Geographers*, 32 (2), 151 - 167.

[38] Kodras, J. E. (1997). The changing map of American poverty in an era of economic restructuring and political realignment. *Economic Geography*, 73 (1), 67 - 93.

[39] Powell, M. , Boyne, G. , & Ashworth, R. (2001). Towards a geography of people poverty and place poverty. *Policy & Politics*, 29 (3), 243 - 258.

[40] Atkinson, R. , & Kintrea, K. (2001). Disentangling area effects: evidence from deprived and non-deprived neighbourhoods. *Urban studies*, 38 (12), 2277 - 2298.

[41] Friedrichs, J. r., Galster, G., & Musterd, S. (2003). Neighbourhood effects on social opportunities: the European and American research and policy context. *Housing studies*, 18 (6), 797 – 806.

[42] Lupton, R. (2003). *Poverty street: The dynamics of neighbourhood decline and renewal*: Policy Press.

[43] McCormick, J., & Philo, C. (1995). Where is poverty? The hidden geography of poverty in the United Kingdom. *Off the Map: The social geography of poverty in the UK*, 1 – 22.

[44] Warr, D. J. (2005). Social networks in a 'discredited' neighbourhood. *Journal of Sociology*, 41 (3), 285 – 308.

[45] Wacquant, L., Wacquant, L., & Howe, J. (2008). *Urban outcasts: A comparative sociology of advanced marginality*: Polity.

[46] Wilson, W. J. (2012). *The truly disadvantaged: The inner city, the underclass, and public policy*: University of Chicago Press.

[47] Wacquant, L., Wacquant, L., & Howe, J. (2008). *Urban outcasts: A comparative sociology of advanced marginality*: Polity.

[48] Sessoms, N. J., & Wolch, J. R. (2008). Measuring concentrated poverty in a global metropolis: Lessons from Los Angeles. *The Professional Geographer*, 60 (1), 70 – 86.

[49] Baeten, G. (2004). Inner-city misery: Real and imagined. *City*, 8 (2), 235 – 241.

[50] Blank, R. M. (2005). Poverty, policy, and place: How poverty and policies to alleviate poverty are shaped by local characteristics. *International Regional Science Review*, 28 (4), 441 – 464.

[51] Sherman, J. (2006). Coping with rural poverty: Economic survival and moral capital in rural America. *Social Forces*, 85 (2), 891 – 913.

[52] Hamnett, C. (2009). Spatial divisions of welfare: the geography of welfare benefit expenditure and of housing benefit in Britain. *Regional Studies*, 43 (8), 1015 – 1033.

[53] Powell, M., & Boyne, G. (2001). The spatial strategy of equality and the spatial division of welfare. *Social Policy & Administration*, 35 (2), 181 – 194.

[54] Cochrane, A. (2004). Modernisation, managerialism and the culture wars: reshaping the local welfare state in England. *Local Government Studies*, 30 (4), 481 – 496.

[55] Jessop, B. (1994). The transition to post-Fordism and the Schumpeterian workfare state. 7, 13 – 37.

[56] Cloke, P., Milbourne, P., & Widdowfield, R. J. P. G. (2001). The local spaces of welfare provision: responding to homelessness in rural England. 20 (4),

493-512.

[57] May, J., Cloke, P., & Johnsen, S. J. A. (2005). Re-phasing neoliberalism: New Labour and Britain's crisis of street homelessness. 37 (4), 703-730.

[58] Peck, J. (2001). *Workfare States*: ERIC.

[59] Daguerre, A. J. S. P., & Administration. (2008). The second phase of US welfare reform, 2000 – 2006: blaming the poor again?, 42 (4), 362-378.

[60] Wolch, J. R., & Dear, M. J. (1993). *Malign neglect: Homelessness in an American city*: Jossey-Bass.

[61] Wolch, J., & Dinh, S. J. U. G. (2001). The new poor laws: Welfare reform and the localization of help. 22 (5), 482-489.

[62] Schram, S. F., Fording, R. C., Soss, J. J. C. j. o. r., economy, & society. (2008). Neo-liberal poverty governance: Race, place and the punitive turn in US welfare policy. 1 (1), 17-36.

[63] Cope, M., & Gilbert, M. (2001). Geographies of welfare reform. 22 (5), 385-390.

[64] Pickering, K. A. (2006). *Welfare reform in persistent rural poverty: Dreams, disenchantments, and diversity*: Penn State Press.

[65] Duncan, C. M. (2000). *Worlds apart: Why poverty persists in rural America*: Yale University Press.

[66] Mitchell, D. (2003). *The right to the city: Social justice and the fight for public space*: Guilford press.

[67] 李小云. 我国农村扶贫战略实施的治理问题[J]. 贵州社会科学, 2013 (07): 101-106.

[68] 王雨磊. 技术何以失准？——国家精准扶贫与基层施政伦理[J]. 政治学研究, 2017 (05): 104-114+128.

[69] 吴高辉. 双重异化：中国农村扶贫形式主义悖论的多案例比较[J] 甘肃行政学院学报. 2019 (02): 49-69.

[70] Giddens, A., Diamond, P., & Liddle, R. (2006). Global Europe, social Europe.

[71] 岳经纶. 社会政策与"社会中国"[M]. 北京：社会科学文献出版社, 2014：第3页.

[72] Mullainathan, S., Shafir, E., (2013), *Scarcity: Why having too little means so much*, Macmillan.

[73] Bauman, Z., (2005), *Work, consumerism and the new poor*, Berkshire: Open University Press and McGraw-Hill Education.

[74] Aluko, M. A. O. (2004). Sustainable development, environmental degradation and the entrenchment of poverty in the Niger Delta of Nigeria. *Journal of human ecology*, 15 (1), 63 – 68.

[75] Easterly, W., (2014), *The tyranny of experts: Economists, dictators, and the forgotten rights of the poor*, Basic Books.

[76] Banerjee, A. V., Banerjee, A., & Duflo, E., (2011). *Poor economics: A radical rethinking of the way to fight global poverty*. New York: Public Affairs.

China's Anti-poverty Practice and Social Policy Design Under the Perspective of Poverty Geography: Theoretical Dialogue and Empirical Enlightment

Gaohui Wu[1] *Xuejiao Li*[2]

(1 School of Public Administration, Central South University, Changsha, 410075, China;
2 School of Marxism, Beihang University, Beijing, 100191, China)

Abstract: In recent years, the Chinese government has made significant achievements in its targeted poverty alleviation strategy which has provided experience for the world's anti-poverty work. However, the empirical success is accompanied by theoretical confusion, such as the paradox between accuracy and urgency of Targeted Poverty Alleviation and complexity and persistence of Poverty. This paper responds to this paradox based on the study of poverty geography, which intersects with the theory of social geography and poverty. The theoretical study originated in the United Kingdom and aims to discover the spatial and local characteristics of poverty through geographic perspectives, and then to support micro poor communities. The theoretical enlightenment lies in: (1) the classification myth of Targeted Poverty Alleviation, which over-emphasizes technology aiming and ignores the spatial characteristics and locality of poverty; (2) spatial injustice and identity difference in Chinese social policy design, thus necessary to construct Social China; (3) Community-based development, which indicates help for visible poor communities is more operable than that for invisible poverty. The significance of this paper may be to introduce foreign poverty geography research, which provides a new perspective for China's poverty and anti-poverty research.

Keywords: Poverty, Welfare, Space, Place, Community

农村社会发展研究

◆ **新时代乡村振兴战略实施的现实逻辑与实践路径研究**

在党的十九大报告中首提乡村振兴战略,此后在2018年和2019年的两会政府工作报告中均有重要论述,足见进入新时代乡村振兴在国家建设中的重要地位,因此学术界有必要深入研究,为新时代乡村振兴战略的顺利实施提供助益。进入新时代,乡村振兴战略的实施,主要是基于解决我国农村发展不平衡不充分等问题的现实需要。但是这一战略的实施也会受到农业集约化程度不高等问题的制约,基于此,必须通过精准路径推进这一战略:一是以农村土地"三权分置"改革为契机,培育乡村振兴新动能;二是建立向乡村振兴投入的资金保障机制,筑牢乡村振兴资金保障;三是建立健全农村现代化农业产业体系,实现乡村产业振兴;四是建立健全城乡一体化发展的体制机制,破解制约乡村振兴的体制难题;五是加快乡村文化发展顶层设计,实现乡村文化振兴;六是建立健全现代化乡村治理新体系,实现乡村组织振兴。

◆ **我国改革开放40年的耕地保护政策演进分析——基于"间断—平衡"框架**

基于新时代我国耕地保护面临的新矛盾与新挑战,本文运用"间断—平衡"框架研究改革开放40年来我国耕地保护政策演进历程,并分析其中渐进与突变的主要因素,以期为我国未来粮食安全和可持续发展奠定更稳定的基础。研究结果表明,改革开放来我国耕地保护政策经历了宽松、严格和最严格的过程,在"间断—平衡"框架下呈现政策平衡期(1978—1997年)、政策间断期(1998—2003年)和政策平衡期(2004—2018年)的演进脉络;耕地保护政策演进历程中的渐进稳定主要由土地制度本身的限制、社会发展的需要以及可持续发展理念的渗入来维护;耕地保护政策演进历程中的突变主要由客观严峻的形势、地方政府和中央政府的博弈以及国际环境的压力所导致。因此,未来我国需强化耕地保护政策落实并与耕地利用政策有机融合;加强耕地资源动态监测管理;始终坚持主粮自给自足的主线。

◆ 农民工就业结构的代际差异——基于中国流动人口动态监测调查数据的再研究

随着人口结构的变迁，农民工群体已出现明显的代际分化，新生代农民工取代老一代农民工成为城镇劳动力市场中农民工群体的主体力量，并在就业结构方面表现出显著不同的群体特征。基于2017年中国流动人口动态监测调查数据（CMDS），从职业结构、行业结构、单位所有制结构和地区结构等维度对农民工就业结构的代际差异问题进行再研究，结果发现，新生代农民工的就业结构明显优于老一代农民工。他们的职业层次明显提升，行业分布更加优化，就业单位稳定性显著提高，更多集中于经济较为发达地区，同时，他们在不同就业部门的工资水平也普遍显著高于老一代农民工，这些特征都为其市民化奠定了良好的基础。未来应着重以新生代农民工为主体，进一步推进农业转移人口的市民化进程。

新时代乡村振兴战略实施的现实逻辑与实践路径研究[*]

陈 健

(东华大学马克思主义学院 上海 201620)

内容提要：在党的十九大报告中首提乡村振兴战略，此后在2018年和2019年的两会政府工作报告中均有重要论述，足见进入新时代乡村振兴在国家建设中的重要地位，因此学术界有必要深入研究，为新时代乡村振兴战略的顺利实施提供助益。进入新时代，乡村振兴战略的实施，主要是基于解决我国农村发展不平衡不充分等问题的现实需要。但是这一战略的实施也会受到农业集约化程度不高等问题的制约，基于此，必须通过精准路径推进这一战略：一是以农村土地"三权分置"改革为契机，培育乡村振兴新动能；二是建立向乡村振兴投入的资金保障机制，筑牢乡村振兴资金保障；三是建立健全农村现代化农业产业体系，实现乡村产业振兴；四是建立健全城乡一体化发展的体制机制，破解制约乡村振兴的体制难题；五是加快乡村文化发展顶层设计，实现乡村文化振兴；六是建立健全现代化乡村治理新体系，实现乡村组织振兴。

关键词：新中国70年、新时代、乡村振兴、十九大报告、全国两会

一 问题的提出与文献简述

在党的十九大报告中习近平总书记作出了中国特色社会主义进入新时

---

[*] 基金项目：教育部人文社会科学研究青年基金项目：习近平总书记关于"一带一路"的重要论述对马克思主义的原创性贡献研究（20YJC710006）；东华大学"马克思主义理论与当代实践"研究基地阶段性成果。

作者简介：陈健，男，江苏睢宁县人，东华大学马克思主义学院讲师，法学博士，研究方向是马克思主义中国化研究。

代的科学论断,并针对我国长期存在的农业农村发展短板,提出了实施乡村振兴战略,这一战略的提出为新时代坚持农村繁荣发展指明了方向,确立了目标。进入新时代,以习近平为核心的党中央之所以提出实施乡村振兴战略,其中关键一点就是我国长期存在的城乡发展二元问题凸显,农村居民日益增长的对美好生活需要得不到满足等问题严重制约了我国城乡一体化发展。而且新时代就要有新时代的新气象新作为,面对2020年全面建成小康社会的目标,以及实现中华民族伟大复兴中国梦的实现,必须补齐我国发展中存在的短板,主动适应新时代我国主要矛盾转化这一现实,通过解决农村发展中存在的短板,满足农村居民日益增长的对美好生活的需要。那如何来实现新时代背景下乡村振兴战略呢?重要的是靶向精准地分析新时代的新特点,抓住新时代实施乡村振兴战略的新机遇,制定出精准的乡村振兴战略的实践路径,从而助推新时代乡村振兴,补齐建设现代化经济体系的短板。

通过对相关文献的分析可知,目前学术界相关研究主要集中于以下方面:一是集中于乡村振兴战略的制约因素研究。如有的学者指出:"由于我国农村存在多种现实约束,使得农村振兴战略的实施会遭遇诸多困难。"[1]二是集中于乡村振兴战略实施的背景研究。如有的学者认为实施乡村振兴战略的背景是"进入全面建设社会主义现代化国家新时期"[2]。三是集中于乡村振兴战略总要求的内涵研究。如有的学者指出:"从'生产发展'到'产业兴旺',要求农业农村经济更加全面繁荣发展"[3]。四是集中于乡村振兴战略的关键点研究。如有的学者指出:"实施乡村振兴战略,要抓住'人、地、钱'三大关键要素。"[4]五是集中于乡村振兴战略具体对策的研究。如有的学者指出:"提升农村基层治理现代化,也是国家在乡村振兴战略下通过治理整合和振兴农村社会的重要目标"[5]。

二 新时代乡村振兴战略实施的现实逻辑

(一)破解我国城乡发展不平衡的逻辑必然

我国经过新中国70余年,尤其改革开放40多年的发展,城乡整体上获得巨大发展,但是也存在一些突出问题,如城乡发展二元问题凸显,这一问题的存在除了是经济社会发展到一定阶段的必然产物这一经济社会发展自身规律性原因,也有制度设计方面有待进一步完善的地方,如城乡户籍制度的差异、社会保障的差异等原因使得城市能够吸纳优秀人才和优质资源,而农村则由于流入的人才资源等的不足,造成了城乡差距越来越大。城乡之间的差距主要表现在以下几个方面:一是,在经济发展方面的不平衡。我国 40 多年改革开放的历程中,在改革开放之初先富带动后富思想的引领下,自然条件较好、区位优势明显的城市地区获得了巨大发展,以及城市地区也有便利的交通条件、良好的产业发展环境和产业发展政策,这些因素客观上也促进了城市地区经济的迅速发展。而广大农村地区在过去很长时间得不到很好的发展,尽管党和国家也非常重视农村的发展,但是由于市场的趋利性以及农村的交通、环境、人才资源等不足,导致农村长期得不到足够发展,资金、技术人才等资源都纷纷流向城镇和非农产业企业中去,这种现状的存在不仅影响新时代我国建设现代化经济体系,而且对于更好地践行以人民为中心的发展思想也会产生不利影响。因此进入新时代必须实行乡村振兴战略;二是,基础设施和公共服务供给不平衡。我国长期存在城乡基础设施和公共服务供给不均衡现象,这种对基础设施和公共服务的投入不均衡造成农村发展陷入恶性循环,加剧了农村发展更加贫困落后。因此,需要实施乡村振兴战略;三是,城乡居民收入水平和社会保障水平不均衡问题也日益凸显。对此,习近平总书记在党的十九大报告中也有重要论述,他指出:"民生领域还有不少短板,脱贫攻坚任务艰巨,城乡区域发展和收入分配差距依然较大,群众在就业、教育、医疗、居住、养老等方面面临不少难题"[6],因此,我国城乡发展不平衡依然存在,必须实施乡村振兴战略才能更好地破解,促进中国改革发展成果由人民共享。

(二) 破解我国发展不充分的现实需要

在党的十九大报告中习近平总书记指出:"中国特色社会主义进入新时代,我国社会主要矛盾已经转化为人民日益增长的美好生活需要和不平衡不充分的发展之间的矛盾。"[6]可见,我国人民日益增长的美好生活需要和不平衡不充分发展之间的矛盾已经成为目前的主要矛盾,而纵观我国整体经济社会发展情况,目前最大的发展不充分主要是农村发展的不充分,农村发展的不充分除了有其历史原因,即我国几千年来农村发展一直处于弱势,还在于新中国成立后,尤其是改革开放之后我国优质资源和优质产业竞相向城镇和非农产业流动,从而加剧了农村发展的不充分。这种不充分主要表现在以下方面:一是,农业发展现代化程度较低,发展不充分。长期以来我国农业基础设施建设滞后，造成农业基本停留在靠天吃饭，以及农业抗风险、抗灾能力较弱；且我国农业规模化发展不能适用新时代新特点，规模化发展不够充分；以及农业资源的产业化利用不够充分。目前我国农业资源的可持续利用方面还存在明显不足，如对玉米、小麦等的秸秆的利用存在明显不足，这些秸秆如果能够通过在农村建立加工厂等方式进行循环利用将极大促进农村经济发展，助力农村充分发展；而且农产品市场开拓不够充分，导致生产出的农产品出现滞销等情况，影响了农民生产积极性；二是，农村的发展水平不够充分。我国经过新中国70余年，尤其是40多年的改革开放，东部沿江沿海地区的农村获得了巨大发展，如华西村等村庄的发展，而广大内陆地区的农村长期得不到充分发展。加之，一些乡村在治理方面还存在有待完善的地方，如在一些村委会的选举和决策中农民的参与度有待提升，村两委组织的干部大都岁数偏大，文化水平较低，不利于乡村经济发展；三是，农民发展也呈现参差不齐，不够充分的状况。目前农民增收渠道单一，以及进城务工农民还未享受和城市居民同等的医保、养老等待遇，而且广大农村居民在文化教育等方面也短板明显。等等原因促使中央实施乡村振兴战略，通过乡村振兴战略的实施补齐农业农村发展短板。

（三）满足广大农村居民对美好生活需要的现实选择

目前美好生活供给的最大短板在农村，因此满足广大农村居民对美好生活的需要是目前最大的现实。广大农村居民由于收入在所有群体中最少、基本公共服务供给水平也较低、且农村是假冒伪劣产品充斥的重灾区。等等因素表明必须通过实施乡村振兴战略满足广大农村居民对美好生活的需要。之所以说农民是目前最需要满足的群体主要从两个方面进行考量：一是，农村人口在全国人口中占比较大。农村居民这一群体是目前需要满足美好生活需要的最大群体；二是，农民对美好生活需要有待满足的范围还非常大。如目前农村在基本公共服务、教育、医疗、文化、社保、居住环境、村容村貌等方面的供给还明显欠缺，因此，需要加大这些领域的供给，补齐这一领域短板，以及目前农村贫困人口还占有相当大的比重。尽管自党的十八大以来实施了精准扶贫战略，脱贫减贫取得巨大成就，如"党的十八大以来，全国农村贫困人口累计减少超过9000万人。截至2019年末，全国农村贫困人口从2012年末的9899万人减少至551万人，累计减少9348万人；贫困发生率从2012年的10.2%下降至

0.6%，累计下降 9.6 个百分点。"[7] 在脱贫减贫取得巨大成就的同时，我们还要看到还有相当数量深度贫困人口有待脱贫，因此脱贫攻坚任务依然繁重，对此，进入新时代，要想破解这些问题，必须实施乡村振兴战略，通过乡村振兴战略的实施不仅能够破解贫困问题，而且能够满足广大农村居民日益增长的美好生活需要。

三　新时代乡村振兴战略实施的现实困境

（一）农村产业结构协调性不高，影响乡村振兴战略的实施

经过新中国 70 余年，尤其是改革开放 40 多年的发展，我国城市产业体系已渐趋合理，但是农村产业结构布局还存在明显短板，存在一二三产业发展失衡问题。这一问题的存在与建设现代化农村发展体系还存在明显差距，而且这一问题的存在也不利于农村的可持续发展，更不利于乡村振兴战略的实施。当前农村第二、第三产业存在明显的不足，这与我国决胜 2020 年全面小康，建设现代化经济体系是不相称的。而且这种农村一二三产业发展不平衡问题也很难适应新时代经济和社会发展需求，随着市场经济的发展这种状况将越来越不适用农村发展实际。这种以第一产业为主还主要表现在第一产业的范围还有待拓展，如水果蔬菜等经济作物种植不足，以及农村也缺少将粮食等作物进行深加工的配套产业企业，这些都不利于增加粮食等农作物的附加值，因此，农村一二三产业的发展的不平衡制约了乡村振兴战略的实施。同时，广大农村目前从事农业生产的主要是老弱病残等群体，因为青年劳动力都纷纷去城市务工，农村劳动力人口的短缺也影响乡村产业的发展。加之，乡村产业发展，尤其是乡村土地的规模经营也需要有能力、懂土地经营的人进行，如果能够有这方面的农民进行农地规模经营，不仅有利于促进农村产业的协调发展，也有利于增加农民收入，搞活农村经济，但是现实是懂得规模经营的农民相对不足。以及农村土地三权分置制度改革为主要特征的规模化经营进展缓慢，这就造成了农业生产现代化优势不能够很好的彰显，造成我国农产品长期处于低端农产品生产状态，且出现增产不增收的情况。因此，农村土地规模化经营很有必要，随着经济社会的发展，以家庭为单位的小户经营的弊端日益凸显，主要表现在小户经营不仅会造成重复购买机械、劳动力人口不能解放出来、规模经济不能彰显、农业机械化水平不能有效提升等弊端，这些问

题的存在都将制约新时代乡村振兴战略的实施。以及有的乡村即使布局了第二产业、第三产业等也都是小规模经营为主,有的甚至成为城市污染产业的转移地,造成了农村的污染,这些都与乡村振兴战略的实施背道而驰,也不能满足农民对美好环境生活的需要,因此,必须通过精准举措,促进乡村产业振兴,实现乡村产业协调发展。

(二) 农民收入不足,制约乡村振兴战略的实施

经过新中国 70 余年,尤其是改革开放 40 多年的发展,我国农村居民生活水平已经获得显著提升,但是就城乡居民的收入水平存在一定的差距。尤其是随着科学技术的发展,一方面带来了社会经济的发展,另一方面也在很大程度上占据了农民进城务工的机会,因为科技的进步也带来了对劳动力的需求,如果劳动力不能掌握最新技术,将不能适应新工作的需要,这就造成了一部分农民收入来源的减少。而且目前的物价水平也在提高,农民的收入水平如果不能和物价水平同步增长,也很难追求美好生活所需的物质、精神产品等,也将直接制约乡村战略的实施,主要表现在如下几个方面:一是,农民收入不足影响农村消费市场的培育和可持续发展,进而影响乡村振兴战略的推进;二是,农民收入不足也影响农民投入到乡村振兴战略的主动性和积极性,而乡村振兴战略要想顺利推进,除了国家要进行相关顶层制度设计,供给相应的政策资金等,关键还要靠农民,如果农民在乡村振兴中缺少积极性和主动性,将从根本上制约乡村振兴战略的推进。纵观新中国成立以来 70 多年的农村发展史,就是一部农民的奋斗史,例如我国改革开放后全面实施的家庭联产承包责任制就是农民的首创。因此,乡村振兴战略顺利推进要依靠农民,但是农民收入问题不足也将直接影响农民投入到乡村振兴战略的积极性,基于此,必须在乡村振兴战略中采取切实可行的举措,把农民和乡村振兴融为一个利益共同体,从而调动农民投身乡村振兴战略的积极性和创造性。

(四) 乡村治理的效能不足,影响乡村振兴战略的实施

要想更好地推进乡村振兴战略,离不开以人民为中心的现代化乡村治理新体系的建立和完善,建设以人民为中心的现代化乡村治理新体系不仅关系到乡村振兴战略能否稳定推进,而且关系到农村居民的利益能否得到更好地维护,农民的幸福感、获得感、安全感能否得到很好提升。新中国 70 余年我国乡村治理水平和能力已经获得显著提升,如为了充分代表农民的利益,我国农村实行了村民委员会制度,实现村民自我管理、自我教

育、自我服务，村民委员会领导班子由民主选举产生，而且有一定任期，正是在这一制度下我国农村居民的利益得到不断的维护。但是要想更好地适应新时代的发展，更好地推进乡村振兴战略，还需要对我国乡村治理水平有待完善的地方进行完善，目前有待完善的地方主要体现在如下方面：一是，村民在乡村治理中的参与率有待提升。目前农村青壮年劳动力进城务工的居多，留在农村的多是老弱妇等群体，而且村委会的干部也普遍年龄偏大。以及在极少数农村地区存在一些宗族势力控制村委会的决策的情况，从而使得国家的支农惠农政策和资金未能真正流向需要帮助的群体，尽管这种现象只是少数现象，但是我们的党是代表广大人民利益的党，因此，对于这类问题我们党必须通过切实举措予以破解，其中关键举措就是推进以人民为中心的现代化乡村治理新体系建设；二是，从事乡村治理的村干部知识水平较低。目前从事乡村治理的村干部不仅知识水平停留在初高中水平，而且眼界不够宽，年龄一般偏大。这些村干部对中央及各级党委政府的文件精神的理解有时都会出现偏差，更不用说开拓创新精神了。等等因素造成乡村治理主体不能够在乡村振兴战略中发挥拥有作用，从而影响乡村振兴战略的实施。

四 新时代乡村振兴战略实施的实践路径

（一）以农村土地"三权分置"改革为契机，培育乡村振兴新动能

新中国成立以来，我国农村土地的改革历程就是农村不断获得发展，农民获得感不断得以提升的历程。例如目前国家正在推进农村土地"三权分置"制度改革，通过这一改革不断赋予农民更多的财产权，不断践行"以人民为中心"发展思想，培育乡村振兴新动能。基于此，必须通过切实举措更好地实施好农村土地"三权分置"制度改革。具体来讲主要通过以下举措：一是加快农村土地"三权分置"制度改革，通过有效的制度设计，使得农村土地"三权分置"制度改革不仅能更好地维护农民权益，践行"以人民为中心"发展思想，而且更够促进土地有效流转，实现规模经营，促进农业朝着集约化、规模化、产业化方向发展，从而摆脱小规模经营造成的规模经济不容易显现及资源浪费等问题。同时，农村土地规模经营也有利于我国先进农业科技更好地用于规模农业发展中去，因为科技在小农户家庭经营中不能够有效凸显，只有在规模经营中才能有

效凸显，因此通过三权分置制度改革引导农村土地规模经营也是提高农村土地利用率，实现科技支农惠农的重要体现；二是通过土地"三权分置"制度改革，实现农村经济模式的转变，从根本上改变农村经济发展模式粗放等问题，从而使得农村土地"三权分置"制度改革能够更好地促进农村经济由粗放型发展模式向集约型发展模式转变，实现农村经济高质量发展；三是在农村"三权分置"制度改革中通过有效的制度设计，确保农村不同群体的利益，形成利益攸关共同体。如拥有农村土地承包权的农民，不能因为土地流转给规模经营户而导致收入降低，因此，应把农村土地流转规模经营后的收益与土地承包权人、经营权人进行共享。从而实现农村"三权分置"制度改革能够更好地维护所有农民群体的利益，如此，也能够调动农村土地分散经营户积极主动的把拥有承包权的土地有偿流转给规模经营户经营，从中获得收益。通过以上举措，培育乡村振兴新动能。

（二）建立向乡村振兴投入的资金保障机制，筑牢乡村振兴资金保障

任何发展战略的实施都离不开雄厚的资金支持，乡村振兴战略的实施也不例外，其要想顺利推进，必须靶向精准的为"三农"发展提供资金支持，实现在资金供给方面的"供为所需、需为所供"。从而深入推进乡村振兴战略，补齐我国"强起来"的三农发展短板。具体来讲，通过如下举措建立和完善乡村振兴的资金投入倾斜机制：一是从财政领域进行改革，建立常态化的乡村振兴投入机制。一方面要坚持在财政资金使用规划的时候就进行好相关顶层设计，通过顶层设计补齐支农资金使用短板，建立健全向乡村振兴倾斜的支农资金投入机制，除了在财政资金方面发挥倾斜投入机制，也应发挥各大国有商业银行在乡村振兴中的作用，建立贷款倾斜制度，通过降低抵押担保、低息无息贷款等方式加大对农村发展的支持，并且充分发挥在农村覆盖面广的农村信用合作社、农村商业银行在乡村振兴一线的作用。同时，各大商业银行也应在农村广设营业所、信贷点，充分提高其在农村的覆盖面，为乡村振兴提供更加灵活多样的资金支持，筑牢乡村振兴的资金保障；二是鼓励和引导各种资本主动参与到乡村振兴中去。如通过相关顶层设计，引导各种社会资本参与到发展农村服务业、农村休闲农场、农村休闲旅游等产业中去，从而形成各种资本竞相流向乡村振兴中去，筑牢乡村振兴的资金保障。同时，还应确保农民权益的维护，使得各种资本的流入能够更加有利于农民增收，如农民可以在引入的资本中通过拥有的土地承包权等进行入股，从而增加收入；三是建立鼓励农民在乡村振兴中发挥主动性和积极性的资金倾斜机制。乡村振兴要想顺利实施关键还在于广大农民的参与，农民是乡村振兴的主体，因此应通过资金扶持、资金倾斜等方式引导广大农民投身到乡村振兴中来。

（三）建立健全农村现代化农业产业体系，实现乡村产业振兴

新中国 70 余年取得的巨大成就表明要想获得巨大发展，必须有健全的产业发展体系，才能筑牢发展的根基，才能为可持续发展提供保障。目前我国城市现代化产业体系已经渐趋完善，但是农村产业发展仍然存在很大短板，这一短板直接制约着乡村振兴战略的实施，影响着现代化经济体系的构建和农村现代化产业体系的构建。因此，必须通过靶向精准的举措建立健全农村现代化产业体系，助力乡村产业振兴：一是建立和完善农村三大产业协同发展的产业融合体系。在做优做强做精第一产业的同时，着力拓展和优化第二、第三产业的发展，实现三大产业协同联动发展，例如在做强做大第一产业的同时，做好对第一产业的延伸，做好对第一产业生产的农产品进行深加工，从而在原地就能够实现农产品价值增值，增加农民收入，推动农村第二产业发展，农民收入提升了，购买力就增强了，进而推动了第三产业的发展。关于提高第一产业产品附加值，各地农村根据不同地方的不同特色合理布局三大产业结构，实现其在空间布局上的合理分配，促进农村三大产业均衡发展。但是在促进其均衡发展的同时，要在一二三产业的发展中贯彻绿色发展理念，坚决反对和防止一些污染产业向农村转移，在进行农村产业布局中不仅追求经济效益，还追求生态效益，在产业发展的质上下工夫，实现乡村生态振兴；二是不断拓展和深化农村产业链。通过农村产业融合发展、农产品深加工等的发展，促进农村第一产业和第二产业的有效融合，从而在繁荣农村经济的同时推动农村第三产业发展；三是大力引入新产业新业态促进农村资源合理利用，减少资源闲置，提高资源利用率。通过对进城务工人员的闲置住房本着自愿原则发展共享住宅、共享住宿等，实现闲置资源的有效利用。与此同时，还应在农村大力发展区块链、电子商务等，使得新经济新业态在促进农村经济发展中发挥重要作用。

（四）建立健全城乡一体化发展的体制机制，破解制约乡村振兴的体制难题

要想调动广大农村居民投身乡村振兴的发展中来，必须建立彰显公平正义的一体化城乡发展体制，破解制约乡村振兴的体制机制难题。基于此，必须在城乡一体化中采取靶向精准的政策，实现城乡一体化发展。具体采取如下举措：一是建立城乡要素双向流动的体制机制，实现城乡要素一体化发展。通过相关顶层设计实现资金、技术、人才、土地等要素的双向流动。要想实现双向流动根本的一点就是通过政策倾斜、资金支持等手段引导各种要素竞相向农村流动，例如通过贷款优惠等政策鼓励大型社会资本向农村投资、通过人才引导基金鼓励大学生群体到农村就业，以及通过赋予宅基地、农村住房具有和城市商品房相同的市场权能，从而提高农村住房和宅基地的价格；二是做好国家投资布局，实现农村投资与城市投资的有效对接，建立一体化的城乡投资体系。国家应通过城乡之间道路、网络设施等的互联互通建设，为投资兴业农村的群体解决后顾之忧，国家税务部门应对于投资农村的企业给予减免税收等方式支持乡村振兴；三是建立城市支持农村带动农村经济发展的体制机制。不仅应通过各种优惠政策引导民间社会资本到城市投资，而且城市国有资本也应在乡村振兴中发挥重要作用，从而起到支持和带动农村发展的作用。纵观中国的改革开放史，农民在支持城市发展方面贡献巨大，如城市的高楼大厦是农民工建起了的，城市的蔬菜水果等农产品也是农民种植的，等等，都体现了农民为城市的繁荣与发展的重要贡献，现在城市发展了理应带动农村发展，如通过城投公司等结对帮忙农村建设；四是加大对农村基本公共服务、教育、医疗等的投入力度，实现一体化的城乡基本公共服务、教育、医疗体系；五是通过补齐农村基本公共服务、教育、医疗等领域的短板，从而实现广大农民具有和城市居民一样公平享受改革发展成果的机会。

（五）加快乡村文化发展顶层设计，实现乡村文化振兴

文化是关系到一个国家、一个民族精气神的重要因素，因此，我们国家历来非常重视文化建设，我国不仅具有优秀的传统文化，而且新中国70年我国对文化进行不断地丰富和发展，形成了系统科学内涵丰富的中国特色社会主义文化体系，但是随着人民生活水平的提升，对文化的要求也越来越高，对文化进行高品质的供给成为重要的时代课题。但是目前农村文化供给与城市相比仍然存在一定短板，而且随着农村居民基本物质生活已经获得满足，在文化等领域对高质量文化需求日益增强，因此应通过乡村文化振兴的顶层设计，实现乡村文化振兴，以满足广大农村居民日益增长的对高质量文化的需要。具体来讲，应通过采取如下举措进行实践：

一是大力开展乡风文明建设工程。通过"五好家庭、好人好事专题宣传和评比"等活动的常态化推进，促进乡风文明建设，对此类工程的推进国家各级政府应予以高度重视，纳入财政支持政策体系之中，形成乡风文明长效推进机制；二是建立传统乡土文化传承机制，实现传统文化与现代文化的有效融合。加大对农村传统文化的保护和研究力度，使传统乡土文化得以有效传承。同时，还应通过体制机制的创新促进农村文化发展。但是各种文化的发展应有助于繁荣社会主义文化；三是通过建立充满温度的乡村主题教育活动，通过这些活动的实施使得农村家庭、邻里之间能够充满温情，形成有温度的社区共同体。而且通过这一活动的组织实施也有助于建立与在外成功人士的常态化联系机制，使得其能够更好地关心家乡的发展，参与到乡村振兴中来，从而实现城市文化与乡村文化的融合发展。通过以上举措，加快乡村文化发展顶层设计，实现乡村文化振兴。

（六）建立健全现代化乡村治理新体系，实现乡村组织振兴

目前乡村发展之所以出现困难，其中重要一点就是目前的乡村治理在一些区域还存在不规范不合理的状态，造成乡村治理失序。因此应通过靶向精准的举措，建立健全现代化乡村治理新体系，实现乡村组织振兴，具体通过如下举措：一是充分发挥基层党组织在现代化乡村治理体系中的作用。长期以来一些村基层党组织在乡村治理中未能有效发挥作用，因此农村基层党组织在此次乡村振兴中通过加强党组织建设，提高其在乡村振兴中的本领，使其能够更好地发挥在乡村治理中的作用，积极践行以人民为中心的发展思想，切实维护广大农民权益；二是加强村委会组织能力建设，提高村委会在乡村振兴中的执行力，有效维护村民利益，如在支农惠农资金的安排使用等方面做到精准公平；三是加大农村扫黑除恶力度，优化乡村振兴的环境。因为目前在少数农村地区仍然有一些宗族势力，这些宗族势力有的甚至会欺压农村百姓，因此必须加大农村扫黑除恶力度，坚决杜绝农村宗族势力影响农民权益。在2018年中央一号文件中对于扫黑除恶的重要性也作了重要论述，足见新时代乡村振兴迫切需要净化农村治理生态；四是通过各种方式引导各种团体、农民参与到乡村治理中来。如通过各种利益捆绑机制的设置及政策引导机制吸引各种团体、农民参与到乡村治理中来，形成一荣俱荣、一损俱损的乡村治理格局。通过以上举措建立健全现代化乡村治理新体系，实现乡村组织振兴。

参考文献：

[1] 张宇. 未来五年农村振兴的策略与路径［J］. 河南社会科学, 2018（2）: 21-27.

[2] 钟钰. 实施乡村振兴战略的科学内涵与实现路径［J］. 新疆师范大学学报（哲学社会科学版）, 2018（5）: 1-6.

[3] 叶兴庆. 新时代中国乡村振兴战略论纲［J］. 改革, 2018,（1）: 65-73.

[4] 刘合光. 乡村振兴战略的关键点、发展路径与风险规避［J］. 新疆师范大学学报（哲学社会科学版）, 2018（2）: 1-9.

[5] 李华胤. 农村基层治理体制实践与发展70年：有效的视角［J］. 中国农业大学学报（社会科学版）, 2019（5）: 73-81.

[6] 习近平. 决胜全面建成小康社会 夺取新时代中国特色社会主义伟大胜利——在中国共产党第十九次全国代表大会上的报告［N］. 人民日报, 2017-10-28（01）.

[7] 全国农村贫困人口去年减少1109万人［N］. 人民日报, 2020-1-25（01）.

A study on the realistic logic and practical path of the implementing the rural revitalization strategy in the new era

Chen Jian

(School of Marxism, Donghua University, ShangHai, 201620, China)

Abstract: The strategy of revitalizing the countryside was first proposed in the report of the 19th National Congress of the CPC. After that, there were some brilliant expositions in the reports on the work of the government at the 2018 and 2019 two sessions. It shows that the revitalization of the rural areas in the new era plays an important role in the national construction. Therefore, it is necessary for the academic circles to deepen the research and is helpful for smooth implementation of the rural revitalization strategy in the new era. The successful implementation of rural revitalization strategy in the new era is mainly based on the practical needs to solve the imbalance and insufficiency of rural development in China. However, it is also restricted by some problems, such as the low degree of agricultural intensification and so on. Therefore, we could take the following precise paths to promote this strategy. Firstly, cultivate new impetus for rural revitalization and take the reform of "three power separation" of rural land as a nice opportunity; secondly, establish the fund guarantee mechanism for rural revitalization, and strengthen the fund guarantee for rural revitalization;

thirdly, establish and perfect the system of modern agricultural industry in the rural, and realize the revitalization of rural industry; fourthly, establish and improve the system and mechanism of urban-rural integration development, and solve the system problems that restrict the rural revitalization; fifthly, speed up the top-level design of rural cultural development, and realize the rural cultural revitalization; sixthly, establish and improve the new system of modern rural governance, and realize the rural organization revitalization.

Keywords: 70 years of new China, new era, rural revitalization, report on the 19th CPC National Congress, the NPC and CPPCC

我国改革开放 40 年的耕地保护政策演进分析[*]

——基于"间断—平衡"框架

程 鹏[1]　江 平[2]　张 杨[3]　金宇宏[2]　贺申泰[4]

(1 广西大学公共管理学院　广西南宁　530004；
2 武汉大学资源与环境科学学院　湖北武汉　430079；
3 首都经济贸易大学城市经济与公共管理学院　北京　100070；
4 湖北民族学院　湖北恩施　445000)

内容提要：基于新时代我国耕地保护面临的新矛盾与新挑战，本文运用"间断—平衡"框架研究改革开放 40 年来我国耕地保护政策演进历程，并分析其中渐进与突变的主要因素，以期为我国未来粮食安全和可持续发展奠定更稳定的基础。研究结果表明，改革开放来我国耕地保护政策经历了宽松、严格和最严格的过程，在"间断—平衡"框架下呈现政策平衡期（1978—1997 年）、政策间断期（1998—2003 年）和政策平衡期（2004—2018 年）的演进脉络；耕地保护政策演进历程中的渐进稳定主要由土地制度本身的限制、社会发展的需要以及可持续发展理念的渗入来维护；耕地保护政策演进历程中的突变主要由客观严峻的形势、地方政府和

---

[*] 基金项目：国家自然科学基金面上项目"耦合家庭结构变迁过程的乡村聚落重构：空间演化、功能转型与优化路径"（项目编号：41871182）。

作者简介：程鹏（1993— ），男，江西东乡人，广西大学公共管理学院 2017 级硕士研究生，主要研究土地资源经济学；江平（通讯作者，1983— ），男，江西抚州人，博士，武汉大学资源与环境科学学院实验师，主要研究土地利用规划与评价；张杨（通讯作者，1983— ），男，河北保定人，博士，首都经济贸易大学城市经济与公共管理学院副教授，主要研究土地资源可持续发展；金宇宏（1994— ），男，浙江宁波人，武汉大学资源与环境科学学院 2017 级硕士研究生，主要研究土地利用模拟与预测；贺申泰（1981— ），男，湖北宜昌人，湖北民族学院讲师，主要研究地理信息科学。

中央政府的博弈以及国际环境的压力所导致。因此，未来我国需强化耕地保护政策落实并与耕地利用政策有机融合；加强耕地资源动态监测管理；始终坚持主粮自给自足的主线。

关键词：改革开放；耕地保护；粮食安全；政策演进；"间断—平衡"框架

耕地是人类粮食安全的重要保障，是支撑人类经济社会发展各项活动的重要资源之一。那么，保护耕地资源不仅能保障人类的生存生活，更是直接关系到国家和地区的经济社会稳定发展[1,2]。事实上，我国的耕地资源经历了改革开放前期的相对稳定增长到改革开放后期的严重流失态势，特别是城市用地逐步侵占了耕地和其它生态用地资源且愈演愈烈，使得耕地资源流失更加严重，生态保育功能与社会保障功能大幅衰减。值得注意的是，进入新时代，我国社会主要矛盾为人民日益增长的美好生活需要和不平衡不充分发展之间的矛盾，相应地，我国耕地保护面临着数量与质量、合理利用、生态文明建设和乡村振兴并重的巨大压力与挑战，强化耕地保护既可守护民众"餐桌安全"，又可从源头上落实农业绿色发展，还可促进土地资源可持续利用[3]。耕地保护是关系国计民生的头等大事，耕地保护政策在耕地保护中举足轻重，学者们也分别从耕地价值与现状、耕地保护制度与形势等多角度探讨耕地保护政策问题。蔡运龙、俞奉庆提出，应把耕地的社会、生态和对后代的价值纳入耕地的整个价值核算体系。[4]诸多学者指出，我国耕地保护政策绩效较低，尤其是在保护耕地质量与生态上，且耕地保护绩效的年度、省级差异明显，均未达到预期效果[5—9]。刘彦随、乔陆印认为，当前我国的耕地保护制度主要包括基本农田保护制度、耕地占补平衡制度、土地用途管制制度和土地开发复垦相关政策。[10]吕晓等发现，耕地保护政策强度增加1%，粮食总产量可提高0.023%，对粮食产量提高的贡献率达43.06%。[11]我国新时代耕地保护处于美好生活高要求、贸易争端复杂性和气候变化不确定性的新形势，凸显了美好生活需要、生态文明要求、农业技术进步和全球耕地利用等方面存在不平衡不充分的新矛盾[12]。不难发现，已有诸多学者探讨了改革开放以来我国耕地保护政策演变阶段的划分[13—15]，然而，尚未有涉足长时间跨度的耕地保护政策演进历程的研究。基于此，本文运用"间断—平衡"框架研究改革开放40年来我国耕地保护政策演进历程,把握耕地保护政策制定逻辑,分析其中渐进与突变的主要因素,并提出强化耕地保护政策落实并与耕地利用政策有机融合,加强耕地资源动态监测管理,始终坚持主粮自给自足的主线建议,以期为我国新时代耕地保护政策完善提供参考,为未来粮食安全和可持续发展奠定更加稳定的基础。

一 "间断—平衡"框架理论

通常,一般的政策模型只能用来解释政策的稳定或者突变,但"间断—平衡"框架理论能够解释两者[16]。该框架理论发端于古生物学,用于解释古生物的灭绝和演替过程。在1993年,弗兰克·鲍姆加特纳和布莱恩·琼斯将"间断—平衡"框架首次运用到政策分析中,分析认为:美国的政策制定具有长期的渐进变迁并伴随短期的重大政策突变的特点,当政策反对者力图形成新的"政策图景"时候,就有可能发生短期的重大政策突变[17]。因此,"间断—平衡"框架认为政策过程并不像渐进决策模型所描述的那样一直缓慢渐进地向前发展,漫长的、渐进的平稳发展期往往伴随着短暂的、政策剧烈活动的重大变革时期[18]。"间断—平衡"框架(图1)的核心要素有子系统政治与宏观政治、政策垄断形成与政策垄断崩溃、政策图景变化与注意力转向。子系统政治是内部进行政策问题处理的渐进性平衡政治,而宏观政治是由政策决策者或者机构及新参与者主导政策发生大规模变迁呈正反馈作用的突变性间断政治;政策垄断是政策决策者或者机构以强有力的价值理念及稳定的制度结构为正面形象基础将"局外人"排除在政策制定过程中,可与"局外人"较小施压成功抗衡呈负反馈作用,该阶段政策处于渐进稳定状态;但当政策垄断不足以与"局外人"较大施压抗衡,政策问题无法在子系统政治中解决时被迫进入宏观政治,"局外人"以新参与者身份积极加入解决政策问题推动正反馈作用导致政策图景变化及政策垄断崩溃;原政策垄断被打破后,政策决策者或者机构在宏观政治层面将注意力转向创设新政策图景,新参与者也将注意力集中于推动政策变革,最终形成新政策和机构[19—21]。

改革开放40年来,我国经济取得了举世瞩目的发展,而土地要素在其中扮演着不可替代的角色。但是,无论是上世纪80、90年代的建设用地扩张对耕地的占用,还是本世纪初城镇化建设、房地产开发对耕地的占用,导致了耕地数量不断减少,引发了耕地数量减少与经济发展之间的矛盾,促使耕地保护意识逐渐增强,形成了耕地保护政策由宽松、严格和最严格的三个阶段。其中,国土资源部的成立、《土地管理法》以及系列严格的耕地保护政策的出台标志着我国耕地保护政策处于宽松到严格阶段,是政策演进过程中的短期突变间断期;另一方面,宽松的耕地保护政策以及系列最严厉的耕地保护政策出台后的长期渐进变革阶段,是政策演进过程中的长期渐进平衡期。显然,"间断—平衡"框架理论能够较好地解释改革开放40年来我国耕地保护政策演进历程。

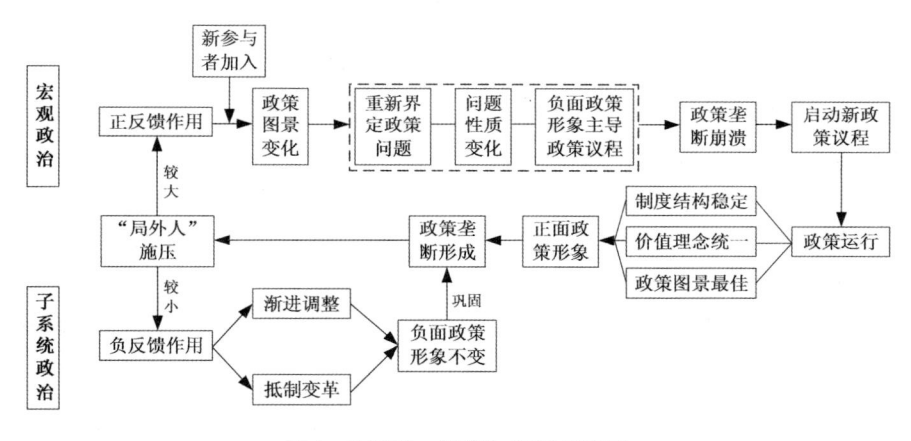

图1 "间断—平衡"框架示意图

二 耕地保护政策演进的"间断—平衡"框架解释

改革开放以来,随着耕地保护形势变化和认识深化,我国耕地保护政策逐步完善,经历了宽松、严格和最严格的三个阶段转变。第一阶段由于农村家庭联产承包责任制改革释放粮食增产活力和当时经济发展迫切需要,耕地减少和经济发展的矛盾不突出,因此,该阶段耕地保护政策较宽松,为耕地保护政策平衡期。第二阶段自1998年国土资源部成立及《土地管理法》出台,国内政策图景发生变化,系列严格的耕地保护政策出台打破了原宽松政策垄断格局,形成一个重大的耕地保护政策断裂带,为耕地保护政策由宽松突变到严格的间断期。第三阶段从2004年到2018年耕地保护政策在国家控制下渐进调整，形成最严格的耕地保护政策平衡期。可见，改革开放 40 年来我国耕地保护政策呈现由长期平衡到短期间断再到长期平衡的演进脉络（图 2）。

（一）政策平衡期（1978—1997）：宽松的耕地保护政策

1. 1978—1985 年：宽松政策垄断建立

1978 年第十一届三中全会拉开了改革开放的序幕，全国经济迅猛上升的同时，大批工程兴建导致建设用地不断扩张，使得耕地数量快速减少，仅 1978—1985 年我国耕地数量就减少了 254.32 万公顷[①]。与此同时，我国粮食安全压力并未消除，因此，国家提出耕地保护概念性政策以遏制滥用及非法征收耕地的行为。1981 年《政府工作报告》中提出"十分珍惜每寸土地，合理利用每寸土地"的国策，同年国务院《关于制止农村建房侵占耕地的紧急通知》中提出对"占地过多"的行为"严肃处理"，但是规定并不明确。1982 年，中央 1 号文件提出要将保护耕地视为与计划生育一样的基本国策，同年《政府工作报告》中将占用耕地来建设房屋行为列为农村的"歪风"，另外，《国家建设征用土地条例》也提出了严格要求。1983 年中央 1 号文件也将"耕地减少"视为农村的一大隐患，明确提出要"严格控制占用耕地建房"和"爱惜每一寸耕地"；《国务院关于严格贯彻执行＜国家建设征用土地条例＞的通知》强调"各用地部门要注意贯彻节约用地的方针，少占或不占耕地"；同年国务院还发布了《关于制止买卖租赁土地的通知》，强调坚决制止租赁、买卖或"联合建房、办厂、建造仓库"等非法行为转让耕地。这些文件大都以不同的形式强调保护耕地资源的重要性，而政策内容从总体上看仍然服从于国家建设的需要，所以，该阶段国家耕地保护只是略有意识，力度较宽松且实际操作性不强，宽松政策垄断逐步建立。

2. 1986—1997 年：正反馈作用明显

随着我国经济实力的进一步提升及农村家庭联产承包责任制改革释放了粮食增产活力，我国粮食产量稳定增长，然而，由于各项建设的全面铺开，特别是九十年代初兴起的"开发区热"引发第二轮征地高峰，建设用地迅猛扩张，全国耕地资源受到巨大威胁，"局外人"施压变大导致与

---

① 参见国家统计局农村社会经济调查总队（编），2000：《新中国五十年农业统计资料》，北京：中国统计出版社。

原宽松耕地保护政策垄断相向的严格耕地保护政策的正反馈作用愈明显。1986年中央1号文件要求相关部门在年内制定"严格控制非农建设占用耕地的条例"并报国务院批准实施；同年2月国家土地管理局成立，统一管理城市和农村土地，并提出控制因农业结构调整占用耕地的行为，改变了以往强化农业结构调整弱化耕地保护的局面；同年3月中发7号文件第一次正式提出"十分珍惜和合理利用每寸土地，切实保护耕地，是我国必须长期坚持的一项基本国策"，将耕地保护又上升到了一个高度；同年6月颁布《土地管理法》，其对建设用地审批和毁坏耕地处罚等都做了相应规定。1987年国家土地管理局发布了《关于在农业结构调整中严格控制占用耕地的联合通知》，提出要控制农业结构调整中占用耕地的行为。1988年国家土地管理局又制定发布了《土地复垦规定》和《严格限制毁田烧砖积极推进墙体材料改革的意见》，对其它占用和破坏耕地的行为进行了严肃规定。但是，耕地乱占现象并未缓解，为此，国务院又陆续发布了《土地管理法实施条例》、《关于严格制止乱占、滥用耕地的紧急通知》、《关于严格审批和认真清理各类开发区的通知》和《基本农田保护条例》。更为重要的是，1996年6月全国土地管理厅、局长会议上首次提出"实现耕地总量动态平衡"，1997年3月人大常委会设立了"破坏耕地罪"、"非法批地罪"等罪名，同年5月国家土地管理局发布《冻结非农业建设项目占用耕地规定》，进一步具体强调了耕地保护的重要性。这段时期内破坏和乱占耕地等现象得到一定控制，但耕地保护政策缺乏系统性，表现为"头痛医头，脚痛医脚"，与其它政策在实际执行中难以协调，对原宽松的耕地保护政策垄断未造成实质性的冲击，该阶段为相对稳定的平衡期。

（二）政策间断期（1998—2003年）：耕地保护政策由宽松到严格

1. 1998—2001年：政策图景变化

1998年，国土资源部成立且专门设立了耕地保护部门，其作为新参与者加入耕地保护政策的制定，耕地保护责任得到落实，耕地保护工作也更专门化；同年8月修订《土地管理法》，正式以立法形式确认了"十分珍惜、合理利用和切实保护耕地"的基本国策，并配套颁布了《中华人民共和国土地管理法实施条例》和《基本农田保护条例》。国土部为了积极响应国家保护耕地的战略方针，1999年之后陆续发布了《关于切实做好耕地占补平衡工作的通知》、《关于认真贯彻执行＜基本农田保护条例

>进一步做好基本农田保护工作的通知》、《报国务院批准的建设用地审查办法》、《基本农田保护区调整划定工作验收办法》、《关于加大补充耕地工作力度确保实现耕地占补平衡的通知》、《关于进一步加强和改进耕地占补平衡工作的通知》（2001年）、《关于认真做好土地整理开发规划工作的通知》和《关于严禁非农业建设违法占用基本农田的通知》等。该阶段国家耕地保护力度明显加大，耕地保护政策框架体系逐步形成且内容逐步丰富。

2. 2002—2003年：正反馈作用强化，宽松政策垄断崩溃

由于农民耕地取得成本低，1998—2003年全国53.33%的新增建设用地来源于农民耕地[22]；2000年国家提出实施"西部开发战略"导致西部地区非农建设用地的需求量不断增长；2002—2003年兴起新一轮"开发区热"，都导致该阶段耕地数量骤减存在粮食安全隐患，正反馈作用强化。统计数据显示，截至2003年，全国因各种因素导致耕地减少量达877.98万公顷，经土地整理复垦等措施增加耕地仅215.73万公顷，净减少662.25万公顷，粮食总产量跌至4.3亿吨的低谷①。2003年国务院下发《关于清理整顿各类开发区加强建设用地管理的通知》和《关于暂停审批各类开发区的紧急通知》，提出对突击审批、设立开发区的行政领导及当事人严格追责。此阶段，原宽松政策垄断崩溃，新的严格性耕地保护政策体系化逐步构建，但由于当时的市场经济体制处于初步建立阶段，加之地方与中央的博弈，使得耕地保护仍然面临巨大挑战。

（三）政策平衡期（2004—2018年）：最严格的耕地保护政策

21世纪以来，我国经济突飞猛进的同时，土地资源的压力越来越显著，尤其2003年后房地产市场的火爆升温，促使建设用地大肆扩张，城市用地无序蔓延，耕地保护压力日益剧增。但是，随着"科学发展观"的提出，可持续发展理念深入人心，加之政府部门诸多的有力有效举措，最严格的耕地保护政策逐步出台，新的政策垄断占据主导地位，总体上遏制了耕地资源流失的严重态势。2004年中央1号文件明确提出要"不断提高耕地质量"和"各级政府要切实落实最严格的耕地保护制度"的要求；同年8月对《土地管理法》进行再次修订；同年12

---

① 参见国家统计局（编），2004：《中国统计年鉴》，北京：中国统计出版社。

月国务院 28 号文件明确指出"实行最严格的土地管理制度,是中国人多地少的国情决定的,也是贯彻落实科学发展观,保证经济社会可持续发展的必然要求",是当时关于土地管理最全面、明确和高规格的文件。2005 年国土资源部发布了《关于开展设立基本农田保护示范区工作的通知》、《关于规范城镇建设用地增加与农村建设用地减少相挂钩试点工作的意见》等文件,进一步确保实现耕地总量的动态平衡。2006 年开始,国家通过建立土地督查制度、机构,严格督查土地违法行为。2007 年《政府工作报告》明确强调"一定要守住全国耕地不少于 18 亿亩这条红线"。2008 年《中共中央关于推进农村改革发展若干重大问题的决定》提出了"永久基本农田"概念。2009 年国土资源部发布《关于全面实行耕地先补后占有关问题的通知》,提出耕地全面实行先补后占,形成耕地占补平衡倒逼机制;并于 3—11 月开展"双保行动"(保增长、保红线行动)。2010 年国土资源部在"双保行动"基础上又提出实施"双保工程"(保经济增长、保耕地红线工程)。2011 年国务院发布并实施《土地复垦条例》以严守 18 亿亩耕地红线。2012 年国土资源部发布《关于提升耕地保护水平全面加强耕地质量建设与管理的通知》,标志着耕地进入数量管控、质量管理和生态管护"三位一体"保护阶段;同年国土资源部发布《高标准基本农田建设标准》。2014 年,国土资源部和农业部联合下发《关于进一步做好永久基本农田划定工作的通知》,进一步推进永久基本农田划定。2016 年中央全面深化改革领导小组制定了《探索实行耕地轮作休耕制度试点方案》,规定了重金属污染区、地下水漏斗区、石漠化区和生态严重退化区耕地综合治理技术路径。2017 年国土资源部下发《关于改进管理方式切实落实耕地占补平衡的通知》,建立以数量为基础、产能为核心的占补新机制。2018 年自然资源部下发《关于实施跨省域补充耕地国家统筹有关问题的通知》,明确建设用地占用耕地跨省域补充的国家统筹措施。综上所述,2004 年来耕地保护压力虽然逐步加大,但是耕地保护的科学内涵不断深化,行政手段更加多样化,保护机制更加全面,政府也出台了系列最严格的耕地保护政策,因此,该阶段为相对稳定的平衡期。

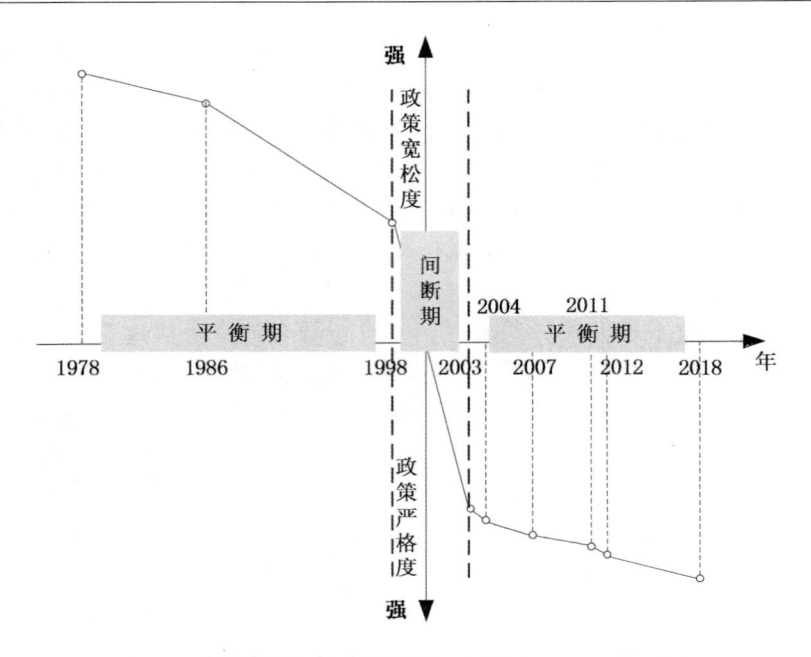

图 2　我国耕地保护政策演进示意图（1978—2018 年）

三　耕地保护政策演进历程中的渐进与突变原因

（一）耕地保护演进历程中的渐进原因

政治系统包括子系统政治和宏观政治两个层面，而宏观政治由子系统政治组成。鲍姆加特纳等人认为政策稳定属于一种"政策垄断"，因此，政策能够保持较长时间的渐进稳定平衡，其子系统政治趋于平衡源于政治制度、观念和理想核心政治价值等。相应地，我国耕地保护政策在较长时期段内处于渐进平衡期，其相对渐进稳定主要由以下因素决定：

1. 土地制度的限制

我国土地实行社会主义公有制，即全民所有制和劳动群众集体所有制。城市土地、国家依法征收的土地以及村集体中所规定的土地等归国家所有，而农村宅基地、农用地、集体建设用地等除国有土地规定以外的土地归农村集体所有，其使用权限在土地承包、转让、抵押等都有明确的法律法规限制，特别是用于农业生产的耕地受到了诸多约束。事实上，早期耕地的非农化建设需要经过政府审批等复杂流程，在一定程度上增加了耕地转化的难度。同时，集体土地的实际管理权亦在国家的掌握中，村集体并不拥有随意处理耕地资源的权利。所以，耕地保护在一定程度上受到国家控制，而国家对土地有实际的所有权和使用权，使得一定时期内的耕地保护政策有效，尤其是当社会没有出现要牺牲耕地以获取更大利益发展机会时[23]。那么，在我国仍以第一产业为主的时期，国家对土地的强制约束力能在一定程度上保证耕地资源的稳定，促使耕地保护政策相对稳定。

2. 社会发展的需要

社会发展需要耕地资源的支撑，这一特点在以第一产业为主要生产力的我国改革开放初期较为明显。同时，我国城市化水平不高，农村人口数量庞大，居民生活水平较低，不少家庭仍处于温饱边缘，那么，农业生产不仅在社会生产上起到推力作用，更重要的是对人民日常生活具有十分重要的意义。在此发展背景下，国家对于耕地的保护更多体现的是一种维持作用。由于生产生活的需要，地方政府和农民会自发地保护耕地资源，这一特征在近几年耕地资源缺失严重的背景下有所体现，并更多表现在人民日常生活的需要。当前，耕地资源紧张，虽然粮食生产水平较高，但耕地总量不足、质量差等原因导致粮食生产跟不上社会需求的步伐，加之健康意识的提升与物价水平的上升，使得我国越来越多的粮食通过国际进口方式来供应，这进一步加剧了耕地保护的紧迫感。近年来，我国政府大力加强耕地保护工作，陆续出台《省级政府耕地保护责任目标考核办法》等政策文件，较好地提高了耕地保护政策实施的稳定性和有效性。因此，社会实际的发展需要在一定程度上也稳定了耕地保护政策的落实。

3. 可持续发展理念的渗入

随着科学发展观的深入，可持续发展理念逐渐渗入社会发展之中。生态环境恶化导致可持续发展理念的产生和强化，特别是近十几年温室效应、空气污染、水土流失等众多生态环境恶化的问题受到了全球范围的广泛关注。虽然耕地资源在生态方面并不能表现出显著作用，但粮食安全问题却是可持续发展中需要考虑的重要因素[24]。在耕地保护政策的完善期，耕地保护政策的制定理念更加深入，它所贯彻的即是可持续发展思想。而这一思想随着历年社会的变迁也逐渐深入人心，融入社会，这使得政策的执行与社会发展要求一致，政策受到的助推力就会加大，政策执行的效果就会有所体现。可持续发展理念的提出，彰显出国家致力于协调经济发展和生态安全等问题，习近平总书记强调的"宁可要绿水青山，不要金山银山"更是突显这一理念。可持续发展理念是新时代的产物，表征着人类社会未来的发展方向，因此，遵循可持续发展理念能够使得耕地保护政策相对稳定。

（二）耕地保护演进历程中的突变原因

政策演进历程中的突变同样受到多种因素的影响。鲍姆加特纳等人认为，如果政策发生突变，不是来源于偏好的改变，就是来源于注意力的改变，即政策的突变往往是由于政策决策者或者机构关注的要点发生了变化。从根本上说，它源于人的理性是有限的，有限理性决定了决策者不能追求"最优"标准，而只能是"满意"标准。这一点在耕地保护政策上表现明显，主要由于耕地资源的保护加强意味着经济发展将会受到约束，如何调节两者往往影响着政策的制定和执行。同时，社会发展的宏观层面环境也是导致政策制定注意力改变的主要原因。而耕地保护政策的突变主要体现在政策理念和力度的提升，且历史发展方向基本一致。因此，本文将耕地保护政策突变的因素归结为以下三点：

1. 客观形势的严峻

耕地保护政策的突变很多情况来源于客观形势的变化。早期，我国主要以农业生产为社会发展动力，城镇化水平不高，人民居住地区多以农村为主，农业生产也成为家庭收入的主要来源。但随着改革开放拉开了市场经济体制序幕，我国经济发展突飞猛进，固定资产投资连续上升，城镇化水平不断推进，建设用地大肆扩张，这导致耕地资源日益锐减，耕地质量逐年下降[25]。耕地资源的减少和恶化，再加之人口的上升也就导致人均粮食占有量下降或不足，粮食安全受到严重威胁。严峻的国情状况不得不让国家加大对耕地资源的保护力度，从耕地资源占用受限，到严禁非农建设占用耕地资源，到制定破坏耕地罪名，再到耕地总量动态平衡，以及基本农田和永久基本农田的划定，政策的变迁更多的目的就在于控制耕地的过快流失，确保耕地不再减少。因此，客观形势的恶化是影响政策突变的直接因素。

2. 地方和中央的博弈

经济发展一直是地方政府所热衷追求的目标，当然这也体现了我国以经济建设为中心的理念。但在经济发展迅猛的阶段，地方政府往往更加偏向于巩固和加强已有的经济发展成果，耕地保护政策有时候甚至被地方政府误解为阻碍经济发展的举措[26]。以占补耕地为例，为了实现中央提出的耕地总量平衡目标，很多地方政府往往占用优质耕地资源进行开发建设，补充的往往是坡度大、质量劣的耕地，反映出只为了完成任务采取的达到指标的形式化做法，而中央政府对于政策的改动则大多是应对地方政府"钻空子"的行为。同样面对地方政府耕地占优补劣的问题，中央先后提出基本农田的划定，先补后占的倒逼机制，以及对于耕地占补平衡实行更加严格的政策制度，落实占一补一、占优补优、占水田补水田，促进耕地数量、质量和生态三位一体保护。因此，地方与中央的博弈行为，在一定程度上推动了政策的突变，使中央政府在政策制定中的注意力关注到了地方政府的实际政策落实上。

3. 国际环境的压力

美国学者莱斯特·布朗在《世界观察》杂志上发表了题为《谁来养活中国》，引起国际上巨大反响[27]。其实，这不仅是布朗个人的担忧，也反映了国际社会对我国粮食安全的忧虑。特别是我国不足世界人均耕地面积一半的客观事实，使得我国政府倍感压力。实际上，我国作为当今世界上具有重大影响力的大国，虽然在经济发展上取得重大飞跃，但人民的生活和生存更表现出国家的治理水平和能力。这样以来，严峻的国际压力，也促使着我国政府要对耕地保护有所作为。因此，强化耕地保护政策，不仅是国家对自身民族和人民的负责，更是向世界传递"中国人靠自己养活"的决心（图3）。

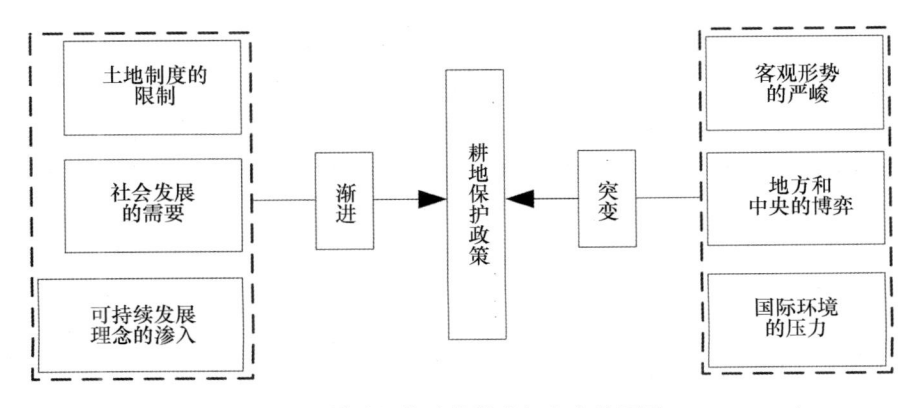

图3 耕地保护政策渐进与突变的原因

四 总结与思考

本文运用"间断—平衡"框架分析了改革开放 40 年来我国耕地保护政策演进历程,并探讨了其中渐进与突变的主要因素。事实上,改革开放以来我国耕地保护政策实现了从单一治标向体系治本、政府意识到国家意志、政府主体向多元共治的转变,因此,本文认为:(1)改革开放 40 年来我国耕地保护政策经历了宽松、严格和最严格的过程,在"间断—平衡"框架下呈现由长期平衡到短期间断再到长期平衡的演进脉络,具体为政策平衡期(1978—1997)、政策间断期(1998—2003)和政策平衡期(2004—2018);(2)耕地保护政策演进历程中的渐进稳定主要由土地制度本身的限制、社会发展的需要以及可持续发展理念的渗入来维护;(3)耕地保护政策演进历程中的突变主要由客观严峻的形势,地方政府和中央政府的博弈以及国际环境的压力所导致。

耕地作为人类社会发展一项重要的生产资源,分析其保护政策并把握好耕地保护政策的发展路径和变迁诱因,能够更好地让国家引导耕地保护向积极方向发展。特别是在新时代生态文明建设和乡村振兴双重背景下,强化耕地保护既可守护民众"餐桌安全",又可从源头上落实农业绿色发展,还可促进土地资源可持续利用。基于改革开放 40 年来我国耕地保护政策演进分析,结合新时代耕地保护不平衡不充分的复杂新矛盾,为了响应美好生活和生态文明的要求,为了我国未来的粮食安全和可持续发展,未来需要强化耕地保护政策落实并与耕地利用政策有机融合,加强耕地资源动态监测管理。值得注意的是,近期的中美贸易战反映出我国农业现代化水平仍需提升和生产成本较高等问题,加之对某些农产品的进口存在一定的依赖性,那么,我国仍需始终坚持主粮自给自足的主线,不能过分依赖进口,以免在爆发更大的经济危机时受制于人。

参考文献:

[1] 陈璐,胡月,韩学平,等. 国家粮食安全中主产区粮食生产及其贡献的量化对比分析[J]. 中国土地科学,2017,31(9):34—42.

[2] 胡动刚,程鹏,宋彦. 供给侧结构性改革下节约和集约用地的再认识[J]. 中国土地科学,2017,31(11):47—54.

[3] 于法稳. 新时代农业绿色发展动因、核心及对策研究 [J]. 中国农村经济, 2018 (5): 19—34.

[4] 蔡运龙, 俞奉庆. 中国耕地问题的症结与治本之策 [J]. 中国土地科学, 2004, 18 (3): 13—17.

[5] 郭珍. 中国耕地保护制度: 实施绩效评价、实施偏差与优化路径 [J]. 郑州大学学报 (哲学社会科学版), 2017, 50 (1): 64—68+159.

[6] 谭术魁, 张红霞. 基于数量视角的耕地保护政策绩效评价 [J]. 中国人口·资源与环境, 2010, 20 (4): 153—158.

[7] 吴泽斌, 刘卫东, 罗文斌, 等. 我国耕地保护的绩效评价及其省际差异分析 [J]. 自然资源学报, 2009, 24 (10): 1785—1793.

[8] 张杨, 严金明, 江平, 等. 基于正态云模型的湖北省土地资源生态安全评价 [J]. 农业工程学报, 2013, 29 (22): 252—258.

[9] 赵艳霞, 孙凤芹, 王菲. 基于AHP的耕地保护公共政策分析 [J]. 中国农业资源与区划, 2015, 36 (3): 143—148.

[10] 刘彦随, 乔陆印. 中国新型城镇化背景下耕地保护制度与政策创新 [J]. 经济地理, 2014, 34 (4): 1—6.

[11] 吕晓, 黄贤金, 陈志刚, 等. 中国耕地保护政策的粮食生产绩效分析 [J]. 资源科学, 2010, 32 (12): 2343—2348.

[12] 漆信贤, 张志宏, 黄贤金. 面向新时代的耕地保护矛盾与创新应对 [J]. 中国土地科学, 2018, 32 (8): 9—15.

[13] 张效军, 欧名豪, 李景刚. 我国耕地保护制度变迁及其绩效分析 [J]. 社会科学, 2007 (8): 13—20.

[14] 唐正芒, 李志红. 简论改革开放以来党和政府对耕地保护的认识与实践 [J]. 中共党史研究, 2011 (11): 26—36.

[15] 刘丹, 巩前文, 杨文杰. 改革开放40年来中国耕地保护政策演变及优化路径 [J]. 中国农村经济, 2018 (12): 37—51.

[16] Jones, B D, Baumgartner, F R. The Politics of Attention: How Government Prioritizes Problems [M]. *University of Chicago Press*, 2005.

[17] Gaff J G, Simpson R D. Faculty Development in the United States [J]. *Innovative Higher Education*, 1994, 18 (3): 167—176.

[18] 李金龙, 王英伟. "间断平衡框架"对中国政策过程的解释力研究——以1949年以来户籍政策变迁为例 [J]. 社会科学研究, 2018 (1): 64—72.

[19] True J L, Jones B D, Baumgartner F R. Punctuated Equilibrium Theory [J]. *Theories of the Policy Process*, 1999: 175—202.

[20] Baumgartner F R, Jones B D. Agendas and Instability in American Politics

[M]. University of Chicago Press, 2010.

[21] Baumgartner F R, Jones B D, Mortensen P B. Punctuated Equilibrium Theory: Explaining Stability and Change in Public Policymaking [J]. Theories of the Policy Process, 2014, 8: 59—103.

[22] 蒋省三, 刘守英, 李青. 中国土地制度改革: 政策演进与地方实施 [M]. 上海: 上海三联书店出版社, 2010.

[23] 曲艺, 龙花楼. 中国耕地利用隐性形态转型的多学科综合研究框架 [J]. 地理学报, 2018, 73 (7): 1226—1241.

[24] 余慧容, 刘黎明. 可持续粮食安全框架下的农业"走出去"路径 [J]. 经济学家, 2017 (5): 84—90.

[25] 杨骥, 裴久渤, 汪景宽. 耕地质量下降与保护研究——基于土地法学的视角 [J]. 中国土地, 2016 (9): 28—29.

[26] 许恒周. 耕地保护: 农户、地方政府与中央政府的博弈分析 [J]. 经济体制改革, 2011 (4): 65—68.

[27] Brown, L R. Who will feed China [M]. Washington, DC: World Watch Institute, 1995.

Analysis on the Evolution of Cultivated Land Protection Policy in 40 Years of Reform and Opening-up in China
——Based on the "Punctuated Equilibrium" Framework

Peng Cheng[1], Ping Jiang[2], Yang Zhang[3],
Yuhong Jin[2], Shentai He[4]

(1 School of Public Administration, Guangxi University, Nanning 530004, China;
2 School of Resources and Environment Sciences, Wuhan University,
Wuhan 430079, China;
3 College of Urban Economics and Public Administration, Capital University
of Economics and Business, Beijing 100070, China;
4 Hubei University for Nationalities, Enshi 445000, China)

Abstract: Under the new contradictions and challenges faced by China's cultivated land protection in the new era, this paper analysis the evolution process of cultivated land protection policy in China in the past 40 years of reform and opening-up by using the "punctuated equilibrium" framework, and analysis the main factors of gradual and sudden changes in order to provide a more stable foundation for China's future food security and sustainable development. The results show that: 1) Since the reform and opening-up, the policy of cultivated land protection in China has undergone a process of lenient, strict, and strictest. Under the framework of "punctuated equilibrium", it presents the evolution of the policy balance period (1978 – 1997), the policy discontinuity period (1998 – 2003) and the policy balance period (2004 – 2018); 2) The gradual stability in the evolution of cultivated land protection policy is mainly maintained by the restriction of land system itself, the need of social development and the infiltration of sustainable development concept; 3) The sudden change in the evolution of cultivated land protection policy is mainly caused by the objective and severe forms, the game between local governments and the central government, as well as the pressure of the international environment. Therefore, in the future, the first is to strengthen the implementation of the cultivated land protection policy and integrate it with the cultivated land utilization policy; the second is to strengthen the dynamic monitoring and management of cultivated land resources; last but not least, we should always adhere to the main line of self-sufficiency of staple grain.

Keywords: reform and opening-up; cultivated land protection; food security; policy evolution; "punctuated equilibrium" framework

农民工就业结构的代际差异*

——基于中国流动人口动态监测调查数据的再研究

孟凡强[1,2] 林浩[1] 谢健[1]

(1 广东财经大学国民经济研究中心 广东广州 510320；
2 北京师范大学经济与工商管理学院 北京 100875)

内容提要：随着人口结构的变迁，农民工群体已出现明显的代际分化，新生代农民工取代老一代农民工成为城镇劳动力市场中农民工群体的主体力量，并在就业结构方面表现出显著不同的群体特征。基于 2017 年中国流动人口动态监测调查数据（CMDS），从职业结构、行业结构、单位所有制结构和地区结构等维度对农民工就业结构的代际差异问题进行再研究，结果发现，新生代农民工的就业结构明显优于老一代农民工。他们的职业层次明显提升，行业分布更加优化，就业单位稳定性显著提高，更多集中于经济较为发达地区，同时，他们在不同就业部门的工资水平也普遍显著高于老一代农民工，这些特征都为其市民化奠定了良好的基础。未来应着重以新生代农民工为主体，进一步推进农业转移人口的市民化进程。

关键词：农民工；就业结构；代际差异；新生代农民工

---

* 基金项目：国家社会科学基金一般项目"新型城镇化背景下农民工歧视、反歧视与福利影响研究"（17BJY109）。

作者简介：孟凡强（1982— ），男，山东德州人，经济学博士，广东财经大学国民经济研究中心副研究员，北京师范大学经济与工商管理学院博士后，主要研究劳动经济学、农村经济学。林浩（1997— ），男，山东临沂人，广东财经大学经济学院硕士研究生，主要研究社会保障与保险。谢健（1992— ）（通讯作者），男，河南信阳人，广东财经大学经济学院硕士研究生，主要研究经济统计。

一　引　言

2019年4月29日，国家统计局发布的《2018年农民工监测调查报告》显示，2018年农民工总量为28836万人，比上年增加184万人。其中，1980年及以后出生的新生代农民工占全国农民工总量的51.5%。这是继2017年之后，新生代农民工的数量再一次超过老一代农民工，并且相比2017年提高了1个百分点。这说明新生代农民工已超越老一代农民工成为城镇劳动力市场中农民工群体的主体。近年来，党的十九大报告和《乡村振兴战略规划（2018—2022年）》等国家层面的重要政策文件都进一步强调了要加快推进农业转移人口的市民化[1]。而新生代农民工无疑将是农业转移人口市民化的主体力量，因此对于新生代农民工的研究具有重要的现实意义。

目前学界普遍认为王春光[2]最早关注农民工的代际分化问题，他将80年代初次外出的农村流动人口定义为第一代农村流动人口，而将90年代初次外出的农村流动人口定义为新生代农村流动人口。黄祖辉、刘雅萍[3]则将1980年以后出生、20世纪90年代后期开始进入城市打工的农民工定义为第二代农民工或新生代农民工。2010年中央一号文件中第一次使用了"新生代农民工"的概念。此后，新生代农民工的提法得到广泛认可，并普遍将其界定为1980年以后出生的农民工[4][5][6][7]。虽然也有学者认为"新生代农民工"的界定方法将随着时间推移变得不合时宜，但他们同时也承认这一界定至少在当前的经济社会背景下仍然是合理的[8]。

在新生代农民工的界定标准得到普遍认可之后，大量关于农民工代际差异的研究文献涌现，在人力资本、社会资本、工资收入、权利意识、消费理念、市民化等层面全面分析了新生代农民工与老一代农民工的代际差异问题[9][10][11][12][13]。本文将主要关注农民工就业结构的代际差异问题，关于这一问题已有部分研究。由于成长环境与家庭背景的不同，相比老一代农民工，新生代农民工表现出"三高一低"的特征，即受教育水平高、职业期望高、物质和精神享受高而工作耐受力低[14]。在主观意愿方面，新生代农民工一般不甘于从事"体力型"职业，而在客观环境方面，随着技术进步的加快与经济结构的优化升级，传统的"体力型"职业需求也逐渐减少，服务业新增就业需求和技能型工人的需求上升，因此新生代农民工从事服务业职业和技术工人的比例上升,在企业中担任低层管理者的比例也更高[15][16],从而使得新生代农民工的职业层次明显优于第一代农民工[17]。但也有研究认为,新生代农民工的职业阶层分布情况与老一代农民工并没有明显差异[10],还有学者甚至认为与老一代农民工相比,新生代农民工的职业声望更低[18]。就业单位所有制结构方面,有研究表明与老一代农民工相比,新生代农民工在非公有制单位工作的人数比率更高[16],这是由于新生代农民工更为看重未来发展空间,因此更倾向于自主创业或到比包工队有发展空间的民营企业[19]。但也有研究认为新生代农民的就业部门选择与老一代农民工相比并没有发生主流的变化,绝大多数新生代农民工仍然分布在"非正规部门",这表明横亘在新生代农民工面前的就业"瓶颈"依旧存在[20]。此外,随着产业结构的变迁,服务业的比重不断上升,新生代农民工的就业部门也开始向服务性行业转移[21],但也有研究显示新生代农民工在建筑、制造业就业的比例更高于上一代农民工[18]。

通过对现有文献的综述可以发现,虽然已有研究对农民工就业结构的代际差异问题进行了研究,但无论是在职业结构、行业结构还是所有制结构方面都尚未得到一致的结论,甚至存在完全相反的观点,关于农民工就业地区结构的代际差异问题也较少涉及。此外,关于两代农民工的工资差异问题虽已有不少研究[3][16][22],但一方面现有研究结论仍不甚一致[12],另一方面农民工代际工资差异在不同就业部门的异质性问题也鲜有研究。考虑到新生代农民工在农民工群体中越来越重要的主体地位,这一群体将是农业转移人口市民化的主要力量,因此有必要对新生代农民工的就业结构做进一步的深入研究。有鉴于此,本文将采用2017年中国流动人口动态监测调查数据(CMDS)对这一问题展开研究。中国流动人口动态监测调查是国家卫健委在全国范围内开展的专门的流动人口调查,该数据是国内研究农民工问题的大型权威数据库之一,为本研究提供了可靠的数据保障,同时较新的数据也使本文的研究具有较强的时效性。

文章主要的贡献在于:一是利用最新的大型权威数据以获得兼具时效性和可靠性的研究结论;二是从职业结构、行业结构、所有制结构、地区结构等方面全面考察农民工就业结构的代际差异问题,以期为未能达成一致结论的现有研究提供对照;三是考察农民工代际工资差异及其在不同就业部门的异质性,以对现有研究形成补充。

二 数据处理与描述统计

（一）数据来源与处理

本文所用数据为 2017 年中国流动人口动态监测调查数据（CMDS）。中国流动人口动态监测调查（CMDS）是国家卫生健康委（原国家卫计委）开展的大型调查项目，该调查以 31 个省（区、市）和新疆生产建设兵团 2016 年全员流动人口年报数据为基本抽样框，采取分层、多阶段、与规模成比例的概率抽样方法进行抽样。该调查是目前国内较为权威的流动人口调查数据，由于按照随机原则开展抽样调查，因此调查结果在全国范围内具有较强的代表性，同时该数据还具有样本量大的优点。

出于研究的需要，本文对数据进行了处理：（1）参考国家统计局对农民工的界定标准，将具有农业户口或农业转居民户口，并且流动时间在 6 个月以上的劳动力界定为农民工[1]；（2）由于主要关注城镇劳动力市场中农民工的就业情况，因此本文将样本点类型限定为居委会；（3）根据国家法律法规对劳动年龄的规定，保留了年龄在 16—59 周岁（含）之间的样本[2]；（4）为便于与现有研究对照，删除了新疆生产建设兵团的样本，并按照国家统计局的标准把 31 个省（区、市）划分为东部地区、中部地区、西部地区和东北地区[3]；（5）为比较工资收入，只保留了目前有工作并且就业身份为雇员（包括有固定雇主的雇员和无固定雇主的雇员）的劳动力样本；（6）参考刘学军、赵耀辉（2009）的方式对工资收入的异常值进行了处理[4]；（7）删除了工资、职业、行业、就业单位性质和地区变量缺失的样本；（8）参考现有文献的做法将 1980 年（含）以后出生

---

[1] 由于 CMDS 的调查对象为非本区（县、市）户口的流入人口，因此按照国家统计局的标准，本文研究的农民工范畴为外出农民工。

[2] 由于 2017 年中国流动人口动态监测调查在 5 月份开展，在年龄计算时，我们利用 2017 减去出生年份获得，但对于出生月份在 5 月后的样本，则在 2017 减去出生年份的基础上再减 1 岁得到。

[3] 东部地区包括北京、天津、河北、上海、江苏、浙江、福建、山东、广东、海南 10 个省（市）；中部地区包括山西、安徽、江西、河南、湖北、湖南 6 省；西部地区包括内蒙古、广西、重庆、四川、贵州、云南、西藏、陕西、甘肃、青海、宁夏、新疆 12 个省（自治区）；东北地区包括辽宁、吉林、黑龙江 3 个省。

[4] 舍弃月工资收入高于 90000 元以及月收入低于 50 元的极端值。

的农民工群体界定为新生代农民工,而 1980 年之前出生的农民工群体则界定为老一代农民工。经过处理后的样本量为 38529 个,其中新生代农民工样本 26067 个,老一代农民工样本 12462 个①。

(二) 描述统计

本文首先对新生代农民工和老一代农民工的主要特征做了描述统计,结果如表1所示。从表1可以看出,两代农民工之间存在显著的工资差异,新生代农民工的平均月工资为 4061.26 元,老一代农民工为 3586.83 元,两者之间相差 474.42 元,独立样本的 T 检验显示这一差距是显著的。在工作时长方面,老一代农民工每周的工作小时数显著高于新生代农民工 2.72 个小时。在年龄方面,老一代农民工的平均年龄为 44.59 岁,而新生代农民工的平均年龄为 27.95 岁,两者相差 16.64 岁。在受教育程度方面,相比老一代农民工,新生代农民工的受教育程度有较大幅度的提高,大学以上学历的新生代农民工比例达到了 29.60%,而老一代农民工的这一比例仅为 4.60%,两者之间相差 25 个百分点,高中学历的新生代农民工比例也显著高于老一代农民工 12.57 个百分点。老一代农民工仍以初中及以下学历为主,两者的比例达 78.41%,而新生代农民工的这一比例仅为 40.84%,尤其是初中以下学历的新生代农民工仅占 4.55%。在性别方面,新生代农民工群体中女性的比例显著高于老一代农民工 9.94 个百分点,说明越来越多地的年轻女性农民工进入城镇劳动力市场。综合来看,老一代农民工和新生代农民工在主要特征方面都体现出较为显著的代际差异。

表1   主要特征的描述性统计

变量	老一代农民工 均值	老一代农民工 标准差	新生代农民工 均值	新生代农民工 标准差	代际差异
月工资	3586.83	2241.23	4061.26	2624.15	-474.42*** (0.000)
周工作小时数	54.13	16.02	51.41	14.77	2.72*** (0.000)
年龄	44.59	5.30	27.95	4.84	16.64*** (0.000)

---

① 由于本文将样本类型限定为居委会,因此研究对象实际上是进城农民工,考虑到新生代农民工进城务工的比例可能更高,由此导致本文两代农民工的比例与《2018 年农民工监测调查报告》有所差异。

续表

变量	老一代农民工 均值	老一代农民工 标准差	新生代农民工 均值	新生代农民工 标准差	代际差异
	比例		比例		
受教育程度					
大学专科及以上	4.60%		29.60%		−25.00%*** （0.000）
高中/中专	16.99%		29.55%		−12.57%*** （0.000）
初中	51.18%		36.29%		14.89%*** （0.000）
初中以下	27.23%		4.55%		22.68%*** （0.000）
男性	61.15%		51.21%		9.94%*** （0.000）
样本量（个）	12462		26067		

注：代际差异是用老一代农民工的相应数值减去新生代农民工的相应数值。

三 实证分析

就业结构主要是指社会劳动力在国民经济各部门间的比例关系，本文研究的就业结构包括职业结构、行业结构、单位所有制结构和地区结构等维度，这也是文献中较为常用的就业结构维度[24]。在每一个就业结构维度，本文都分别统计了老一代农民工和新生代农民工在每一个部门的比例和平均月工资，并计算了两代农民工在比例和平均月工资方面的差异值。由于部门分布比例和平均月工资都通过样本计算而来，为验证差异值的显著性，我们分别利用独立样本的 Z 检验和 T 检验对这两个差异值进行了显著性检验。

（一）农民工职业结构的代际差异

1. 新生代农民工从事白领职业的比例高于老一代农民工

从表 2 可以看出，在单位负责人、专业技术人员和公务人员三类白领职业中，新生代农民工的比例达到了 18.83%，而老一代农民工的这一比例为 8.04%，低于新生代农民工 10.79 个百分点。其中，两代农民工在专业技术人员中的比例差异最大，15.74% 的新生代农民工属于专业技术人员，高于老一代农民工 8.83 个百分点。在公务人员中，新生代农民工的比例也高于老一代农民工 1.73 个百分点。单位负责人职业中的比例差异虽然不大，但同样显著存在。这说明相比老一代农民工，有更大比例的新生代农民工从事高层次的白领职业。虽然代际间的比例差异显著存在，但从工资差异来看，无论是在哪类白领职业中，都没有发现两代农民工显著的工资差异。

2. 新生代农民工在商业服务业人员内的职业层次高于老一代农民工

商业服务业人员是农民工最主要的职业类型，无论是新生代农民工还是老一代农民工，从事商业服务业人员的比例都超过了50%，分别为50.27%和50.68%。从代际差异来看，两代农民工从事商业服务业人员职业大类的比例并没有显著差异，但在这一职业内部差异仍显著存在。其中，其他商业服务业人员是两代农民工从事比例均最高的职业，但新生代农民工从事这一职业的比例为30.15%，显著高于老一代农民工的17.32%，两者相差12.83个百分点，并且在工资方面新生代农民工也显著高于老一代农民工。此外，相比老一代农民工，新生代农民工在保洁、装修、保安、家政、商贩职业中的比例都有所降低，其中保洁职业比例降低最明显，比老一代农民工低7.36个百分点。根据中国流动人口动态监测调查（CMDS）的技术文件，其他商业服务业人员主要包括出租司机、理发师、足疗师、舞厅音响师等，由此可以看出，新生代农民工在商业服务业人员内部的职业层次相比老一代农民工也有所提高。在工资差异方面，新生代农民工在商业服务业人员大类中的工资也显著高于老一代农民工。

3. 新生代农民工从事农业生产人员、生产运输人员和无固定职业的比例低于老一代农民工

两代农民工从事农业生产人员的比例都较低，但相比老一代农民工，新生代农民工从事这一职业的比例更低。在生产运输人员职业，老一代农民工的比例为32.57%，新生代农民工为25.18%，两者相差7.39个百分点。从细分职业来看，新生代农民工就业比例的降低主要体现在建筑工人职业，相比老一代农民工，新生代农民工从事建筑工人的比例要低5.37个百分点。在运输工人职业，新生代农民工的比例也显著低于老一代农民工2.06个百分点。这说明新生代农民工的职业分布表现出较为明显的"去体力化"特征。此外，两代农民工在无固定职业和其他职业中的就业比例都不高，但新生代农民工无固定职业的比例显著低于老一代农民工3.39个百分点。在工资方面，除无固定职业外，其他职业中新生代农民工的工资水平都显著高于老一代农民工。

表2 农民工职业结构的代际比较

职业	老一代农民工 比例(%)	老一代农民工 月工资	新生代农民工 比例(%)	新生代农民工 月工资	代际差异 比例(%)	代际差异 月工资
单位负责人	0.36	5284.44	0.59	4588.07	-0.23*** (0.003)	696.37 (0.166)
专业技术人员	6.91	4779.58	15.74	4936.35	-8.83*** (0.000)	-156.77 (0.200)
公务人员	0.77	4426.52	2.50	4018.79	-1.73*** (0.000)	407.73 (0.115)
商业服务业人员	50.68	3297.95	50.27	3780.20	0.41 (0.454)	-482.25*** (0.000)
经商	1.23	5909.80	1.14	5042.90	0.09 (0.430)	866.91 (0.107)
商贩	0.40	2857.00	0.25	3809.38	0.15*** (0.009)	-952.38** (0.039)
餐饮	9.76	3050.79	10.97	3399.81	-1.21*** (0.000)	-349.02*** (0.000)
家政	1.78	2731.53	0.36	2948.42	1.42*** (0.000)	-216.89 (0.172)
保洁	8.40	2259.55	1.04	2484.95	7.36*** (0.000)	-225.4*** (0.002)
保安	4.33	2688.90	1.59	3207.37	2.74*** (0.000)	-518.46** (0.000)
装修	6.52	4610.61	3.16	4618.44	3.36*** (0.000)	-7.83 (0.946)
快递	0.94	4004.27	1.61	4269.76	-0.67*** (0.000)	-265.49 (0.159)
其他服务业人员	17.32	3443.92	30.15	3841.59	-12.83*** (0.000)	-397.67*** (0.000)
农业生产人员	1.08	3150.67	0.51	3861.82	0.57*** (0.000)	-711.14** (0.031)
生产运输人员	32.57	3903.72	25.18	4136.75	7.39*** (0.000)	-233.03*** (0.000)
生产	12.67	3544.70	12.39	3819.62	0.28 (0.440)	-274.92*** (0.000)
运输	4.69	4344.47	2.63	4714.58	2.06*** (0.000)	-370.11*** (0.001)
建筑	9.12	4282.19	3.75	4809.52	5.37*** (0.000)	-527.33*** (0.000)
其他生产人员	6.10	3745.25	6.41	4119.30	-0.31 (0.245)	-374.04*** (0.000)
无固定职业	5.23	2696.83	1.84	2842.47	3.39*** (0.000)	-145.64 (0.110)
其他	2.39	3565.19	3.36	4235.39	-0.97%*** (0.000)	-670.20*** (0.004)

注：单位负责人是指国家机关、党群组织、企事业单位负责人；公务人员是指公务员、办事人员和有关人员；其他服务业人员是指其他商业、服务业人员；农业生产人员是指农、林、牧、渔、水利业生产人员；其他生产人员是指其他生产、运输设备操作人员及有关人员；代际差异是用老一代农民工的相应数值减去新生代农民工的相应数值；***、**和*分别表示在1%、5%和10%水平上的显著，而括号内表示的是检验统计量的P值；由于四舍五入的原因，细分职业对应数值之和或不等于职业大类。

综合各职业类型两代农民工的比例差异,我们可以得出,相比老一代农民工,新生代农民工的职业结构表现出较为明显的"去体力化"和"技能化"的特征,在保洁、建筑、装修、保安、运输等体力型职业中的从业比例显著降低,而在专业技术人员和理发师、足疗师、音响师等其他服务人员等技能型特征明显的职业中的比例则显著提高,尤其是层次较高的专业技术人员已经在新生代农民工中占较大比重,这对于农业转移人口的市民化无疑是一个积极的信号。同时,在工资差异方面,除白领职业中两代农民工的工资差异不显著外,在其他绝大多数职业类型中,新生代农民工的工资水平都要显著高于老一代农民工,没有发现老一代农民工工资显著高于新生代农民工的职业类型。这说明,相比老一代农民工,新生代农民工不仅职业结构更为高端化,而且工资待遇也得到显著提高。

(二) 农民工行业结构的代际差异

1. 新生代农民工在第三产业的从业比例高于老一代农民工

在行业结构方面,如果按三次产业的划分方式,农林牧渔业为第一产业,采矿、制造、电煤水热生产供应、建筑为第二产业,而其他行业则为第三产业,即服务业。可以看出,新生代农民工在第一产业、第二产业、第三产业从业的比例分别为 0.61%、38.98%、60.42%,而老一代农民工的相应比例为 1.32%、42.77%、55.91%,说明第三产业已成为吸纳农民工最多的产业部门。在代际差异方面,相比老一代农民工,新生代农民工在第一产业和第二产业的从业比例都有所降低,而在第三产业(服务业)的比重则上升 4.51 个百分点,这显示了新生代农民工的从业行业领域由第一、第二产业向第三产业转移的趋势,这也与我国三次产业结构演进的趋势相适应。在工资差异方面,新生代农民工在三次产业中的工资水平都显著高于老一代农民工,其中第三产业中的工资差距最大,为 585.75 元。

2. 新生代农民工在建筑业中的从业比例低于老一代农民工,在先进制造业中的从业比例高于老一代农民工

在第二产业内部,制造业是两代农民工从事比例最高的行业类型,同时制造业也是所有二级行业门类中农民工从事比例最高的行业,新生代农民工在这一行业的比例为 31.14%,显著高于老一代农民工 5.34 个百分点,说明更多的新生代农民工进入制造行业。从制造业的细分行业来看,新生代农民工从事计算机及通讯电子设备制造、电器机械及制造、专业设

备制造等制造业行业的比例显著高于老一代农民工。参考现有文献本文将化学制品加工、医药制造、专业设备制造、交通运输设备制造、电器机械及制造、计算机及通讯电子设备制造、仪器仪表制造界定为先进制造业[25]，可以发现，新生代农民工在先进制造业中的从业比例为15.53%，而老一代农民工的这一比例为8.74%，两者相差6.79个百分点。此外，新生代农民工在采矿业中的比例相比老一代农民工显著下降0.88个百分点，而在建筑业中则显著下降8.19个百分点，这两个行业对于农民工群体而言基本属于"体力型"行业。新生代农民工在这两个行业比例的下降进一步印证了新生代农民工"去体力化"的就业特征。在工资差异方面，除采矿业外，新生代农民工在制造业、建筑业、电煤水热生产供应三大行业中的工资水平都要显著高于老一代农民工，其中制造业中的工资优势明显高于建筑业。

3. 两代农民工仍主要集中在传统服务业从业

根据世界经济的发展经验，第三产业也就是服务业在国民经济中的就业比重将不断上升，而新生代农民工相比于老一代农民工更高的第三产业就业比重也正好顺应了这一经济发展趋势。从第三产业内部来看，老一代农民工从业比例较高的行业依次为居民服务、修理和其他服务业（16.24%）、住宿餐饮业（11.21%）、批发零售业（8.27%），而新生代农民工从事比例较高的第三产业行业依次为住宿餐饮（12.88%）、批发零售（12.21%）、居民服务、修理和其他服务业（11.44%），这说明两代农民工所从事的服务业类型仍以传统服务业为主。从代际差异来看，新生代农民工相比老一代农民工从业比例显著提升的服务业行业包括批发零售、信息传输、软件和信息技术服务、教育、金融、住宿餐饮，提升比例均在1.5个百分点以上，其中批发零售业的从业比例提升幅度最大，为3.94个百分点。而从业比例降低较为明显的行业则包括居民服务、修理和其他服务业、交通运输、仓储和邮政、房地产，降低幅度均在1个百分点以上，其中降幅最大的为居民服务、修理和其他服务业的4.8个百分点。

4. 新生代农民工在生产性服务业中的从业比例高于老一代农民工

参考国家统计局划分标准（2015）和现有文献，本文将"交通运输、仓储和邮政，信息传输、软件和信息技术服务，金融，租赁和商务服务，科研和技术服务"五大行业界定为生产性服务业[26]，而将其他服务业类型划分为生活性服务业。生产性服务业因其技术进步水平高,集聚能力强,成为中国经济高质量增长的新动能[27],因此发展生产性服务业是产业结构优化调整的方向。按照这一划分方式,新生代农民工在生产性服务业从业比例为10.44%,而老一代农民工的比例为8.09%,新生代农民工比老一代农民工高2.35个百分点。这表明,相比老一代农民工,更多的新生代农民工在代表产业结构调整方向的生产性服务业中从业。但从比例大小来看,无论是新生代农民工还是老一代农民工,在生产性服务业中的从业比例仍然不高,他们更多地集中在生活性服务业中。从工资差异来看,新生代农民工在生产性服务业和生活性服务业中的工资水平都显著高于老一代农民工,但在生产性服务业中新生代农民工相对于老一代农民工的工资优势更为明显。

5. 新生代农民工在高端服务业中的从业比例高于老一代农民工

结合余泳泽、潘妍[28]的分类方法本文进一步将服务业中的"信息传输、软件和信息技术服务,金融,租赁和商务服务,科研和技术服务"四类行业界定为高端服务业,而将其他服务业行业界定为非高端服务业。按此划分标准,新生代农民工在高端服务业中的从业比例为6.05%,而老一代农民工的从业比例为1.93%,新生代农民工在高端服务业中的从业比例高于老一代农民工,两者相差4.12个百分点。但整体来看,无论是新生代农民工还是老一代农民工,在高端服务业中的从业比例仍然较低,而更多地在集中在非高端服务业从业,比例均超过了50%,并且在非高端服务业中两代农民工的从业比例差距并不明显。工资差异方面,无论是在高端服务业还是非高端服务业中,新生代农民工的工资水平都显著高于老一代农民工,但高端服务业中两代农民工的工资差距更大。

表3　　　　　　　　农民工行业结构的代际比较

行业	老一代农民工 比例(%)	老一代农民工 月工资	新生代农民工 比例(%)	新生代农民工 月工资	代际差异 比例(%)	代际差异 月工资
第一产业(农林牧渔)	1.32	3081.86	0.61	3719.05	0.71*** (0.000)	-637.20** (0.037)
第二产业	42.77	3946.52	38.98	4302.02	3.79*** (0.000)	-355.50*** (0.000)
采矿	1.51	4235.99	0.63	4542.70	0.88*** (0.000)	-306.71 (0.159)

续表

行业	老一代农民工 比例（%）	老一代农民工 月工资	新生代农民工 比例（%）	新生代农民工 月工资	代际差异 比例（%）	代际差异 月工资
制造	25.81	3727.78	31.14	4207.69	-5.34*** (0.000)	-479.92*** (0.000)
食品加工	2.47	3159.48	2.26	3523.24	0.21 (0.197)	-363.76*** (0.006)
纺织服装	4.08	3361.16	4.06	3624.734	0.02 (0.905)	-263.58*** (0.001)
木材家具	2.17	3762.42	1.35	4189.08	0.82*** (0.000)	-426.66** (0.010)
印刷文体办公娱乐用品	0.67	3542.86	0.95	3911.41	-0.28*** (0.006)	-368.55 (0.126)
其他制造业	7.66	3712.92	6.99	4079.34	0.67 (0.017)	-366.42*** (0.000)
先进制造业	8.74	4078.54	15.53	4537.31	-6.79*** (0.000)	-458.76*** (0.000)
化学制品加工	1.03	3608.13	1.17	4191.47	-0.14 (0.225)	-583.35*** (0.001)
医药制造	0.60	4061.29	1.04	4591.81	-0.44*** (0.000)	-530.52 (0.162)
专业设备制造	1.73	4114.17	2.25	4742.75	-0.52*** (0.001)	-628.59*** (0.002)
交通运输设备制造	1.63	4133.42	2.08	4466.03	-0.45*** (0.003)	-332.61* (0.072)
电器机械及制造	2.12	4037.96	3.25	4355.19	-1.13*** (0.000)	-317.23* (0.050)
计算机及通信电子设备制造	1.49	4324.89	5.24	4704.37	-3.75*** (0.000)	-379.47 (0.152)
仪器仪表制造	0.14	4523.53	0.52	4053.04	-0.38*** (0.000)	470.49 (0.396)
电煤水热生产供应	0.59	3478.41	0.53	4388.89	0.06 (0.483)	-910.48*** (0.001)
建筑	14.87	4315.24	6.68	4712.43	8.19*** (0.000)	-397.19*** (0.000)
第三产业	55.91	3323.62	60.42	3909.37	-4.51*** (0.000)	-585.75*** (0.000)
生产性服务业	8.09	4376.46	10.44	5275.13	-2.35*** (0.000)	-898.68*** (0.000)
交通运输、仓储和邮政	6.16	4230.29	4.39	4520.53	1.77*** (0.000)	-290.25*** (0.004)
信息传输、软件和信息技术服务	0.59	5287.84	2.61	5900.92	-2.02*** (0.000)	-613.08 (0.289)
金融	0.71	5267.16	2.42	6107.01	-1.71*** (0.000)	-839.85 (0.179)
租赁和商务服务	0.45	3584.43	0.58	4640.46	-0.13* (0.094)	-1056.03** (0.048)

续表

行业	老一代农民工 比例(%)	老一代农民工 月工资	新生代农民工 比例(%)	新生代农民工 月工资	代际差异 比例(%)	代际差异 月工资
科研和技术服务	0.18	4866.82	0.43	5351.77	-0.25*** (0.000)	-484.95 (0.584)
生活性服务业	48.52	3176.76	52.40	3738.80	-3.88*** (0.000)	-562.04*** (0.000)
批发零售	8.27	3318.30	12.21	3563.10	-3.94*** (0.000)	244.80*** (0.005)
住宿餐饮	11.21	2989.15	12.88	3343.87	-1.67*** (0.000)	-354.71*** (0.000)
房地产	4.90	4017.68	3.72	4967.36	1.18*** (0.000)	-949.68*** (0.000)
水利、环境和公共设施管理	1.07	2882.06	0.41	3710.62	0.66*** (0.000)	-828.56*** (0.003)
居民服务、修理和其他服务业	16.24	2993.35	11.44	3521.77	4.80*** (0.000)	-528.42*** (0.000)
教育	1.63	2828.62	3.55	3402.60	-1.92*** (0.000)	-573.98*** (0.007)
卫生	2.24	2656.74	2.57	3793.28	-0.33** (0.050)	-1136.53*** (0.000)
社会工作	0.86	2811.29	1.00	3335.39	-0.14 (0.189)	-524.10** (0.010)
文体和娱乐	0.52	4365.52	1.33	4708.05	-0.81*** (0.000)	-342.53 (0.465)
公共管理、社会保障和社会组织	0.88	3216.83	0.87	3273.25	0.01 (0.937)	-56.42 (0.783)
高端服务业	1.93	4844.20	6.05	5822.54	-4.12*** (0.000)	-978.34*** (0.004)
非高端服务业	53.98	3269.37	54.37	3696.48	-0.39 (0.475)	-427.11*** (0.000)

注：国家组织由于样本量过少，本文将其归入公共管理、社会保障和社会组织行业；代际差异是用老一代农民工的相应数值减去新生代农民工的相应数值；***、**和*分别表示在1%、5%和10%水平上的显著，而括号内表示的是检验统计量的P值；由于四舍五入的原因，细分行业对应数值之和或不等于行业大类。

从行业结构的代际比较来看，按照三次产业的划分方式，新生代农民工在第三产业中的就业比例显著高于老一代农民工，这说明新生代农民工的三次产业从业比例更加顺应产业结构演化的趋势。在第二产业内部，制造业仍然是农民工最为主要的从业部门，并且新生代农民工在制造业中的从业比例显著高于老一代农民工，这主要是由于更多地新生代农民工进入先进制造业。而新生代农民工在采矿、建筑行业从业的比例比老一代农民工显著降低，"去体力化"特征明显。在第三产业内部，新生代农民工在生产性服务业和高端服务业中的从业比例显著高于老一代农民工，表明新生代农民工在第三产业的从业结构更加符合第三产业的发展方向。但同时也可以发现，无论是在生产性服务业还是高端服务业中，两代农民工的从业比例都仍然较低。在工资差异方面，在绝大部分的行业中，新生代农民工的工资水平都要显著高于老一代农民工，并且与相应行业相比，在第三产业、生产性服务业、高端服务业中的工资差异更为明显，在制造业中的工资差异也要高于建筑行业，没有发现老一代农民工工资水平显著高于新生代农民工的行业类别。

（三）农民工就业单位所有制结构的代际差异

1. 私营企业和个体工商户是吸纳农民工最多的两个部门

从就业单位的所有制结构来看，私营企业和个体工商户是新生代农民工和老一代农民工从业比例最高的两个部门。新生代农民工在私营企业就业的比例为44.38%，个体工商户为22.87%，而老一代农民工的两个相应比例分别为41.13%和19.50%，两部门就业比例之和均超过了60%。除这两个部门之外，新生代农民工还在股份/联营企业、国有及国有控股企业中的从业比例较高，分别为6.86%和6.85%，但与前两个主要部门相比已有较大的差距。而老一代农民工从业比例较高的部门还有无单位、国有及国有控股企业和股份/联营企业，从业比例分别为14.06%、6.49%和5.02%。

2. 老一代农民工的就业单位稳定性显著低于新生代农民工

从代际比较来看，老一代农民工无单位的比例显著高于新生代农民工9.88个百分点，无单位是指没有固定就业单位，通常以加入"包工队"或通过劳务市场"打零工"等形式实现就业，这说明老一代农民工的就业单位稳定性显著低于新生代农民工。此外，老一代农民工从业比例高于新生代农民工的就业单位还包括其他单位形式、机关事业单位和集体企业。而新生代农民工上述4个就业单位之外的其他8个单位类型中的从业比例都要高于老一代农民工，其中在个体工商户中的比例差距最大，为3.37个百分点，私营企业中的比例差距为3.25个百分点。在工资差异方面，新生代农民工在除港澳台独资企业和社团/民办组织外的其他所有单位类型中的工资水平都要高于老一代农民工，其中工资差异最大的为机关事业单位。

表4　农民工就业单位所有制结构的代际比较

单位性质	老一代农民工 比例(%)	老一代农民工 月工资	新生代农民工 比例(%)	新生代农民工 月工资	代际差异 比例(%)	代际差异 月工资
机关、事业单位	4.17	2697.68	3.63	3612.35	0.54*** (0.009)	-914.68*** (0.000)
国有及国有控股企业	6.49	3925.25	6.85	4370.25	-0.36 (0.192)	-445.00*** (0.000)
集体企业	1.85	3542.96	1.35	4041.57	0.50*** (0.000)	-498.61*** (0.003)
股份/联营企业	5.02	4095.79	6.86	4629.59	-1.84*** (0.000)	-533.79*** (0.001)
个体工商户	19.50	3334.89	22.87	3436.01	-3.37*** (0.000)	-101.12* (0.051)
私营企业	41.13	3743.50	44.38	4291.81	-3.25*** (0.000)	-548.31*** (0.000)
港澳台独资企业	1.71	3774.32	3.16	3966.11	-1.45*** (0.000)	-191.79 (0.274)
外商独资企业	1.40	4280.02	2.73	4798.19	-1.33*** (0.000)	-518.17* (0.052)
中外合资企业	1.04	3897.69	1.89	4625.68	-0.85*** (0.000)	-727.99** (0.018)
社团/民办组织	0.60	2749.61	0.61	3252.92	-0.01 (0.959)	-503.31 (0.116)
其他	3.03	3009.11	1.50	3465.49	1.53*** (0.000)	-456.37*** (0.001)
无单位	14.06	3455.31	4.18	3659.91	9.88*** (0.000)	-204.60*** (0.006)

注：代际差异是用老一代农民工的相应数值减去新生代农民工的相应数值；***、**和*分别表示在1%、5%和10%水平上的显著，而括号内表示的是检验统计量的P值。

（四）农民工就业地区结构的代际差异

1. 东部地区和西部地区是吸纳农民工的两大主要地区

从地区结构来看，无论是新生代农民工还是老一代农民工，在东部地区从业的比例都最高，老一代农民工在东部地区从业的比例为41.42%，新生代农民工为45.92%，这说明当前东部地区仍然是吸纳农民工的最主要地区。除东部地区外，西部地区成为吸纳农民工的第二大区域，老一代农民工在西部地区从业的比例达到33.02%，而新生代农民工为28.76%。东北地区农民工的数量最少，两代农民工的分布比例都不足10%。

2. 新生代农民工在东部地区和中部地区的从业比例高于老一代农民工

从代际差异来看，新生代农民工在东部地区从业的比例显著高于农民工，两者相差4.49个百分点，在中部地区新生代农民工的比例也要高于老一代农民工1.97个百分点。而在西部地区和东北地区，则是老一代农民工的比例高于新生代农民工,其中西部地区的差异最大,为4.26个百分点。这说明相比老一代农民工,新生代农民工更多偏好于经济较为发达的东部地区和中部地区。在工资差异方面,四类地区中新生代农民工的工资水平都要显著高于老一代农民工,其中东部地区的差距最大,而西部地区差距最小。

表5　　　　　　　　　农民工就业地区结构的代际比较

地区	老一代农民工 比例	老一代农民工 月工资	新生代农民工 比例	新生代农民工 月工资	代际差异 比例	代际差异 月工资
东部地区	41.42%	4053.32	45.92%	4675.34	-4.49%*** (0.000)	-622.02*** (0.000)
中部地区	16.20%	3430.47	18.17%	3712.90	-1.97%*** (0.000)	-282.43*** (0.000)
西部地区	33.02%	3212.94	28.76%	3436.56	4.26%*** (0.000)	-223.63*** (0.000)
东北地区	9.36%	3111.94	7.15%	3515.93	2.20%*** (0.000)	-403.99*** (0.000)

注:代际差异是用老一代农民工的相应数值减去新生代农民工的相应数值;＊＊＊、＊＊和＊分别表示在1%、5%和10%水平上的显著,而括号内表示的是检验统计量的P值。

四　进一步讨论

前文我们讨论了受雇农民工的就业结构,相关研究表明,越来越多的农民工以自雇形式实现就业[29]。为拓展考察农民工的就业结构,本部分进一步分析农民工不同雇佣形式的代际差异问题。从表6可以看出,两代农民工的雇佣形式存在明显的差异。老一代农民工就业身份为自营劳动者的比例最高,为49.18%,其次是有固定雇主的雇员,比例为32.35%,而新一代农民工中就业身份为有固定雇主的雇员的比例最高,为54.19%,其次是自营劳动者的31.87%。由此可以看出,新生代农民工从事有固定雇主的雇员的比例相比老一代农民工有较大幅度的提高,两者之间的比例相差21.84个百分点,而从事自营劳动者的比例相比老一代农民工显著下降了17.31个百分点,从事无固定雇主的雇员(零工、散工等)比例显著下降4.39个百分点。这说明相对于老一代农民工,更多的新生代农民工偏好于稳定性较高的工作形式,这可能与新生代农民工市民化意愿更为强烈有关。对于农民工而言,一份稳定的工作无疑是其实现市民化的重要基础。在工资差异方面，无论在哪种雇佣形式中，新生代农民工的工资水平都显著高于老一代农民工，其中自营劳动者中两代农民工的工资差异最大，为 691.43 元。

表6　　　　　　　　农民工雇佣形式的代际比较

雇佣形式	老一代农民工 比例（%）	老一代农民工 月工资	新生代农民工 比例（%）	新生代农民工 月工资	代际差异 比例（%）	代际差异 月工资
有固定雇主的雇员	32.35	3644.40	54.19	4119.19	-21.84*** (0.000)	-474.79*** (0.000)
无固定雇主的雇员	10.08	3402.12	5.69	3509.27	4.39*** (0.000)	-107.15* (0.050)
雇主	6.82	7724.80	6.36	8207.55	0.47** (0.013)	-482.76** (0.031)
自营劳动者	49.18	4043.42	31.87	4734.85	17.31*** (0.000)	-691.43*** (0.000)
其他	1.56	3877.99	1.90	4017.35	-0.33*** (0.000)	-139.36 (0.483)

注：代际差异是用老一代农民工的相应数值减去新生代农民工的相应数值；***、**和*分别表示在1%、5%和10%水平上的显著，而括号内表示的是检验统计量的P值。

五　主要结论

随着人口结构的变迁，农民工出现了明显的群体分化，1980年后出生的新生代农民工逐渐成为农民工群体的主体，并表现出与老一代农民工显著不同的个体特征，影响着新型城镇化的推进和农业转移人口的市民化进程。本文利用2017年中国流动人口动态监测调查数据，对新生代农民工与老一代农民工就业结构的代际差异问题进行了研究，主要得出以下结论：新生代农民工的工资水平和受教育程度都显著高于老一代农民工，代际分化现象非常明显。在就业结构方面，相比老一代农民工，新生代农民工在专业技术人员等"技能型"职业的从业比例显著高于老一代农民工，而在生产运输人员等"体力型"职业的从业比例则显著低于老一代农民工，职业层次提升明显；与老一代农民工相比，新生代农民工在第三产业、先进制造业、生产性服务业、高端服务业中的从业比例显著提高，而在采矿、建筑等行业中的比例则显著降低，就业结构更为优化；新生代农民工在私营企业和个体工商户中的就业比例显著高于老一代农民工，而无单位的比例则显著低于老一代农民工，就业单位稳定性显著提升；在地区结构方面，新生代农民工更多分布在经济较为发达的东部地区和中部地区。对雇佣形式差异的进一步讨论显示，新生代农民工更偏好于稳定性高的雇佣形式，从事有固定雇主的雇员的比例显著高于老一代农民工，而自营劳动者、零工散工、雇主的比例都显著低于老一代农民工。工资差异方面，除个别部门外，新生代农民工在绝大多数就业部门中的工资都要显著高于老一代农民工，并没有发现老一代农民工工资显著高于新生代农民工的就业部门，这说明新生代农民工的工资相比老一代农民工已出现普遍显著提高的现象。如果进一步考虑老一代农民工工作时长更长的问题，两代农民工的工资差距将更为明显。

本文的分析表明，新生代农民工在城镇劳动力市场的表现明显优于老一代农民工。他们的工资水平更高，受教育程度更好，职业层次明显提升，行业分布更加符合演化规律，就业稳定性更高，更多分布在发达地区，上述特征对于其市民化都是积极的信号传递。虽然相比老一代农民工，新生代农民工的就业结构更加优化，但仍存在较为明显的不足，比如其在高层次职业、高端行业、国有单位中的就业比例仍然偏低等。作为农民工群体的主体，新生代农民工在城镇劳动力市场的表现应引起社会各界的重点关注。未来应继续着力推进二元户籍制度体系的改革，剥离户籍制度体系中的福利附着，打破城乡二元经济社会结构和城镇劳动力市场分割，消除城镇劳动力市场对农民工的歧视性待遇，推进以新生代农民工为主体力量的农业转移人口的市民化，使农民工尤其是新生代农民工真正成为"城镇职工"和"新市民"。

参考文献：

［1］吴珊珊，孟凡强．农民工歧视与反歧视问题研究进展［J］．经济学动态，2019（04）：99—111．

［2］王春光．新生代农村流动人口的社会认同与城乡融合的关系［J］．社会学研究，2001（03）：63—76．

［3］黄祖辉，刘雅萍．农民工就业代际差异研究——基于杭州市浙江籍农民工就业状况调查［J］．农业经济问题，2008（10）：51—59+111．

［4］杨春华．关于新生代农民工问题的思考［J］．农业经济问题，2010，31（04）：80—84+112．

［5］张斐．新生代农民工市民化现状及影响因素分析［J］．人口研究，2011，35

(06): 100-109.

[6] 李培林, 田丰. 中国农民工社会融入的代际比较 [J]. 社会, 2012, 32 (05): 1-24.

[7] 金晓彤, 周爽. 新生代农民工的发展型文化消费意义何在——基于市民化意愿对职业声望的影响研究 [J]. 社会科学战线, 2017 (04): 189-196.

[8] 段成荣, 靳永爱. 二代流动人口——对新生代流动人口的新划分与新界定 [J]. 人口与经济, 2017 (02): 42-54.

[9] 王李. 新生代农民工人力资本理论研究述评——基于人力资本的构成与投资视角 [J]. 社会科学战线, 2017 (05): 280—282.

[10] 王春超, 张呈磊. 社会网的教育溢出、个体教育回报与农民工工资——基于代际的比较研究 [J]. 产经评论, 2014, 5 (03): 115—132.

[11] 李艳, 孟凡强. 体制内维权还是体制外抗争？——新生代农民工劳资冲突行为的演化博弈分析 [J]. 南方经济, 2018 (06): 120—131.

[12] 赵建国, 周德水. 养老保险、定居期望与新生代农民工城市融入 [J]. 农业技术经济, 2018 (10): 36—47.

[13] 段成荣, 马学阳. 我国农民工的代际差异状况分析 [J]. 劳动经济评论, 2011, 4 (00): 34—53.

[14] 卓玛草, 孔祥利. 农民工代际收入流动性与传递路径贡献率分解研究 [J]. 经济评论, 2016 (06): 123—135.

[15] 李培林, 田丰. 中国新生代农民工：社会态度和行为选择 [J]. 社会, 2011, 31 (03): 1—23.

[16] 王超恩, 符平, 敬志勇. 农民工职业流动的代际差异及其影响因素 [J]. 中国农村观察, 2013 (05): 2—9+23+95.

[17] 杨菊华. 对新生代流动人口的认识误区 [J]. 人口研究, 2010, 34 (02): 44—3+55—56.

[18] 刘传江. 新生代农民工的特点、挑战与市民化 [J]. 人口研究, 2010, 34 (02): 34—39+55—56.

[19] 陈藻. 我国农民工就业代际差异研究——以成都市为例 [J]. 人口学刊, 2011 (02): 75—82.

[20] 田艳平. 农民工职业选择影响因素的代际差异 [J]. 中国人口·资源与环境, 2013, 23 (01): 81—88.

[21] 吕晓兰, 姚先国. 农民工代际差异再研究——基于工资决定和留城意愿的视角 [J]. 经济与管理研究, 2014 (09): 32—42.

[22] 王美艳. 新生代农民工的消费水平与消费结构：与上一代农民工的比较 [J]. 劳动经济研究, 2017, 5 (06): 107—126.

[23] 刘学军, 赵耀辉. 劳动力流动对城市劳动力市场的影响 [J]. 经济学（季刊）, 2009, 8 (02): 693—710.

[24] 朱明宝, 杨云彦. 近年来农民工的就业结构及其变化趋势 [J]. 人口研究, 2017, 41 (05): 89—100.

[25] 商黎. 先进制造业统计标准探析 [J]. 统计研究, 2014, 31 (11): 111—112.

[26] 张虎, 韩爱华. 制造业与生产性服务业耦合能否促进空间协调——基于285个城市数据的检验 [J]. 统计研究, 2019, 36 (01): 39–50.

[27] 李平, 付一夫, 张艳芳. 生产性服务业能成为中国经济高质量增长新动能吗 [J]. 中国工业经济, 2017 (12): 5—21.

[28] 余泳泽, 潘妍. 中国经济高速增长与服务业结构升级滞后并存之谜——基于地方经济增长目标约束视角的解释 [J]. 经济研究, 2019, 54 (03): 150—165.

[29] 宁光杰. 自我雇佣还是成为工资获得者？——中国农村外出劳动力的就业选择和收入差异 [J]. 管理世界, 2012 (07): 54—66.

Intergenerational Differences in the Employment Structure of Rural Migrants
——Further Research on the data of China Migrant Dynamic Survey

Meng Fanqiang[1,2] *Lin Hao*[1] *Xie Jian*[1]

(1. National Economics Research Center, Guangdong University of Finance and Economics, Guangzhou Guangdong 510320, China;

2. Business School, Beijing Normal University, Beijing 100875, China)

Abstract: With the change of Chinese population structure, the rural migrants has experienced obvious generational differentiation. The new generation of rural migrants replace the older ones as the main force of the rural migrants in the urban labor market and show significantly different group characteristics in the employment structure. Based on the data of China Migrant Dynamic Survey in 2017, this paper makes a further study on the intergenerational differences in the employment structure of rural migrants from the perspectives of occupational structure, industry structure, ownership structure and regional structure. The results show that: The employment structure in the new generation of rural migrants is observably better than the old generation. Their professional level has been markedly improved, the industry distribution has been optimized, the stability of employment units has increased dramatically, and they are more concentrated in economically developed areas. The wage level is also significantly higher than that of the old generation. These features have laid a good foundation for their Urbanization. In the future, More attion should be paid on the new generation of rural migrants in the process of urbanization.

Keywords: Rural migrants, Employment structure, Intergenerational differentiation, The new generation of rural migrants

农户认知视角下贫困村驻村帮扶成效及其影响因素[*]

刘迎君

(西南政法大学政治与公共管理学院 重庆 401120)

内容提要：作为我国新一轮扶贫开发攻坚战的重要举措，干部驻村帮扶的工作成效将直接关系到贫困村乃至贫困户的脱贫实效。本文从农户认知视角出发，通过政策背景梳理和微观问卷调查，系统分析了贫困村驻村帮扶工作的现状及成效，并实证检验了贫困村农户对于驻村帮扶成效认知的影响因素。研究发现，驻村帮扶制度的必要性得到绝大部分贫困村农户的认可，资金支持、技术培训和产业引导日益成为驻村帮扶的主要工作手段；整体而言，贫困村农户认为驻村帮扶对村庄发展的促进作用要大于对家庭的帮扶作用；扶贫政策知晓、扶贫过程参与、驻村帮扶项目等因素对农户帮扶成效认知的积极效应更为明显。这意味着各级政府应进一步加强精准扶贫政策宣讲，提高贫困农户脱贫参与度，精准选配驻村帮扶项目，并重视对帮扶工作监测评估。

关键词：农户认知；贫困村；驻村帮扶；工作成效

根据国家统计局对全国31省16万户家庭的抽样调查数据推算显示，2019年末全国农村贫困人口仍有3046万人[①]，对照2020年如期实现贫困

---

[*] 基金项目：重庆市社会科学规划博士项目"深度贫困地区驻村帮扶政策执行力评估与提升研究"（2019BS003）；国家社会科学基金青年项目"生计资本约束下返乡农民工生计模式分类优化研究"（20CJY039）。

作者简介：刘迎君，女，河南省郏县人，西南政法大学政治与公共管理学院讲师，主要研究方向为城乡治理与基层政治。

① 资料源于新华网2018-02-01，http://www.xinhuanet.com/politics/2018-02/01/c_1122353906.htm。

人口脱贫、全面建成小康社会的发展目标，未来一段时间我国的扶贫攻坚任务依然繁重。党的十九大报告提出的乡村振兴战略进一步指出，实现乡村振兴，摆脱贫困是前提，必须坚持精准扶贫、精准脱贫，把提高脱贫质量放在首位。近些年来，为贯彻精准扶贫的系列政策精神，干部驻村帮扶机制正成为我国新一轮扶贫开发攻坚战的重要举措，其旨在通过普遍派出驻村工作队，向贫困村庄注入领导力资源，以实现驻村帮扶长期化、制度化，带动贫困村庄及贫困农户精准脱贫。

在具体的扶贫实践中，驻村帮扶工作队主要是由对口帮扶单位派驻的扶贫干部（第一书记）、省市县各级驻村工作队员、联系贫困村的乡镇干部、所在贫困村的大学生村官以及"三支一扶"人员组成，其任务重点在于指导、帮助、配合村两委开展精准脱贫攻坚工作[1]。作为介入村庄反贫困治理的重要主体，驻村帮扶干部的工作成效因事关对口贫困村乃至贫困户的脱贫实效，日益受到学术界的广泛关注。一些学者指出，作为村庄外生力量的驻村干部队伍，在反贫困工作中实现了广泛的社会动员，推动了村域内外各类扶贫资源的整合优化，为贫困村庄发展注入了新的活力[2][3]。但也有文献认为，驻村帮扶制度在实践中可能会造成短期效应、脱贫低效和形式主义，并容易引发村庄内部反贫困治理结构的重叠错位[4][5]。当然，上述研究所采用的技术手段主要是基于案例剖析的定性阐释，尚缺乏调查数据层面的实证支撑，导致对相关问题的解释力仍存在着不足。同时，大部分文献的切入视角主要是研究者以局外人身份进入贫困村场域，对驻村工作队的工作运转机制进行观察、访谈和评价，在一定程度上忽视了作为帮扶受众的贫困农户的主观成效感知。

基于此，本文在政策梳理和文献述评的基础上，借助具有代表性的贫困村农户调查数据，从农户认知视角出发考察了贫困村驻村帮扶工作的现状及成效，进一步实证检验了影响贫困村农户对于驻村帮扶成效认知的相关因素，并据此提出相应的研究启示和政策建议。

一 政策背景与文献视角

（一）政策背景

驻村帮扶制度通常也称为驻村制或包村制，主要指上级政府通过向行政村派驻专职干部以推动中央相关政策落地基层的一种工作机制[4]。这种帮扶制度承袭了中国共产党农村工作和对口支援的两大传统,有助于实现国家权力与基层社会的对接,进而实现乡村社会善治。尤其是在农村扶贫领域,驻村帮扶工作队的介入旨在完善乡村一级的反贫困治理结构,多方动员资源支持贫困村发展,从而完成既定扶贫任务[6]。

从扶贫领域驻村帮扶政策的发展脉络来看,全国省级层面大规模的驻村扶贫干部派出主要是从《中国农村扶贫开发纲要(2011—2020年)》颁布后开始的[7]。经过几年的试点与探索,中共中央国务院于2014年1月印发了《关于创新机制扎实推进农村扶贫开发工作的意见》,提出了包括健全干部驻村帮扶机制在内的六大扶贫开发工作机制,要求各省、自治区、直辖市分期分批普遍建立驻村工作队(组)制度,确保每个贫困村都有驻村工作队(组),每个贫困户都有帮扶责任人。随后的《建立精准扶贫工作机制实施方案》以及《中共中央国务院关于打赢脱贫攻坚战的决定》进一步强调了帮扶制度的精准化,特别指出要做到因村派人精准,注重选派思想好、作风正、能力强的优秀年轻干部到贫困地区驻村,根据贫困村实际需求精准选配第一书记,精准选派驻村工作队,同时加大驻村干部的考核力度,不稳定脱贫不撤队伍。2015年5月,在对各地选派第一书记、实施干部驻村等做法进行经验总结的基础上,中组部、中央农办、国务院扶贫办联合印发了《关于做好选派机关优秀干部到村任第一书记工作的通知》,提出重点向党组织软弱涣散村和建档立卡贫困村"全覆盖"选派第一书记,核心宗旨在于进一步巩固农村基层组织建设,针对性地解决部分村庄"软、散、乱、穷"等问题,带领贫困村及贫困户精准脱贫。在中央政策精神指导下,各地区全面开展了驻村扶贫工作,基本形成了中央、省、市、县多层级协力扶贫的格局,2015年底,全国干部驻村帮扶工作现场会信息披露,全国各地已向贫困村派出12.79万个工作队,派驻干部48万人,基本实现了驻村工作队对贫困村、贫困户的全覆盖①。当然,驻村帮扶制度在实践中也日益暴露出选人不优、管理不严、作风不实、保障不力等问题,针对此,中共中央办公厅、国务院办公厅于2017年12月印发了《关于加强贫困村驻村工作队选派管理工作的指导意见》,要求做到精准选派、优化结构、配强干部,确保行业及专项扶

---

① 资料源于新华网 2015 - 10 - 21,http://www.xinhuanet.com/politics/2015 - 10/21/c_1116897176.htm。

贫政策措施落实到村到户，推动发展村级集体经济，注重扶贫同扶志、扶智相结合，以激发摆脱贫困的内生动力。

通过上述政策脉络可以发现，驻村帮扶制度实施的目标，从村庄层面来看旨在完善贫困村庄内部的反贫困治理结构，通过多方动员扶贫资源进入农村以实现扶贫项目落地，推动村域经济的内生发展与基层治理能力的强化；从农户层面来看，则重点在于通过定点到户、因户施策来带动贫困农户家庭精准脱贫。

（二）文献视角

总的来看，目前学界对于驻村帮扶工作及其扶贫成效的关注主要集中在驻村帮扶制度的运转形态和脱贫效果、驻村帮扶反贫困过程中面临的困境、贫困农户对扶贫政策认知以及扶贫成效等三个方面，具体梳理如下：

在驻村帮扶制度的运转形态及脱贫效果方面，部分学者侧重从微观层面考察了"干部驻村"这种极具中国特色的政策产物在乡村反贫困治理中的运转成效。扈红英指出，新时期的驻村帮扶制度通过密切党和群众的联系，推动了农村基层组织建设及各项事业发展，是群众路线的一种制度化尝试。[8]陈国申[9]、谢小芹[3]等认为，"第一书记"作为"嵌入型村官"介入村庄公共生活中，能够为贫困村发展注入活力，有助于形成国家支持、村委主导、村民参与的乡村治理格局。蒋永甫等基于"第一书记产业联盟"的微观案例剖析发现，"干部下乡"作为一种产业扶贫的精准帮扶模式，能够实现村域内外各类资源的系统整合和优化配置，从而有效避免因资源分散而形成的农业内卷化现象。[10]王丹莉等通过进一步的理论抽象得出，作为村庄外生力量的驻村干部队伍在反贫困工作中实现了广泛的社会资源动员，有效拓展了乡村公共产品的供给主体，并在一定程度上改善了所在村庄的公共服务供给状况。[2]

在驻村帮扶反贫困过程所面临的困境方面，一些文献重点从驻村帮扶制度所具有的短期化制度特征和驻村帮扶干部的胜任能力两个视角分析了这种工作机制在实际扶贫过程中存在的问题。一方面，驻村帮扶制度自身具有较强的任期性、临时性特征[1]，在实践中容易导致短期效应、脱贫低效和形式主义，并加剧政绩竞赛不公[4][11]；同时，外部权力的介入还可能造成村两委和村民群体的扶贫依赖性，从而引发村庄内部反贫困治理结构的重叠错位以及资源配置的扭曲[5][12][13]。另一方面，作为驻村帮扶制度的实施主体，驻村干部本身的工作胜任能力和资源整合能力直接关系着扶贫政策的落地生根，卢冲[14]、王亚华[15]、王卓[7]等在对驻村干部的岗位职责、胜任能力和领导能力进行调查分析后发现，驻村帮扶工作因村派人的精准匹配度不高，第一书记权责悬置，帮扶干部胜任力与贫困村贫困程度之间仅处于中度协调水平，针对驻村干部队伍的领导力培养工作也比较欠缺。

在贫困农户对扶贫政策认知及扶贫成效方面，一些研究认为，第一书记以及其他驻村干部的扶贫成效主要取决于派出单位和当地政府的支持力度、因村派人精准程度、村庄环境以及自身的能力素质和资源网络等诸多因素[6][7][16]。比较来看，更多文献是从贫困农户对扶贫政策整体满意度的角度出发考察现行扶贫工作成效，尤其关注了贫困农户扶贫政策满意度的影响因素，具体可归纳为两类：一类是农户性别、年龄、文化程度、职业类型、家庭收入等人口学特征[17]，主要是由于这些微观因素往往决定了农户对于扶贫政策的个体认知、需求偏好及价值判断标准；另一类是扶贫政策的宣传、落实及效果[18]，此类因素通常会影响农户在扶贫工作中的知晓度、参与度和受益度，可称之为影响农户扶贫成效认知的政策环境因素。此外，还涉及到不同贫困村庄所具有的经济、社会、文化背景，这类特征变量通常被视为助推扶贫政策落地的实践环境因素，也可能会影响农户对相关扶贫开发项目的满意度[19]。

通过文献梳理可以发现，从研究手段来看，目前学术界对于贫困村驻村帮扶问题的研究侧重政策层面的理论阐释，尽管有部分研究借助案例资料初步剖析了驻村帮扶工作的运转机制，然而，不同案例背景的目标指向、价值立场、分析路径存在明显差异，因此导致对于驻村帮扶减贫效应的研究结论尚存在一定分歧，亟需微观调查数据层面的经验证据支持。从研究视角来看，多数文献尤其是案例研究型文献的分析视角主要是调查者以局外人身份进入贫困村场域，对驻村工作队的工作运转机制进行观察、访谈和评价，往往忽视了作为帮扶受众的贫困农户的主观成效感知，而贫困群众的满意度是检验扶贫成效的核心标准，因此，对于驻村帮扶工作的成效评价也应注重农户视角的主观认知。在脱贫攻坚的决胜阶段，从农户视角出发评价贫困村驻村帮扶工作的现状及成效，检验贫困村农户对于驻村帮扶成效认知的影响因素并阐释其贫困治理机制，对完善驻村帮扶制度及其工作运转机制、充分发挥其在反贫困治理中的作用均具有重要的现实意义。

二 研究设计

（一）数据来源

本研究数据主要源于华中师范大学中国农村研究院"百村（居）观察"项目 2014 年暑期贫困村农户调查，该次调查重点在全国 14 个集中连片特困地区①展开，这些地区基本覆盖了全国绝大部分贫困地区和深度贫困群体，扶贫开发工作任务异常艰巨，也是新阶段扶贫攻坚的主战场，选取这些地区的贫困村农户样本、以考察其对驻村脱贫成效的认知状况，具有一定的代表性。根据研究需要，本文重点选取已有驻村工作队进驻的贫困村的农户问卷②，同时对涉及核心指标构造的相关变量以及遗漏个体特征的变量进行逻辑识别、无效剔除，最终确定 978 个有效农户样本。

（二）模型选择

本文在描述性统计分析贫困村农户对驻村帮扶现状及成效的认知的基础上，进一步计量分析贫困村农户对于驻村帮扶成效认知的影响因素。首先构建以下基本模型估计各类因素对农户驻村帮扶成效认知的影响：

$$Help\ effectiveness_i = F(X_i\beta_+\ \varepsilon_i) \tag{1}$$

其中，$Help\ effectiveness_i$ 为被解释变量帮扶成效认知。X_i 为解释变量向量。β 为待估参数，ε_i 为误差项。

$F(\cdot)$ 为非线性函数，具体形式可表示为：

---

① 根据《中国农村扶贫开发纲要（2011—2020 年）》精神，按照"集中连片、突出重点、全国统筹、区划完整"的原则，国家将六盘山区、秦巴山区、武陵山区、乌蒙山区、滇桂黔石漠化区、滇西边境山区、大兴安岭南麓山区、燕山—太行山区、吕梁山区、大别山区、罗霄山区等区域的连片特困地区和已明确实施特殊政策的西藏、四川藏区、新疆南疆三地州共 14 个片区 680 个县，作为扶贫攻坚主战场。

② 调查样本中包括贫困村中的贫困户样本和非贫困户样本，这主要是由于贫困村的扶贫攻坚任务是系统谋划的，精准扶贫除了点对点的帮助，还要有全局意识，尤其是基础设施建设、产业发展、制度建设等扶贫项目，不仅能帮助到具体的贫困户，贫困村的非贫困户也能共享发展资源，从而与贫困户一起享受脱贫成果。因此，贫困村所有农户对于驻村帮扶工作成效的评价均应纳入研究范畴。

$$F(Help\ effectiveness_i^*) = \begin{cases} 1, Help\ effectiveness_i^* < \gamma_1 \\ 2, \gamma_1 < Help\ effectiveness_i^* < \gamma_2 \\ 3, \gamma_2 < Help\ effectiveness_i^* < \gamma_3 \\ 4, \gamma_3 < Help\ effectiveness_i^* < \gamma_4 \\ 5, \gamma_4 < Help\ effectiveness_i^* \end{cases} \quad (2)$$

$Help\ effectiveness_i$ 为有序离散变量，故存在不可观测的潜变量（Latent Variable），潜变量形式可表示为：

$$Help\ effectiveness_i^* = X_i\beta + \varepsilon_i \quad (3)$$

其中，β 为待估参数，$\gamma_1, \gamma_2, \gamma_3, \gamma_4$ 均为切点，同时 $\gamma_1 < \gamma_2 < \gamma_3 < \gamma_4$。由于被解释变量 $Help\ effectiveness_i$ 为有序变量，故本文使用 Ordered Probit 模型进行估计。作为 Probit 模型的拓展形式，Ordered Probit 模型主要用来处理被解释变量为有序离散变量的情形，当随机扰动项与解释变量之间呈正交关系时，即可用极大似然估计（MLE）法得到相关变量系数的一致估计。

值得注意的是，通过 Ordered Probit 模型估计出来的解释变量系数可能并不直观，仅能够判别各类解释变量对帮扶成效认知变量影响的作用方向和显著程度，对此可进一步计算各类解释变量对帮扶成效认知变量的边际效应。与普通回归系数相比，边际效应可以反映解释变量 x 变化一单位时，被解释变量对应不同值的概率变化情况。当解释变量 x 位于均值处时，x 的单位变化对被解释变量 y 取不同值的概率可表示为：

$$\frac{prob(y = i \mid x)}{x}\bigg|_{x = \bar{x}} (i = 1,2,3,4,5) \quad (4)$$

（二）变量设置

本文重点旨在分析贫困村农户对于驻村帮扶成效的认知状况及其相应的影响因素。一方面，基于前面相关政策的梳理可发现，驻村帮扶的主要任务在于实现贫困村农户稳定脱贫、发展村庄集体经济、提升基层治理水平，因此本文主要从村庄发展和家庭脱贫两方面考察贫困村农户对于驻村帮扶成效的认知，在问卷中表述为"您觉得驻村帮扶工作队对促进村庄发展的作用大吗？"和"您觉得驻村帮扶工作队对您家的帮扶作用大吗？"两个题项。另一方面，借鉴现有文献的研究基础，主要从家庭人口特征、扶贫政策知晓、扶贫过程参与、驻村帮扶项目等方面选取可能影响农户认知的因素。家庭人口特征主要包括性别、民族、年龄、教育程度、政治面貌、家庭年收入等，这些因素通常会影响农户对于驻村帮扶制度的认知偏好及相应的价值判断。扶贫政策知晓反映了农户对于国家及地方扶贫政策的认识和理解，其可能会影响贫困村农户在驻村帮扶工作中的配合程度，在问卷中表述为"您知晓国家农村扶贫开发纲要吗？"和"您熟悉相应的扶贫政策吗？"两个题项。扶贫过程参与旨在反映农户在扶贫工作中的参与程度，贫困农户既是脱贫攻坚的对象，也是脱贫攻坚的主体，这一群体的积极参与是精准扶贫成功的关键，在问卷中表述为"您对扶贫资金使用和管理是否关注？"和"您是否参与过贫困户建档立卡的评定过程？"两个题项。驻村帮扶项目主要指驻村工作队在贫困村所开展的具体项目及相应的工作机制，这是农户评价驻村帮扶成效的直接依据，在问卷中表述为"您家有固定的帮扶责任人进行帮扶吗？"和"您村的驻村帮扶工作队开展过哪些活动？"，具体选项为争取和提供资金支持、开展培训和技术指导活动、引导村民发展产业、争取扶贫开发项目、组织外出参观和考察活动。此外还控制了地区虚拟变量（东中西地区分组）和村庄地形条件（是否山区）等特征变量（参见表1）。

表1　　　　　主要变量的含义与描述性统计分析结果

变量名称	变量含义及赋值	均值	标准差
核心被解释变量			
村庄发展成效认知	作用很小=1 作用较小=2 作用一般=3 作用较大=4 作用很大=5	3.6206	0.9799
家庭帮扶成效认知	作用很小=1 作用较小=2 作用一般=3 作用较大=4 作用很大=5	3.2627	1.1362
主要解释变量			
性别	男性=1 女性=0	0.7535	0.4311
民族	汉族=1 少数民族=0	0.6963	0.4600
年龄	30岁以下=1　30-39岁=2　40-49岁=3 50-59岁=4 60岁及以上=5	3.6625	1.0964
教育程度	平均受教育年限（年）	5.7137	3.5284
政治面貌	党员=1 非党员=0	0.1288	0.3351
家庭年收入	家庭年收入对数	9.9312	1.0900

续表

变量名称	变量含义及赋值	均值	标准差
主要解释变量			
建档立卡贫困户	是=1 否=0	0.7689	0.4217
知晓扶贫开发纲要	知道=1 不知道=0	0.1758	0.3809
熟悉当地扶贫政策	基本不了解=1 不太了解=2 一般=3 比较了解=4 非常了解=5	2.6390	1.0492
关注扶贫资金使用	关注=1 不关注=0	0.3946	0.4890
参与建档立卡评定	参与=1 未参与=0	0.3987	0.4898
固定责任人帮扶	有=1 没有=0	0.2402	0.4274
争取和提供资金支持	是=1 否=0	0.5031	0.5002
开展培训和技术指导活动	是=1 否=0	0.3271	0.4694
引导村民发展产业	是=1 否=0	0.2955	0.4565
争取扶贫开发项目	是=1 否=0	0.1584	0.3653
组织外出参观和考察活动	是=1 否=0	0.0225	0.1483

三 贫困村农户对于驻村帮扶成效的认知及影响因素分析

（一）贫困村农户对于驻村帮扶工作现状及其成效的认知

首先，就贫困村农户对于驻村帮扶必要性的认知进行描述性统计分析。从表2汇报的结果可以看出，有50.6%和32.4%的贫困村农户认为驻村帮扶这种扶贫模式很有必要和非常必要，而认为不太必要和完全没必要的仅占3.1%，这反映出绝大多数贫困村农户对于驻村帮扶制度是比较认可的。鉴于中央精神"健全干部驻村帮扶机制"关于每个贫困户都有帮扶责任人的要求，本次调查进一步询问了贫困村农户对于安排固定帮扶责任人的必要性的认知（参见表2），发现超过60%的农户都认为安排固定帮扶责任人是很有必要的，帮扶责任人通过宣讲扶贫政策、制定帮扶计划、加强沟通联络等手段可以精准对接贫困农户的实际需求，有助于提高扶贫目标的精度及扶贫实效。

表2　贫困村农户对于驻村帮扶必要性的认知

驻村帮扶必要性	完全没必要	不太必要	一般	很有必要	非常必要
频率	6	25	136	494	317
百分比	0.5%	2.6%	13.9%	50.6%	32.4%
固定责任人必要性	完全没必要	不太必要	一般	很有必要	非常必要
频率	27	140	191	365	255
百分比	2.8%	14.3%	19.5%	37.3%	26.1%

其次，从农户认知视角出发统计分析驻村帮扶工作队的工作开展情况以及贫困村农户希望获得的驻村帮扶支持项目。表3的统计结果显示，在驻村帮扶工作队开展的活动类别中，"争取和提供资金支持"占比最高，达到了50.31%，其次是"开展培训和技术指导活动"和"引导村民发展产业"，分别占到32.71%和29.55%，"争取扶贫开发项目"也达到15.84%，而"组织外出参观和考察活动"仅有2.25%，在所有活动类别中占比最低。从上述描述性分析结果不难发现，直接资金支持仍然是驻村帮扶工作的主要模式，同时，技术培训和产业引导也日益成为比较重要的驻村帮扶手段。

表3　农户认知视角下驻村帮扶工作队的工作开展情况（多选）

驻村帮扶活动开展	争取和提供资金支持	开展培训和技术指导活动	引导村民发展产业	争取扶贫开发项目	组织外出参观和考察活动
频率	492	320	289	155	22
百分比	50.31%	32.71%	29.55%	15.84%	2.25%

在对贫困村农户希望获得的驻村帮扶支持项目进行统计分析发现（参见表4），资金支持和产业支持依旧是贫困村农户最希望获得的帮扶支持项目，技术支持和就业培训支持方面的项目诉求也占有一定比例，这与表3中驻村帮扶工作队开展的主要项目类别具有比较高的吻合性，说明驻村帮扶的工作思路基本上契合了贫困村农户的主要脱贫诉求。相对而言，贫困村农户对于基础设施建设支持方面的项目诉求相对较低。

表4　　　　　　　贫困村农户希望获得的驻村帮扶支持项目

希望驻村帮扶支持	资金支持	产业支持	技术支持	基础设施建设支持	就业培训支持
频率	493	211	106	72	96
百分比	50.41%	21.57%	10.84%	7.26%	9.82%

最后，重点从农户视角出发考察该群体对帮扶工作队促进村庄发展和家庭帮扶作用的认知状况。表5的描述性统计分析结果显示，在村庄发展方面，60%以上的贫困村农户均认为，驻村帮扶工作队在促进村庄发展方面起到较大作用，认为作用较小和作用很小的仅占比7.36%和4.29%；在家庭帮扶方面，认为驻村工作队对家庭帮扶作用一般的农户比例为33.13%，在五分类评价标准中占比最高，当然也有45%左右的贫困村农户认为驻村帮扶对家庭脱贫的促进作用比较明显。通过对比两方面的认知状况可以发现，贫困村农户认为驻村帮扶对村庄发展所带来的积极影响整体上要大于对家庭的帮扶作用。就扶贫攻坚任务而言，家庭层面脱贫目标的完成显然是村庄脱贫发展的重要前提，这意味着未来的驻村工作仍需高度重视家庭层面的精准帮扶和需求对接，着力增强贫困家庭脱贫的获得感和满意度。

表5　　　贫困村农户对驻村工作队促进村庄发展和家庭帮扶作用的认知

村庄发展作用	作用很小	作用较小	作用一般	作用较大	作用很大
频率	42	72	257	451	156
百分比	4.29%	7.36%	26.28%	46.12%	15.95%
家庭帮扶作用	作用很小	作用较小	作用一般	作用较大	作用很大
频率	95	121	324	308	130
百分比	9.71%	12.37%	33.13%	31.50%	13.29%

（二）贫困村农户对于驻村帮扶成效认知的影响因素分析

在描述性统计分析的基础上，本文进一步计量分析了贫困村农户对于驻村帮扶成效认知的影响因素，表6汇报了影响农户认知的各类因素的Ordered Probit回归结果，为了便于比较，同时汇报了OLS模型的回归结果，可以发现两种模型的估计结果基本吻合，也在一定程度上反映出本文实证结论的稳健性。

从村庄发展成效认知方程的回归结果来看,家庭人口特征变量中仅有教育水平和建档立卡贫困户的回归系数显著为正,说明教育程度较高以及建档立卡的贫困农户认为驻村帮扶促进村庄发展的作用更大;扶贫政策知晓变量中,知晓扶贫开发纲要和熟悉当地扶贫政策对农户对于村庄发展成效认知的影响均显著为正,尤其是熟悉扶贫政策的农户认为驻村帮扶对村庄发展起到了积极作用;扶贫过程参与变量中,关注扶贫资金使用的农户认为驻村帮扶有助于促进村庄发展,而参与建档立卡评定在回归方程中并未通过显著检验;驻村帮扶项目变量中,争取和提供资金支持、引导村民发展产业两项帮扶活动可以显著增强贫困村农户对驻村帮扶促进村庄发展的积极作用的认知。

从家庭帮扶成效认知方程的回归结果来看,家庭人口特征变量中,少数民族、教育程度较高、党员身份和建档立卡的贫困农户认为驻村工作队在家庭帮扶上发挥的作用更大;扶贫政策知晓变量中,熟悉当地扶贫政策的农户认为驻村工作队对自身家庭的帮扶作用较为明显;扶贫过程参与变量中,参与建档立卡评定的农户认为驻村工作队对于家庭帮扶的正向效应显著;驻村帮扶项目变量中,有固定责任人帮扶的农户认为驻村工作队对自身家庭具有较好的帮扶成效,争取和提供资金支持、开展培训和技术指导活动、引导村民发展产业三项驻村帮扶活动的开展有助于提高农户对于家庭帮扶成效的积极评价。

表6　贫困村农户对于驻村帮扶成效认知的影响因素实证分析结果

变量	村庄发展成效认知		家庭帮扶成效认知	
	Ordered Probit	OLS	Ordered Probit	OLS
性别	-0.0513 (0.0842)	-0.0583 (0.0608)	0.0809 (0.0823)	0.0663 (0.0730)
民族	-0.1082 (0.0776)	-0.0741 (0.0593)	-0.1290* (0.0760)	-0.1121* (0.0680)
年龄	0.0190 (0.0333)	0.0162 (0.0259)	0.0008 (0.0325)	0.0004 (0.0296)
教育程度	0.0187* (0.0106)	0.0184** (0.0092)	0.0171 (0.0104)	0.0191* (0.0111)
政治面貌	0.1734 (0.1256)	0.1158 (0.1218)	0.2184* (0.1235)	0.1979 (0.1385)

续表

变量	村庄发展成效认知 Ordered Probit	村庄发展成效认知 OLS	家庭帮扶成效认知 Ordered Probit	家庭帮扶成效认知 OLS
家庭年收入	0.0186 (0.0335)	0.0166 (0.0257)	0.0225 (0.0329)	0.0261 (0.0310)
建档立卡贫困户	0.1306* (0.0755)	0.1198* (0.0698)	0.1678** (0.0758)	0.1460** (0.0707)
知晓扶贫开发纲要	0.1657* (0.0980)	0.1437* (0.0755)	0.1092 (0.0957)	0.0860 (0.0920)
熟悉当地扶贫政策	0.4951*** (0.0448)	0.3976*** (0.0447)	0.5868*** (0.0450)	0.5324*** (0.0457)
关注扶贫资金使用	0.1565** (0.0757)	0.1343* (0.0706)	0.0068 (0.0759)	0.0084 (0.0678)
参与建档立卡评定	0.0426 (0.0502)	0.0258 (0.0364)	0.0922* (0.0491)	0.0822* (0.0427)
固定责任人帮扶	0.1112 (0.0844)	0.0697 (0.0661)	0.1416* (0.0825)	0.1061 (0.0746)
争取和提供资金支持	1.8249*** (0.5261)	1.4388*** (0.2446)	1.7018*** (0.5895)	1.3268*** (0.2690)
开展培训和技术指导活动	0.6515 (0.5263)	0.6470*** (0.2358)	0.9526* (0.5806)	0.7235*** (0.2636)
引导村民发展产业	1.1950** (0.5225)	1.0602*** (0.2344)	1.1390** (0.5668)	0.8813*** (0.2605)
争取扶贫开发项目	-0.0763 (0.5570)	-0.0797 (0.2888)	0.3382 (0.6194)	0.0961 (0.3028)
组织外出参观和考察活动	0.0408 (0.2359)	0.0622 (0.1472)	-0.2296 (0.2288)	-0.1953 (0.2285)
地区特征变量	控制	控制	控制	控制
Pseudo R^2	0.1291	—	0.1100	—
LR	335.34	—	319.26	—

注：*、**、***分别表示通过显著性水平为10%、5%和1%的统计水平检验。括号内汇报了稳健标准误。

由表6的估计结果可以看到，家庭人口特征对贫困村农户关于驻村帮扶成效认知的影响相对较小，而扶贫政策知晓、扶贫过程参与以及驻村帮扶项目对农户认知的作用效应明显更强。同时，鉴于边际效应估计可以提高参数估计值的可比性，本文进一步计算了扶贫政策知晓、扶贫过程参与、驻村帮扶项目等主要因素对农户驻村帮扶成效认知的连续边际效应，限于篇幅，这里主要汇报通过 Ordered Probit 模型显著检验的解释变量估计结果。表 7 列出了主要作用因素对农户村庄发展成效认知影响的边际效应估计结果。当所有解释变量取均值时，知晓扶贫开发纲要使农户感到驻村帮扶对村庄发展"作用很大"的概率将提高 3.39% 左右。农户对扶贫政策的熟悉程度每上升一个层级，其认为驻村帮扶对村庄发展"作用很大"的概率将显著上升 9.50 个百分点左右，同时使其认为"作用很小"、"作用较小"、"作用一般"的概率均显著降低。关注扶贫资金使用可使贫困村农户认为驻村帮扶对村庄发展"作用很大"的概率上升 3.90%，明显高于未关注农户的成效评价。驻村帮扶工作队通过争取资金支持和引导村民发展产业两项工作，能够使贫困村农户感到驻村帮扶对村庄发展"作用很大"的概率分别提高 47.35% 和 23.32%，这反映出针对贫困村的实际帮扶项目的确可以大幅提高农户对于驻村工作成效的评价水平。

表 7 主要作用因素对村庄发展成效认知影响的连续边际效应

	作用很小	作用较小	作用一般	作用较大	作用很大
知晓扶贫开发纲要	-0.0069* (0.0038)	-0.0148* (0.0083)	-0.0386* (0.0230)	0.0264* (0.0137)	0.0339* (0.0203)
熟悉当地扶贫政策	-0.0229*** (0.0040)	-0.0471*** (0.0065)	-0.1140*** (0.0125)	0.0891*** (0.0115)	0.0950*** (0.0099)
关注扶贫资金使用	-0.0133** (0.0063)	-0.0160** (0.0077)	-0.0295** (0.0145)	0.0199** (0.0090)	0.0390** (0.0194)
争取和提供资金支持	-0.0684*** (0.0251)	-0.1257*** (0.0311)	-0.3374*** (0.0571)	0.0582 (0.0543)	0.4735*** (0.1554)
引导村民发展产业	-0.0667* (0.0395)	-0.1135** (0.0501)	-0.2431*** (0.0814)	0.1902*** (0.0643)	0.2332** (0.1060)

注：*、**、***分别表示通过显著性水平为 10%、5% 和 1% 的统计水平检验。括号内汇报了标准误。

表 8 列出了主要作用因素对农户家庭帮扶成效认知影响的边际效应估计结果。当所有解释变量取均值时，对扶贫政策的熟悉程度每上升一个层级，农户感到驻村工作对家庭帮扶"作用很大"的概率将提高 9.53 个百分点左右。参与建档立卡评定的农户对驻村工作的成效评价相对较高，其认为对家庭帮扶"作用较大"和"作用很大"的概率分别增加 2.14% 和 1.49%，建档立卡的识别、评定及确认直接关系到贫困村农户家庭的脱贫

利益，农户参与显然能够增加评定程序的公正透明性，也有助于强化这一群体对于驻村帮扶成效的认知。与表7的估计结果相比，关注扶贫资金使用并未使农户感到驻村工作对家庭帮扶作用明显，这可能是由于扶贫资金的管理和使用更多集中在村庄公共事务上，与村庄发展紧密相关，而对个体的激励效应相对较弱。有固定责任人帮扶能够显著提高农户对驻村工作的正面评价，使其认为对家庭帮扶"作用很大"的概率将增加2.05%左右，驻村帮扶固定责任人制度体现了精准扶贫的"靶向疗法"，通过将帮扶责任精准到人，有助于深入了解贫困家庭的人口、劳动、经济状况及致贫成因，进而实现一户一策，以精确瞄准贫困目标并针对性地提高脱贫实效。此外，与表7的估计结果类似，驻村工作队通过争取资金支持、开展培训技术指导、引导村民发展产业三项活动也可使贫困村农户感到对家庭帮扶作用明显的概率大幅增加。

表8 主要作用因素对家庭帮扶成效认知影响的连续边际效应

	作用很小	作用较小	作用一般	作用较大	作用很大
熟悉当地扶贫政策	-0.0728*** (0.0079)	-0.0811*** (0.0091)	-0.0779*** (0.0100)	0.1365*** (0.0136)	0.0953*** (0.0095)
参与建档立卡评定	-0.0114* (0.0061)	-0.0128* (0.0068)	-0.0122* (0.0066)	0.0214* (0.0115)	0.0149* (0.0080)
固定责任人帮扶	-0.0172 (0.0114)	-0.0184 (0.0117)	-0.0161* (0.0094)	0.0313 (0.0201)	0.0205* (0.0123)
争取和提供资金支持	-0.1605*** (0.0533)	-0.1778*** (0.0410)	-0.2607*** (0.0671)	0.2037*** (0.0236)	0.3954** (0.1690)
开展培训和技术指导活动	-0.0719*** (0.0262)	-0.1035** (0.0448)	-0.1836 (0.1237)	0.1279*** (0.0143)	0.2311 (0.1884)
引导村民发展产业	-0.1520* (0.0887)	-0.1451** (0.0635)	-0.1298*** (0.0487)	0.2360*** (0.0940)	0.1910* (0.1050)

注：*、**、***分别表示通过显著性水平为10%、5%和1%的统计水平检验。括号内汇报了标准误。

四 主要结论与政策建议

在回顾和梳理驻村帮扶制度的政策演变历程，并对涉及驻村帮扶及扶贫成效的相关文献进行综述的基础上，本文重点从农户认知视角分析了贫困村驻村帮扶工作的现状和成效，同时进一步实证检验了贫困村农户对于驻村帮扶成效认知的影响因素。主要结论如下：第一，驻村帮扶制度的必要性得到了绝大部分贫困村农户的认可，直接资金支持、技术培训和产业引导日益成为驻村帮扶工作队开展工作的主要手段，这与贫困村农户在资金支持、产业支持等方面的主要脱贫诉求是比较吻合的。第二，在村庄发展方面，60%以上的贫困村农户认为驻村帮扶工作队对促进村庄发展起到较大作用，在家庭帮扶方面，则有45%左右的贫困村农户认为驻村帮扶对家庭脱贫的促进作用比较明显，整体而言，贫困村农户认为驻村帮扶对村庄发展所带来的积极影响要大于对家庭的帮扶作用。第三，在村庄发展成效认知方面，教育程度较高以及建档立卡的贫困农户认为驻村帮扶促进村庄发展的作用更大；知晓扶贫开发纲要、熟悉扶贫政策、关注扶贫资金使用可使农户认为驻村帮扶对村庄发展作用很大的概率显著上升；同时，驻村帮扶工作队通过争取资金支持和引导村民发展产业两项工作可大幅提高农户对于驻村帮扶促进村庄发展的成效评价。第四，在家庭帮扶成效认知方面，少数民族、教育程度较高、党员身份和建档立卡的贫困农户认为驻村工作队在家庭帮扶上发挥的作用更大；熟悉扶贫政策、参与建档立卡评定、有固定责任人帮扶能够使农户感到驻村工作对家庭帮扶的作用明显；同时，驻村工作队通过争取资金支持、开展培训技术指导、引导村民发展产业三项工作也可大幅提高农户对于驻村帮扶促进家庭脱贫的成效评价。第五，整体而言，扶贫政策知晓、扶贫过程参与以及驻村帮扶项目等因素对农户认知的作用效应相对更为明显，尤其从边际效应来看，扶贫政策熟悉程度以及驻村帮扶工作队开展的实际工作项目都将强化贫困农户对于驻村帮扶成效的积极评价。

  以上研究发现为推动当前驻村帮扶制度的深入完善和细化落地提供了一定的政策启示。首先，农户对于扶贫政策的熟悉了解是驻村帮扶工作有序开展的前提条件。应整合村民代表大会、村两委以及驻村工作队的组织宣传优势，将传统的到户宣讲和新媒介时代的网络自媒体传播有机结合起来，加强精准扶贫政策的宣传解读，帮助贫困农户准确理解精准扶贫的政策内容、帮扶标准以及申请流程等，着力释放精准扶贫的政策效应，为驻村帮扶工作开展营造良好的群众氛围。其次，贫困农户在扶贫工作过程中的主体性参与是增强脱贫攻坚内生动力的核心因素。要注重通过提高贫困农户"参与度"来增强这一群体的脱贫"获得感"，在扶贫对象确定、扶贫资金使用、扶贫项目评议等环节均应广泛吸纳农户参与协商，同时利用教育、评选等手段培育贫困农户的主体意识,构筑和完善农户、村两委、驻村工作队等反贫困治理主体之间的利益连结机制和利益共享机制,激发贫困家庭脱贫致富的内生动力。再者,针对性地开展契合贫困农户脱贫诉求的驻村帮扶项目是实现精准脱贫"靶向效应"的重要手段。应充分了解贫困农户的脱贫诉求,发挥驻村干部在资源输入、项目引进、技术指导等方面的独特优势,结合村庄特色和家庭实际,因村而异、因户而异、因人而异地制定驻村帮扶工作计划,从而实现脱贫诉求精准对接、脱贫方案精准实施、脱贫项目精准落地。最后,重视驻村帮扶工作的监测评估是确保精准扶贫机制持续有效运转的外部保障。要将评估导向逐步从过程监督转向实效评价,尤其是完善贫困村所在基层政府、贫困村两委、贫困农户、驻村干部多方参与的驻村工作满意度评价机制,通过检测评估发现驻村干部在帮扶工作中存在的不足、村庄两委在帮扶配合上存在的问题以及贫困农户对于帮扶工作的成效评价,以此作为优化驻村帮扶工作激励机制、惩戒机制、协作机制的重要依据。

参考文献:

[1] 孔德斌. 嵌入式扶贫的悖论及反思[J]. 理论与改革, 2018 (2): 67—76.

[2] 王丹莉, 武力. 外生力量、资源动员与乡村公共品供给方式的再探索——以西藏六地一市干部驻村为个案的研究[J]. 开发研究, 2015 (6): 33—37.

[3] 谢小芹. "接点治理":贫困研究中的一个新视野——基于广西圆村"第一书记"扶贫制度的基层实践[J]. 公共管理学报, 2016 (3): 12—22.

[4] 许汉泽, 李小云. 精准扶贫背景下驻村机制的实践困境及其后果——以豫中J县驻村"第一书记"扶贫为例[J]. 江西财经大学学报, 2017 (3): 82—89.

[5] 覃志敏, 岑家峰. 精准扶贫视域下干部驻村帮扶的减贫逻辑——以桂南S村的驻村帮扶实践为例[J]. 贵州社会科学, 2017 (1): 163—168.

[6] 王晓毅. 精准扶贫与驻村帮扶[J]. 国家行政学院学报, 2016 (3): 56—62.

[7] 王卓, 罗江月. 扶贫治理视野下"驻村第一书记"研究[J]. 农村经济, 2018 (2): 8—15.

[8] 扈红英, 刘敏华, 张俊桥等. 新时期驻村干部制度绩效研究——以河北"省市派驻村干部制度"为例[J]. 中共成都市委党校学报, 2014 (4): 29—32.

[9] 陈国申, 唐京华. 试论外来"帮扶力量"对村民自治的影响——基于山东省S村"第一书记"工作实践的调查[J]. 天津行政学院学报, 2015 (6): 62—68.

[10] 蒋永甫, 莫荣妹. 干部下乡、精准扶贫与农业产业化发展——基于"第一

书记产业联盟"的案例分析 [J]. 贵州社会科学, 2016 (5): 162—168.

[11] 王文龙. 中国包村运动的异化与扶贫体制转型 [J]. 江西财经大学学报, 2015 (2): 81—87.

[12] 万江红, 孙枭雄. 权威缺失：精准扶贫实践困境的一个社会学解释——基于我国中部地区花村的调查 [J]. 华中农业大学学报（社会科学版）, 2017 (2): 15—22.

[13] 王雨磊. 精准扶贫何以"瞄不准"？——扶贫政策落地的三重对焦 [J]. 国家行政学院学报, 2017 (1): 88—93.

[14] 卢冲, 庄天慧. 精准匹配视角下驻村干部胜任力与贫困村脱贫成效研究 [J]. 南京农业大学学报（社会科学版）, 2016 (5): 74—85.

[15] 王亚华, 舒全峰. 第一书记扶贫与农村领导力供给 [J]. 国家行政学院学报, 2017 (1): 82—87.

[16] 陈升, 潘虹, 陆静. 精准扶贫绩效及其影响因素：基于东中西部的案例研究 [J]. 中国行政管理, 2016 (9): 88—93.

[17] 曹军会, 何得桂, 朱玉春. 农民对精准扶贫政策的满意度及影响因素分析 [J]. 西北农林科技大学学报（社会科学版）, 2017, 17 (4): 16—23.

[18] 肖云, 严茉. 我国农村贫困人口对扶贫政策满意度影响因素研究 [J]. 贵州社会科学, 2012 (5): 107—112.

[19] 刘小珉. 农户满意度视角的民族地区农村扶贫开发绩效评价研究——基于2014年民族地区大调查数据的分析 [J]. 民族研究, 2016 (2): 29—41.

The effectiveness and influencing factors of village assistance in poor villages from the perspective of farmers´ perception

Liu Yingjun

(School of Politics and Public Administration, Southwest University of Political Science & Law, Chongqing, 401120)

Abstract: As an important measure in my country's new round of poverty alleviation and development, the effectiveness of cadres´ assistance in villages will directly affect the effectiveness of poverty alleviation in poor villages and even poor households. From the perspective of farmers' cognition, this paper systematically analyzes the status and effectiveness of rural assistance work in poor villages through policy background combing and micro-questionnaire surveys, and empirically examines the influencing factors of farmers' perceptions of the effectiveness of rural assistance in poor villages. The study found that the necessity of the village assistance system has been recognized by the vast majority of rural households in poor villages. Financial support, technical training, and industry guidance have increasingly become the main work methods for village assistance; The role of assistance in promoting the development of villages is greater than that of helping families; the knowledge of poverty alleviation policies, participation in the poverty alleviation process, and village assistance projects have more obvious positive effects on farmers´ perception of the effectiveness of assistance. This means that governments at all levels should further strengthen the preaching of targeted poverty alleviation policies, increase the participation of poor farmers in poverty alleviation, accurately select and allocate village assistance projects, and pay attention to the monitoring and evaluation of assistance work.

Keywords: Farmers´cognition; poor villages; village-based assistance; work effectiveness

《中国农村研究》匿名审稿制度

为了推进中国农村研究领域学术规范和评价机制的发展，倡导规范、严谨的研究方法和理论与经验相结合的实证研究取向，本刊采用匿名审稿制度。基本规则如下：

1. 所有来稿请一律寄送编辑部收。来稿请将作者的姓名、所在单位、职称、研究方向、通讯地址、邮政编码、联系电话、传真、E-mail 等个人信息另用附页提供，正文中隐去所有相关信息。

2. 执行编辑将稿件登记建档，保存个人信息附页之后，按照稿件内容所属领域分别送达相关编委会专家进行初审。

3. 执行编辑负责及时将经过初审专家审核之后的稿件按照内容所属领域分别送达匿名评审专家。

4. 匿名评审专家将以论文的学术质量作为评判的唯一标准给出书面评审报告，并对稿件提出以下四种分类意见：（1）可直接刊用；（2）修改后可刊用；（3）修改后待进一步评审；（4）不适宜本刊采用，并简要阐述理由。

5. 执行编辑根据评审专家的意见，与作者进行及时沟通，确定论文刊用信息或者交流修改意见，提请作者提供修改稿和修改报告，以供评审专家再审察。

《中国农村研究》编委会

《中国农村研究》征订征稿启事

《中国农村研究》系由教育部人文社会科学重点研究基地、华中师范大学中国农村研究院主办的大型学术集刊，由中国社会科学出版社出版。经教育部、中国社会科学评价中心遴选，本刊以社会学学科类学术集刊类别入选"中文社会科学引文索引"（CSSCI）目录。《中国农村研究》一年两卷。单位或个人需订阅者，请直接向出版社订阅。

本刊是关于中国农村研究的社科类综合刊物，以学理研究为宗旨，以实证研究为特色，以不断推进农村研究为目标。内容涉及农村政治、经济、社会、文化诸领域，设置"当代中国农村关键词"、"百村跟踪调查"等特色栏目，近期特别关注新型城镇化、新农村建设、农村社区建设、农村减贫与发展、农村治理、农村基层民主、城乡一体治理、变动中的农村社会与文化、域外农村发展等专题。本刊十分重视实证调查稿件，这方面的优秀稿件不受字数限制。欢迎惠赐稿件！

本刊实行匿名审稿制度，聘请国内外知名专家担任匿名审稿人。

作者来稿请标明以下方面：

1. 作者简介：姓名、出生年、性别、民族、籍贯、工作单位、职称、学位、研究方向。

2. 基金项目名称及编号。

3. 中文摘要 300—500 字，关键词 3—5 个。

4. 英文摘要和关键词，必须与中文摘要和关键词相对应，置于文末。

5. 文稿所引用或参考的著作、期刊，一律采用尾注"参考文献"的格式，置于文末，使用中括号数字的形式，全文顺序编号。其他文中说明，请用脚注，使用带圆圈的数字，每页顺序编号。

6. 参考文献格式：

引自期刊：[1] 作者. 题名 [J]. 刊名，出刊年（卷/期），起止页码.

引自专著：[2] 作者. 书名 [M]. 版次（初版不写）. 译者. 出版地：出版者，出版年. 起至页码. 译著在作者前加 [国籍].

引自报纸：[3] 作者. 题名[N]. 报纸名，年 月 日（版次）.

引自论文集：[4] 作者. 题名[A]. 见：论文集编者. 文集名[C]. 出版地：出版者，出版年. 起至页码.

引自会议论文：[5] 作者. 题名[Z]. 会议名称，会址，会议年份.

引自学位论文：[6] 作者. 题名[D]：[学位论文]. 保存地：保存者，年份.

引自研究报告：[7] 作者. 题名[R]：保存地：保存者，年份.

引自电子文献：[8] 作者. 题名[DB/OL（联机网上数据库），或 DB/MT（磁带数据库），或 M/CD（光盘图书），或 CP/DK（磁盘软件），或 J/OL（网上期刊），或 EB/OL（网上电子公告）]. 出处或可获得地址，发表或更新日期/引用日期（任选）.

其他未说明的文献类型用"Z"标识。

来稿以9000—12000字为宜，具有重大学术意义的文章不受篇幅限制。所有来稿请一律发送至编辑部收稿邮箱，无需再另寄纸质稿。请将作者的姓名、所在单位、职务职称、通讯地址、邮政编码、联系电话、E-mail等个人信息另用附页提供，正文中隐去所有相关信息。来稿2个月未收到本刊录用或者修改通知，作者可以自行处理。一经刊发，本刊不支付稿酬，送作者杂志2本。本刊对所刊用文稿拥有网上发布权，如不接受此条款，请注明。

本刊地址：中国·武汉华中师范大学中国农村研究院《中国农村研究》编辑部

邮政编码：430079

联 系 人：李华胤

联系电话：13618626628

传　　真：027-67865189

E-mail：crs_editor@163.com；lihuayin123@163.com

网　　址：www.ccrs.org.cn

华中师范大学中国农村研究院
《中国农村研究》编辑部